U0679323

燕赵华章
非遗冀忆

◆ 李景生　魏俊玲◎编 ◆

九州出版社
JIUZHOUPRESS

图书在版编目（CIP）数据

燕赵华章　非遗冀忆 / 李景生，魏俊玲编. —北京：
九州出版社，2023.10

ISBN 978-7-5225-2352-1

Ⅰ.①燕… Ⅱ.①李… ②魏… Ⅲ.①非物质文化遗产
—介绍—河北 Ⅳ.①G127.22

中国国家版本馆CIP数据核字（2023）第202646号

燕赵华章　非遗冀忆

作　　者	李景生　魏俊玲　编
责任编辑	王丽丽
出版发行	九州出版社
地　　址	北京市西城区阜外大街甲35号（100037）
发行电话	（010）68992190/3/5/6
网　　址	www.jiuzhoupress.com
印　　刷	三河市龙大印装有限公司
开　　本	710毫米×1000毫米　16开
印　　张	20
字　　数	270千字
版　　次	2024年1月第1版
印　　次	2024年1月第1次印刷
书　　号	ISBN 978-7-5225-2352-1
定　　价	98.00元

★版权所有　侵权必究★

前　言

　　党的十八大以来，以习近平同志为核心的党中央高度重视中华优秀传统文化的历史传承和创新发展。习近平总书记在中央党校建校 80 周年庆祝大会暨 2013 年春季学期开学典礼上的讲话中指出："中国传统文化博大精深，学习和掌握其中的各种思想精华，对树立正确的世界观、人生观、价值观很有益处。"同时，习近平同志在会见第四届全国道德模范及提名奖获得者时强调，中华文明源远流长，蕴育了中华民族的宝贵精神品格，培育了中国人民的崇高价值追求。自强不息、厚德载物的思想，支撑着中华民族生生不息、薪火相传，今天依然是我们推进改革开放和社会主义现代化建设的强大精神力量。在中国共产党的全面领导下，各级各类学校将越来越多的非物质文化遗产引入校园，并与学校的通识教育以及第二课堂活动等教学实践相结合，来增强学生对中华优秀传统文化的认知与热爱，从而推动优秀民族文化的传播和传承。

　　河北科技大学外国语学院历来十分重视非物质文化遗产进校园活动，从2006 年暑假开始，其就通过社会实践深入民间学习传承非物质文化遗产项目，相继将"二贵摔跤"、大名草编、玉田泥塑引入校园。在这一过程中我们发现：凡是参与过非遗项目的学生，对于人生的意义、价值和乐趣都有了更多认识，内心的世界更加丰富强大，进而养成了积极健康的生活态度和生活方式。于是，我们开始思考如何让更多的学生接触非遗、了解非遗、喜欢上非遗，如何在外语类学生摄入大量外来文化的同时筑牢中华文化的"根"与"魂"，如何廓清历史虚无主义的迷雾，让每一个学生真实感受到优秀传统文化所给予的快乐和激励，进而增进中华民族文化认同感，提升中华民族文化自信。经过反复思索，最终我们决定：发挥学校区位优势，立足燕赵大地，发动学院每一个学生，以田野调查的方式，对非遗代表性传承人进行采访、记录，从而收集其学艺从艺过程、师承脉络、掌握技艺情况、经验总结、人生感悟以及对非遗项目传承的思考和对未来发展的期望等内容，经加工整理形成口述历史文本。通过这种沉浸式文化实践的路径，以期达到以文化人、以文育人的目的。

燕赵区域涵盖了京津冀三地，其历史悠久，文化底蕴深厚，非物质文化遗产资源形式多样、内涵丰富，在《国家级非物质文化遗产代表性项目名录》中河北有 162 项、北京有 120 项、天津有 47 项，此外还存有大量省市级及地方非遗项目，总体数量居全国前列。这些非物质文化遗产是燕赵区域人民宝贵的精神财富，是中华文明的瑰宝。这些"活态"的非物质文化遗产掌握在传承人手中，并且他们往往还掌握着相关领域极为罕见的珍贵文献资料，如文字稿本、纹样图案、报纸、日记、书信、札记、会议记录、回忆文章，以及有关造型器物、照片、遗物、遗墨等。通过对有代表性的传承人进行互动性问答访谈，将上述材料进行采集、归类、梳理和总结，必要时再加以阐释，就形成了该项非遗传承人的口述史。这些非遗传承人口述史是关于个人非遗的生平事迹、学艺从艺经历、思想情感以及技艺经验等的口述记忆，反映了社会底层劳动人民的真实感受，跳出了由精英人物、上层思想与意识形态构成的史学文本，这无疑填补了很多资料上的空白，拓宽了历史的维度，还原了特定时空中社会现实的各种细节，为研究、宣传非物质文化遗产提供了新的材料，正如英国著名口述史学家保尔·汤普逊（Paul Thompson）认为的那样："口述史为历史本身带来了活力，也拓宽了历史的范围。"同时，对于参与采集的学生来说，他们不仅对非遗项目有了全面认知，而且还对非遗的深层文化内核和整体文化概貌加深了理解，从而切实激发了学生自发了解文化、诠释文化的能动性，提升了学生的学习与研究能力。

这部燕赵非物质文化遗产代表性传承人口述史，便是近两年来河北科技大学外国语学院师生进行田野调查、文化实践的部分成果。这本集子的整理出版得到了许多非遗传承人、领导、老师、同学的支持与帮助。为尊重口述史的真实性，又兼顾内容的可读性，确保文稿的学术性、专业性与严谨性，非遗传承人、记录人员、编撰作者，都花费了大量的时间与精力。在撰写编辑书稿过程中，我们深深地感受到这些有代表性的传承人高尚的艺德和人品，这对今人、后人在艺术追求和提高道德修养方面都有启发。感谢在创作本书过程中给予我们帮助的各位同仁、朋友，经过各方的共同努力，终于促成了本书的付梓。由于时间仓促和能力所限，书中若存在不足，我们真诚希望得到有关专家和读者批评指正。

2023 年 1 月

目　录

第一章　掌中泥，乡土情——玉田泥塑口述史

【走近玉田泥塑】

土地，承载着人们无限的乡愁；土地，寄托着人们无限的遐思。曾几何时，在玉田，这片给予了他们生命和希望的地方，人们开始向世人诉说他们的过去，展现他们的现在，同时表达他们的梦想和期待。在这片肥沃的土地上，人们掬一捧湿润的青泥，开始抟泥、塑胎、晾晒、绘彩，抟出那独属玉田的味道。抟青泥，做泥塑，是玉田人成长的缩影，更是传统文化在民间生根发芽的影像。

玉田县，地处河北省东北部，唐山市最西端，北境多山，中部平原，南部河渠纵横，成"山环水抱"之势。玉田古称无终，《搜神记》中有"杨伯雍无终山种石得玉"的故事，后来由于泥人手艺的传承，让人们记住了这里是"中国民间艺术之乡（民间泥塑）"。

2021年3月14日，河北科技大学外国语学院的刘壹凡同学只身前往唐山市玉田县亮甲店镇何庄子村，探访国家非遗项目"玉田泥塑"代表性传承人王辉，她想看看这双巧手是如何将"田间泥"变为"掌上珠"的。

一、玉田泥塑的前世今生

两百多年前的戴家屯，一个男子背着竹筐走向鸦鸿桥集市。说到集市，首先想到的肯定是和吃穿相关的东西，不过，集市上也不乏新奇之物。这名男子将筐里的东西一一取出，不大一会儿，摊位前就围满了小孩儿。定睛一看，他卖的不是别的，竟是泥巴。这泥巴被捏成各种形状，绘上大红大绿的颜色，点上圆溜溜的眼睛，把泥捏成大公鸡、扳不倒、关老爷，栩栩如生，活灵活现，不一会就销售一空了。男子每五天来一次集市，一筐背着几百个泥人，每次都被"一抢而空"，这让许多村民发现了商机。于是，鸦鸿桥市场成了一条长长的"泥人街"，就连天津、北京和山东的商贩都慕名来此，之后他们把玉田的泥人带出小村庄，变成糊口的生意。

这位拿泥人到集市上卖，又引人效仿的男子，正是玉田泥塑第一人刘凯。冯骥才曾说："玉田泥塑，始于刘家。"这个"刘家"就是指刘凯的刘家，不仅他自己做泥人，亲朋好友、乡里乡亲都跟着做泥人，到后来戴家屯和高桥两个村子几乎家家户户都参与进来，上到七八十岁的老人，下到几岁小孩，都跟着拽泥做泥人。虽说清光绪年间就有泥人存在，但是让泥塑成为玉田标志，还是要从刘家说起。刘凯是玉田泥塑的创始人，他的儿子刘俊祥是第二代传承人，第三代传承人是刘广田和吴玉成。刘广田是刘俊祥的儿子，擅长捏禽鸟动物。到今天，第四代传承人则是王辉和王振峰，师承于刘广田。

然而，玉田泥塑的历史，并非始终光辉灿烂，也有星光黯淡的时刻。高光时刻在 1949 年至 20 世纪 60 年代。到了 20 世纪 80 年代后，随着社会的发展，做泥人不再畅销也没那么挣钱，所以玉田泥塑逐步走向低谷。之后改革开放带来了繁荣与商机，比如新兴玩具——塑料的、毛绒的、电动的玩具物美价廉，占领了市场，玉田泥塑逐渐成了"昔日旧人"，失去了往日的光彩。就连王辉的师父刘广田，在当时也没法用这门手艺养家糊口，无奈之下转行去经商，成为纸厂的厂长。

1970 年后的那代人小的时候走街串巷随处可见的"扳不倒""大公鸡"是他们的童年记忆，但是自王辉上初中起，废书旧本换泥人的日子便一去不返。自幼抟泥人长大的王辉无法接受这样的结果，如今要眼睁睁看着玉田泥塑手艺失传，王辉心有不甘。

王辉是土生土长的玉田人，他从小就喜欢玩泥塑，泥塑是王辉幼时最好的玩伴。他也曾跟着父亲捏过一段时间泥人，小的时候把嬉戏玩闹当作兴趣爱好，长大后把民俗技艺作为事业，王辉下定决心要把这门手艺传承下去，让玉田泥塑重焕光彩。

千禧年之后，王辉的同学王振峰找到他说："咱们不能再等了，再等玉田泥塑就真的要失传了。"当时他们一直在酝酿筹备工作，大约是在 2005 年，才真正付诸行动，两人制作了一些作品，打算把泥塑作为事业。在征得家人同意后，成立了"玉田泥人王"工作室。玉田泥塑因而得以传承下来，在新时代展现出新的玉田味道。

二、泥做胎，笔画魂

玉田泥塑能在戴家屯发展起来，得益于这里有黏度适宜的泥土，做成的泥塑易成型，好保存。玉田境内的确有适合做泥塑的泥土，但不是所有泥土都适合做泥塑。做泥塑的泥土要黏度适宜，否则会因收缩作用而开裂，像桃酥一样易碎，不利于后期制作；沙性也不能太大，沙性太大不利于塑形，刻画不了精细的图案，而且这种土层也不好找，有的深，有的浅，有的厚，有的薄。王辉和王振峰踏遍整个玉田地界，把各处的泥土带回去，按不同比例混合，经过反复试验，最终调配出适合做泥塑的泥土。在试验期间，他们所经历的困难和挫折，是可想而知的。

　　玉田泥塑一套工序下来要十几步，从取土和泥、捏塑泥胎、制作泥模、合模装笛、修整晾晒，再到铺白打底、颜色调胶、描绘敷彩等，步步都马虎不得。

　　上古时期女娲抟土造人，靠的是一双巧手；如今要制作玉田泥塑，自然也离不开双手。传统的老艺人使用的工具不多，王辉说他师父刘广田用一根钢锯条做一个小刀子，再搭配用一些筷子、牙签，工具就"齐全"了。到他这里，会用模具来解放双手，等修整的时候还可能会用到湿毛巾，晾晒之后再用画笔上色。

　　除了这些零散的工具，模具才是让玉田泥塑不断"复制粘贴"的主要法宝。王辉收藏了一个关公样式的老模具，是在师父刘广田家的老房子里"挖"出来的。当时许多老物件都被土掩埋，他们小心翼翼地"挖"，最终这些老物件传到了他们手中。这个"关羽"是第二代传承人刘俊祥用过的模具，它有以下两个特点。

　　第一，这是一个泥制的模具，是烧制而成的，因此具有坚硬如砖，稳定性强，不易损坏的特点。

　　第二，它是现存唯一的从面中中轴线处分开的两半模具，而一般模具都是从耳际分开，将面部和后脑一分为二，分缝位置发生了变化。旁边还嵌有一对小铁锤。遗憾的是，王辉他们在土里只找到了其中一只铁锤，目前只能做单侧带铁锤的关公泥塑了。

　　泥塑脱模之后要进行晾晒，在春天，一般晾晒两周才能干透，大一点的泥塑则需要晾晒更长时间，在冬天还需要进行防冻处理。

三、"不讲理的艺术"——鲜艳古拙的玉田泥人

　　天津泥人张、惠山泥人、敦煌莫高窟各有特色，或清新雅致，或圆润整齐，或造型逼真，与玉田泥塑大相径庭。王辉称，把全国各地的泥塑放在一

起，不管是来自天津、江苏、河南还是山东等地，从远处看，最先映入眼帘的肯定是玉田泥塑——鲜艳，是玉田泥塑的一大特色。经过多年研究，玉田泥塑的特色不仅限于色彩艳丽，王辉等人用六个字——"艳、拙、活、趣、繁、广"，就将玉田泥塑的特色概括出来。

一是"艳"，玉田泥塑的色彩十分艳丽，归因于颜料材质特殊。玉田泥塑的颜料是由食品色加动物皮胶熬成，亮度因此有所提高，主色调为黄、蓝、红、黑四个色调，泥塑上呈现出的绿色则是在黄色的基础上覆盖蓝色，由两种颜色调配而成，进而形成鲜艳亮丽的色彩。传统玉田泥塑的色彩保存期仅有几个月，曝晒和风化都会使之褪色，而在密封环境下保存可以几年甚至十几年不变色。

二是"拙"，是指造型比较朴拙，玉田泥塑出自百姓之家的百姓之手，所表达的也是作者内心的一种意境。

三是"活"，主要体现在用线上，这一点也是玉田泥塑和其他泥塑不同的地方，大多数的泥塑主要是用色彩来表现，但玉田泥塑不完全是。玉田泥塑是用线条来表达作者内心的一种情绪，泥塑"三分做，七分画"，当然也离不开色彩，但就算是抹去玉田泥塑的色彩，它仍然是一幅画，生动而形象。

四是"趣"，整个意境充满趣味。

五是"繁"，种类繁多。

六是"广"，题材广泛，无论现实生活中的人物、动物，还是神话传说中的人物、动物，几乎都能通过玉田泥塑展现出来。

制作玉田泥塑工序繁杂，种类繁多，而且有时也是"不讲道理的"——实际真人头长占全身七分之一左右的比例，但是泥塑的头长可能占四分之一，这就有悖于常理了。对于泥塑而言，能够表达出人物的特点才是关键。玉田泥塑取材于民间，制作于百姓之手，手法随心而动。以青蛙泥塑为例，百姓见到的青蛙，最大的特点就是眼睛鼓、肚皮白，只要把握好这两个特点，一只青蛙泥塑就能被制作得活灵活现。制作泥塑也是一种艺术，制作过程随心境变幻，能表达出作者心中所想即可，这便是玉田泥塑被称为"不讲理的艺术"的由来。

可见，艺术源于生活而高于生活，一个个手艺人在生活的基础上发挥天马行空的想象，为玉田泥塑敷上了浓艳斑斓的色彩，让玉田之声响彻民间，让泥塑之魂更加灵动传神。

四、"泥"中作乐，笑对坎坷

眼看玉田泥塑艺术要走向没落，王辉和王振峰意识到这个独属于玉田家乡的传统文化、传统艺术，不能被他们那代人弄丢了。抱着这个想法，王辉和同学王振峰开始着手捏制泥人，师父刘广田很支持他们。起初没有工作室，他们就在彼此家中捏制泥人，周一到周五的下班时间，王辉就在自己家制作，到了周五晚上就骑摩托车到王振峰家，一直到周一早上才回家。两人废寝忘食地捏制泥人，其间即使困难重重，两人也没有放弃。王振峰两人研究了全国各地的泥塑资料，发现天津泥塑制作得细致入微，相比之下玉田泥塑就显得粗糙许多。因此他们觉得，玉田泥塑也应该制作得更细致、更形象、更逼真。

然而，意想不到的是，这一想法为他们带来的却是泥塑生涯中最大的挫折。苦熬了一个冬天，王辉和王振峰完成了一个又一个作品，包括《四大美女》《圣诞老人》《刘关张》等创新后的泥人形象。同年5月，他们满怀信心与喜悦，主动联系了唐山民俗博物馆。馆长起初对他们的作品大加赞赏，可是话锋一转，说道："你们做的泥塑确实非常好，非常细致，但是你们现在做的泥塑就不叫玉田泥塑了。"

听到这句话，王辉和王振峰大受打击，心情一落千丈，整整一个冬天废寝忘食创作的作品，竟然连玉田泥人都算不上。从唐山回来后，两人放下了捏制泥人的工作，开始思考一个问题——如果之前做的不是玉田泥塑，那么什么才是真正的玉田泥塑呢?

王辉和王振峰继续拜访老艺人，只要制作过泥塑的，就去向人请教，之后收集老模具，有的老艺人愿意赠予他们，有的老艺人是有偿提供。两人经过不断研究，渐渐体会到玉田泥塑的美，越深入研究，越觉得玉田泥塑有韵味。玉田泥塑有一些特点是其他地方的泥塑所不具备的，最先被俩人发现的特点是"艳"和"拙"，后来又慢慢发现了"活、趣、繁、广"四个特点。

2005 年，玉田泥人王工作室成立。王辉和王振峰正式开始了弘扬泥人文化的生涯，他们的师父刘广田，在闲暇之余也会给徒弟捏制几个泥人。这个全新的泥人队伍以"继承传统，融入现代，展示民俗，点缀生活"为宗旨，继承民间传统、发展民间工艺、增加生活情趣。同时，在继承传统工艺的基础上，融入现代气息，适应现代生活，大胆创新，长此以往，新形象、新立意、新品种与日俱增，这为弘扬家乡民族文化贡献出了一份力量，为繁荣艺术创作做出了贡献。

如今，身为"玉田泥塑"传承人的王辉已经成为唐山市一级民间艺术家，获得了当代杰出青年工艺美术师的称号，玉田泥人王工作室入选唐山市非物质文化遗产传承示范基地（玉田泥塑）。其作品《双林寺塔》被北京紫竹院永久收藏，传统作品《大公鸡》《扳不倒》《关羽》等二十四件作品被天津市文化馆永久收藏，抗疫作品《保家卫国驱役魔》被河北省非遗中心永久收藏，这件纪念抗疫英雄的作品也是王辉较满意的作品之一。王辉说有些作品是孤品，用作收藏，用料用色更为讲究，制作也更加细致。王辉还讲述了作品《双林寺塔》的制作经历，2015 年他们去园林博物馆参加新年非遗活动，和游客互动交流，现场制作泥塑，于是和北京紫竹院结下了不解之缘。之后紫竹院相关人士找到王辉，让他们复原损毁后的古建筑。仅凭泛黄的老照片，再融入个人理解，王辉等人就将这一古塔复刻出来。后经过反复调整修改，制作出的成品雕工精湛，棱角分明，细致入微，最后成为北京紫竹院的藏品。

在玉田泥人王工作室里的众多作品中，一件名字特殊的泥塑吸引了刘壹凡的目光。这件泥塑是一个小鸭火炬手的形象，却被命名为《有故事的泥塑》。这件作品背后的故事，发生的时间在北京奥运会前夕。一天，工作室来了一名自称赵勇的大学生，声称要和"全聚德"合作，让王辉做个样品，完成后他答应王辉可以批量订货。王辉先是做了一个烤鸭的形象，将照片发给对方，对方表示不想要这样的形象，想要一个手举火炬的卡通小鸭子形象。王辉按照要求重做了样品，再次将照片发给对方，对方看过照片后让王辉等消息。没承想，从此以后小伙子音讯全无，批量订货也成了泡影。

十几年后，王辉参加全国非遗传承人培训，一位跟他关系不错的学员给王辉讲述了他们发迹的故事：一天，一个大学生拿着一个样品，是小鸭子拿着火炬的形象，他们订购了好几千个泥塑，但不知是谁做的小鸭子，做得还挺好的。王辉一听，立刻反应过来学员说的正是他的作品。于是，这个小鸭火炬手就成了"有故事的泥塑"。王辉表示，类似情况屡见不鲜，常有人找到他表示要经营泥塑，带走样品后却再无音讯，这个小鸭火炬手就是这类事件的一个缩影，它始终存放在玉田泥人王工作室，见证着玉田泥塑的命运。

王辉本职是一名教师，节假日对于别人而言是用来休息的，他却都用来捏制泥人了。王辉说他成立工作室以来，只要有休息时间，就在工作室捏制泥人，当然也得平衡好工作和兴趣爱好，必须在保证工作完成的情况下，制作泥人。一个简单的作品不会耗费太多时间和精力，但是复杂的作品往往要耗时费力精雕细琢。如果需要下次修整的话，王辉就要用湿布覆盖泥塑，保持泥塑湿润，第二天继续制作；如果一周都没时间，王辉就要用塑料袋密封好，等待有时间再来制作。

　　玉田泥人王工作室所有的作品都是由王辉和王振峰共同完成的，俩人艺术风格基本一致，一人作品完成后，需要另一人进行修整，最后双方意见统一，作品才算正式完成。虽然俩人互帮互助，但也有人手不够的时候，俩人的家人一到放假就被拉过来"当壮丁"。从筹备工作到成立工作室，再到制作泥人，任何一个作品背后都有家人的付出。虽说开工作室征得了各自家人的同意，但王辉心里仍觉得亏欠家人。有次放假，王辉和王振峰带着家人驾车出游，在蓟县游玩的途中，一行六人发现了于庆成泥塑园，两个泥塑大师自然不会放过这么好的机会。他们虽然看过瘾了，但是两个孩子不高兴了："带我们出来玩，结果又来看泥人了。"本来出游是为了放松身心，看泥人这一"职业病"却常常发作，有时只是顺便看看，孩子们却觉得看泥人是"蓄意安排"的。

　　经营泥塑事业数载，王辉和王振峰不仅经历过风雨，也见过彩虹。每当完成作品后，他们便收获喜悦；每当遭受碰壁后，他们便重新思索；每当得到认可后，他们便倍受鼓舞。对他们来说，泥人不仅是手中把玩之物，也是他们为之奋斗的信仰之魂。再多的磨难都是考验，迈过这个坎儿，玉田泥塑事业就能更上一层楼。

五、各方齐心换新天

　　传统文化是中国的符号和标识，赋予了十四亿中国人坚毅勇敢、自强不息的品格。民族气节植根于代代相传的文化中，传承与创新让文化能够绵延不绝。一代人的记忆，藏在墨香浸染的书卷里，藏在斑驳泛黄的老照片里，藏在孩童把玩的泥塑里。一方水土，十里乡音，浓缩在这小小的泥人身上，伴随着手艺人一次次揉捏，一次次雕琢，把属于这个时代的声音记录下来，把最美好的记忆传承下去。

　　玉田泥塑作为一项传统的民间手艺，只有通过不断创新、代代相传才能焕发新的生机。王辉这一代，避免手艺失传已经基本实现，现在他们致力于为孩子们提供了解玉田泥塑的机会，感受民间艺术的魅力。王辉等人为此开展了很多活动，比如来馆体验，了解玉田泥塑的历史、文化、艺术特点等，让他们认识到玉田有这么好的民间艺术，还让孩子们亲自到工作室参与制作，以此来提高泥塑制作的热情。另外，他们还开展了非遗泥塑进学校活动，让孩子们参加普及性讲座感受非遗泥塑的魅力。王辉所在单位是全国中小学中国传统文化艺术传承学校，他担任泥塑老师，给孩子们上课，学校也为王辉提供了一间工作室用于泥塑教学。

　　王辉说，对玉田泥塑进行创新，是他们一直以来都要坚持的。创新主要体现在以下几个方面。第一，形象上要有所创新，比如今年王辉等人创作的《生肖牛年》之所以大受欢迎，正是因为形象上能够与时俱进，紧跟时代步伐；第二，工艺上要有所创新，比如用白肤底给泥人打底，就是在这些材料上进行了创新；第三，颜料上也要有所创新，因为传统颜料容易褪色，泥人王工作室采用了一些新型颜料，既可保证不易褪色，又可保留泥人原有的色彩特点。绝不能因为更换了颜料，就失去了玉田泥塑绘画的特点；第四，王辉认为创新还体现在要顺应时代潮流，适应年轻一代的思想，这样制作出的作品会更受欢迎。社会在进步，创作的题材也要不断进步和创新。

　　在创新过程中，一件名为《斗鸡》的作品令王辉印象深刻。传统的大公鸡泥塑造型精美，已经颇具特色，若想在此基础上创新则更为艰难。王辉冥思苦想，进行多次试验，均以失败告终。正在王辉一筹莫展之际，做的一场梦给了他新的灵感。梦醒后，王辉立马抓起一块泥，双手随着感觉捏制，一只大公鸡头低一点尾巴高一点，另一只大公鸡头高一点，尾巴低一点。制作完成的两只大公鸡好似在啄架，栩栩如生，生动活泼，如此具有故事感的泥塑由此诞生。

　　在新时代下对传统文化进行创新是势在必行之事，而传承也是不可或缺的环节。一直以来，王辉等人把"传承玉田泥塑"当成使命。他们积极参加各地的展示、展演活动。还有各地组织的文化庙会，王辉等人只要有时间就一定会去。线上线下，玉田泥人王工作室都在努力推广玉田泥塑。起初，王辉和王振峰建立过网站，但是俩人捏制泥人的任务比较艰巨，把更多的心力都放在了泥人制作上，所以无暇经营这个网站。

玉田泥塑的推广不只王辉、王振峰两人在努力，当地政府也一同发力，为非遗传承提供便利和发展空间。政府越来越重视玉田泥塑的发展，在传承人申报、培训等环节都提供了支持。王辉已经参加过在天津举办的两届全国泥塑传承人的培训。另外，玉田泥塑的展示活动也在增加，近几年，王辉参加了不少展示活动，以前他们只能自发寻找展示活动信息，现在相关部门会为这些传承人提供展示活动信息。

六、敢问路在何方

曾经泥人是宝，带给千家万户财富，让百姓不再担忧温饱；后来泥人是草，从土里来到土里去，眼睁睁看洋娃娃对着小姑娘笑。这些泥塑堆儿里摸索长大的手艺人们，没有人想再经历一次泥人手艺的没落。虽然心中焦急，但他们仍然稳扎稳打，先让泥人重新站起来，让越来越多的人能够看见；再让泥人试着走起来，穿上时代与创新的新衣。泥人"活过来了"，出路与未来也就看得见了。

创办玉田泥人王工作室以来，王辉认为他们取得的最大成就，就是把玉田泥塑传承了下来。他们的所作所为得到了多方的认可，其中电视台、报纸等媒体争相采访报道；政府、文化馆表示支持；宣传部也不遗余力地进行宣传推广；天津文化馆永久收藏了王辉等人的二十四件作品；泥塑作品《双林寺塔》被北京紫竹院永久收藏；玉田县当地也收藏了他们的许多作品。这些成就，是泥人王工作室和当地政府不懈努力的结果，也是玉田泥塑能够不断焕发新的活力的动力。

提到玉田泥塑的未来，王辉信心十足："坚持去做，肯定会有出路。"想让玉田泥塑有更广阔的发展前景，需要极力推广宣传，扩大其影响范围。现在有很多部门都在为此努力，比如文旅局，经常带着他们的作品到展示活动上向外界宣传。王辉认为，只要他们坚持做下去，玉田泥塑就会有出路。

这些年玉田泥塑从鲜为人知，到如今的多方认可，重现辉煌指日可待。曾经也就是那些比王辉年长些的人还知道玉田泥塑的存在，而年轻人甚至玉田当地的年轻人都对玉田泥塑一无所知，一提到玉田泥塑，时常有人发出"玉田还有泥人呢？"这样的疑问。经过王辉等人的不懈努力，知道玉田泥塑的人越来越多，其中认可的人也越来越多。王辉相信，只要他们凭借着兴趣和爱好坚持做下去，玉田泥塑一定会越来越好。因为土地将人们对生活的渴望和情感揉捏在一起，混合成独一无二的中国味道。人们在土地上繁衍、耕种，长于泥土间的农作物养活了一代又一代人，脚下的土地承载着中华儿女生生不息的记忆。泥土，既能孕育生命，又能记录不同的乡音。但如何让融合着玉田地方色彩，折射着玉田人生活情愫的泥塑能够一代代传承下去是一个重要问题。

当代大学生作为祖国的建设者和事业的接班人，有着不可推卸的责任。2020 年 11 月 14 日，河北科技大学外国语学院团委将玉田泥塑带入河北科技大学非遗动态展现场，这些形态各异的掌中泥玩不仅吸引了国内众多学子前来观看，还吸引了众多国际学生的目光，大家积极参与，感受独属于玉田民间的味道。河北科技大学外国语学院还成立了玉田泥塑传承小分队，有信心将玉田泥塑一届又一届传承下去，让河北科技大学中来自五湖四海的学子深入倾听这项非物质文化遗产诉说的玉田记忆。

第二章　指尖技艺，编织人生——大名草编口述史

【走近大名草编】

"草编是个宝，农民离不了，掐个辫子辑个草，油盐酱醋有钱了，灾年能换粮，丰年添衣裳。"一句朴实的歌谣唱出了劳动人民对草编的喜爱之情。

草编是民间流行的一种手工艺品，往往是就地取材，以麦秆作为主要原料，编织草帽、草垫等各种生活用品和手工艺品。草编在中国分布广泛，主要产区有山东、河南、河北、浙江、广东等地，其中河北省邯郸市大名县素有"草编之乡"的美称。

王群英是第五批国家级非物质文化遗产项目代表性传承人，从小酷爱草编艺术，从1985年开始做草编工艺品至今已有三十多年。2021年3月，河北科技大学外国语学院的梁爽同学对王群英进行了深入的采访，在访谈中，王群英讲述了自己由于痴迷草编，历经的困难以及自己百折不挠的艺术之路。

一、燕赵文化——大名草编

河北省邯郸市大名县旧称"大名府"，宋朝时为陪都，当时称为"北京"。大名草编历史悠久，西付集乡朱家村一带为大名草编的发源地，后逐步推广

到卫东地区、大名全县，乃至冀鲁豫三省交界处的大部分地区。随着时间的推移，草编手艺便在大名县广为流传，妇孺皆知，成为当地一种传统的民间家庭编结手工艺。在当时，售卖草编是广大农村的一项经济来源。据说在清朝中期，大名地区有这样一个习俗：女孩出嫁后的第一个夏季，要从娘家给男方拿去几顶自己编的草帽，叫"回春帽"。这种习俗直接促进了草编制品的流行。后来，当地就流传着这样的民谣："草编是个宝，农民离不了，掐个辫子辑个草，油盐酱醋有钱了，灾年能换粮，丰年添衣裳。"

大名草编以麦秆为原材料，制品以草帽、提篮居多。20世纪80年代以前，大名草编在全县及周边地区已形成了一定的影响，但制品大多被编织者留作自家使用，只有部分草帽在市场上销售。大名县建立草编厂以后，通过深加工的方式，开发出了提袋、茶垫、坐垫、地席、门帘、果盒、纸篓、拖鞋及用麦草制作的贴画、贴盒等约千种新产品，对当地经济的发展和农民收入的增加起到了促进作用。2006年，大名草编传统手工艺被列入河北省首批非物质文化遗产名录。2008年6月，大名草编被列入第二批国家级非物质文化遗产名录。

作为一项传统手工艺，大名草编注重的是点、线、面、肌理及色彩条理性和秩序化处理，将浓郁的乡土风情、文化元素、美术元素和流动的生活气息融为一体，因而兼具自然传统和区域特色。随着时代的发展，以国家级非物质文化遗产传承人王群英为代表的草编设计师在传统草编手艺的基础上，秉承传统工艺，利用现代先进技术，将草编与中国传统文化及美术相结合，研发出了服饰、戏剧脸谱、国画等多种形式的草编工艺品，适应了现代客户的需求，并远销欧洲、亚洲、美洲的十几个国家和地区，研发的千余种产品，造型独特，形象生动，时尚典雅，不仅实用，还具有观赏价值和收藏价值，深受国内外客户的喜爱。直至现在，草编制品还一直是人们生活中不可或缺的用品之一。在人们追求自然，注重环保的今天，草编制品显得清新脱俗，典雅端庄。

二、巧手编织创辉煌

河北省邯郸市大名县大名镇满洲街的王群英，是国家非遗项目"大名草编"代表性传承人。她出生在一个草编世家，她的外祖父王秋亭是当地一位有名的手艺人，而她的高祖父王青云，是一位草编高手。高祖父将这门手艺传给了她的外祖父和外祖母，外祖母名叫曹秀珍，外祖母又传给了她的母亲王玉香，她的母亲又将这门手艺传给了她，作为第四代传承人的王群英，又将草编手艺传给了女儿徐冲。

王群英自幼随母亲学习传统草编手艺，家里人个个都会草编。王群英从小美术基础就好，不仅非常喜欢画画，对草编也很感兴趣，母亲在做草编的时候她就在旁边看，五六岁的时候就学会了编制最基础、最古老的一种技法，叫草辫。在她记忆中，小的时候很多人家里用的坐墩、锅盖、挡风的门帘等很多用品都是各种草编。过去那些草编是非常简单和基础的，只有三股编、七股编，主要是制作草帽等自家使用的生活用品，后来有拿到集市上出售的，有草鞋、草垫、门帘等，都是相对简单的。大名县里很多老百姓都会编草帽辫，草帽辫是一种半成品，编成之后可以直接出口，清朝末期就已经有很多草帽辫出口到东南亚地区。草编历史悠久，大名草编起源于南唐，兴盛于北宋。北宋名画《清明上河图》中，就有很多头戴草帽的百姓，可见草编在当时非常流行。

从邯郸学院美术专业毕业后，王群英被大名县供销社聘为草编设计师，从1985年开始到大名县草编厂搞设计，并开始制作草编工艺品，这些产品主要是出口。刚参加工作的时候她才十九岁，一直致力于在继承传统的基础上进行创新。那时候她创作的油画、草帽、圣诞节的小礼品、圣诞树和一些栩栩如生的小动物等就已经远销到了美国。后来她设计的草编首饰盒出口到了新加坡；手提包、草帽类的出口到了马来西亚；而她创作的一些颜色鲜艳的大背包、大手提包，则销往中国香港地区和西欧；1986年的广交会上，王群英看到了丝绸表演，于是她又创作出了草编时装。后来这些草编时装在国内举办了大型展演。1988年10月，王群英到邯郸市涉县写生。途中，她无意间看到一本京剧脸谱画册。正是这本画册，激发了她的创作灵感。从那之后，她便开始潜心研究草编脸谱。2005年，草编脸谱终于大功告成。此外，王群英还创作了帽子、包、小屏风、装饰盒等草编作品，这些作品不仅美观，而且实用，共销往十几个国家和地区。在五千多年历史与文化的传承中，中国的传统手工艺门类众多。这些传统手艺也在历史的长河中不断焕发出新的模样。

王群英的作品风格致力于与中国历史文化相结合、与时尚元素相结合，作品包含草编时装、草编屏风、草编成语典故、草编国画等十大系列，共上千个品种。多年来，王群英积极开展大名草编手艺进校园传承活动，目前已在三个中小学校建立了大名草编手艺传承基地。作品草编脸谱、剪纸、面塑在2005年第一届中原文化艺术节上均获得了一等奖，剪纸被邯郸市博物馆收藏。她创作的草编工艺品《小房子》《壁挂人物》《动物猴》《京剧脸谱系列》等，先后获得河北省民间美术评比优秀奖、一等奖、三等奖，还获得了晋冀鲁豫接壤地区十三市首届民间艺术暨第二届邯郸市民间艺术文化周精品展演一等奖，以及河北省第二届旅游商品大赛优秀奖等诸多奖项。创作的四十套草编时装多次在河北省文化艺术周、中原十三市文化周和邯郸市非物质文化遗产成果展现等演出使用。

王群英参加过很多大型活动，她希望将草编文化之美展现给世界。从1985年开始她一共参加了十五次广交会，2005年至今参加大型活动多达一百多次，上海世博会、北京奥运会、成都国际艺术博览会、中国义乌国际艺术博览会、山东国际艺术博览会、中国非物质文化遗产传统技艺大展等都有大名草编的身影。王群英带着她的作品跑了很多地方，去过北京、上海、浙江、广东、台湾地区，还去过加拿大、法国等多个国家和地区。而令她印象最深的也是最大的一次活动就是中国非物质文化遗产传统技艺大展，那次展会是2009年2月在北京农展馆举行的，是中华人民共和国成立以来举行的最大的一次非遗活动，也是最成功的一次，展出时间是二十多天。面对栩栩如生，十分可爱的小动物草编，国内外小朋友都特别喜欢，那些小朋友八九岁的样子，她就在农展馆里面教小朋友编草编。直至今天，每当回忆起当时的场面，王群英就会很兴奋，她说："中国非物质文化遗产传统技艺大展的活动规模是相当大的，也是非常成功的，我们带的作品全部一售而空，开幕式的时候就有很多人想买我们的作品，但是都买走的话我们就没有展示的作品了。于是等到撤展的时候，才把作品全部卖光，之后我们就用参展带来的原材料在现场制作草编。后来听说我们要走了，好多人追到我们住的宾馆里让我们给他们制作。不只我们大名草编项目，其他项目也都卖得非常好。"

三、筚路蓝缕，创新前行

当草编行业发展到20世纪六七十年代时，大名县草编厂应运而生。刚开始是出口草帽辫，把收回来的草帽辫拐把，小把拐成大把，收回来的把一圈是1米，十圈就是10米；然后工厂收回来后分户，再拐成大把，一大把是一百圈就是100米，再打包，一包250大把左右。当时，草编厂的出口量是相当大的，那时大名县的家家户户，男女老少基本都会编草编。草编产业也曾对大名县的经济发展和农民增收起到了积极的推动作用。然而，到了20世纪80年代末，因原材料的短缺，编织草帽辫的人越来越少，从事这个行业的人纷纷改行了。与此同时，河北外贸、天津外贸等也都破产了，原先大名草编厂是通过河北外贸做出口的，走河北口岸，外贸破产了，工厂也蒙受了很大损失。1996年，大名县草编工厂转产，但后来也倒闭了。因原材料短缺，工厂曾将原材料改用丝网，还用过木材当作原材料，并给天津的一个公司做过一批包和帽子。大致的制作过程是首先用从东北运来的木材，把它截成一段一段的，然后切成片，薄度跟纸一样，之后切成面条状，再去编成三股编，用它来代替原来的草帽辫，就这么做了一批草帽。但是这些草帽无论是质量、柔韧度，还是光泽度都没有草编的好，那批帽子出口到了日本。后来工厂难以生存，慢慢就倒闭了。近年来，随着生活节奏的加快，由于草编手工艺品制作费时、费力，销售渠道少，经济效益差，从事草编行业的人越来越少了。

过去的小麦是用手工的镰刀来收割，这样能保证麦秆的完整性，但也费时费工。后来机器取代了手工，机器收割是把麦子直接收割，麦粒装袋，秆直接打碎还田，这就导致回收秸秆受到了很大的影响。此外，为了提高小麦产量，种植的小麦品种也发生了改变，改良后的小麦秸秆又粗又低，虽然也可以编，但是又短又脆，失去了柔韧性，这些都对草编行业发展产生了非常不利的影响。大名草编在原料的选用上是很有讲究的，对小麦的品种也有严格的要求。王群英讲述："现在我们有专门种植用于草编的专用麦，叫高杆麦，选取高杆麦的上节来做。高杆麦一来可以减少接头儿，二来它的光泽度很高，柔韧性很好。"

四、指尖上的神奇之美

一件草编作品从原料到成品的整个制作工序都是极其复杂的，需要选用纯天然麦秆，纯手工制作。从地里割回来的麦草，需要把里面的杆抽出来，再分类，粗的放在一起，细的放在一起，粗细均匀的放在一起，这样编出的花纹才会非常精美。先到农家收麦秸秆，又称"麦莛"。麦秆通常有六节，能用以编织的只有麦穗以下、第一节以上的茎秆，第二、三节作配料，其余都不可用；将茎秆在水里浸泡 2～3 分钟后拿出，茎秆湿了就会变软，不那么硬脆易折，这样就能掐编了；编的时候，是三根白，四根黑（黑是指颜色污黄的茎秆），掐编及续草是以白色茎秆为轴心，如此编出的草辫就会带着有规律的花纹；将编好的草辫放在大缸或大箱子里用硫磺熏，熏过后便有很亮的光泽，接着就能编制草帽了。最后一步还可以将浸泡麦秆的水，按照一定比例加入漂粉，用开火煮，加温七天后把外面的浮色冲掉，接着涂上彩色颜料，等麦秆晾干就可以编出色彩缤纷的草帽了。一道道工序，非常复杂。拿脸谱来说吧，就需要先构思再画设计图纸，制作的过程中使用抽、折、编、缝、穿等二十多道工序才能做成一个脸谱。因为需要漂染、装裱，就要先将草帽辫漂白，漂白以后再染成各种颜色，做成的这些产品是绿色环保的，很受人们欢迎。草编作品的储藏时间是很久的，浙江余姚的河姆渡文化遗址下面就发现了草编痕迹，距今约有七千年。

实际上，用茎、柳做出来的东西都属于草编类，比如玉米皮做出来的也属于草编。但是大名县选用的还是小麦的麦草，它的特点就是柔韧性好，比玉米皮亮度高，更加结实。这种原材料编制的作品在国内外都很受欢迎。

五、传承老手艺，焕发新活力

非物质文化遗产是人类口传心授和世代相传的无形的、活态变化的文化遗产，它鲜活地扎根、生存于民族民间，最能够体现一个民族的智慧和精神，主要表现在人们的生产、生活之中，是一个民族的生命记忆和活态文化基因，是人类创造力、想象力、智慧和劳动的结晶，是文化多样性的生动展示，它在推动人类社会的文明进程和生产生活实践中起到了重要作用。保护非物质文化遗产需要文化传承，因此我们需要保护文化，传承文化。

目前，王群英传承大名草编的方式有三种。

第一是家庭传承。她将这门手艺传给了自己的女儿徐冲，传给了她的亲戚和其他家人，谁愿意学，她就毫无保留地教。

第二是通过"非遗进校园"的方式进行传承。草编工艺品作为非物质文化遗产，想要传承下去，就需要年轻人加入进来。为此王群英免费教授了千名学生，以实际行动传扬了草编的传统工艺。她将这门手艺传到了大名县的银河小学、实验小学、大名县职教中心，每逢节假日，常有河北科技大学、浙江大学和天津、北京、唐山等地高校里对草编感兴趣的学生利用假期来找她学习。通过短暂的学习，同学们学会了编一些小物件，每当编成一个小物件时，同学们都会感到非常高兴。

第三是将这门手艺传给农民和下岗职工。在草编手艺的传承中，妇女是主力军，好多农村的妇女因为各种原因没有办法出去打工，王群英就带领她们在家做一些草编，赚取一些生活费，这将传统手艺与妇女群众的就业机会进行了有机结合，就这样，大名县业兴民间艺术品有限公司便应运而生。

王群英探索出了"传承人＋公司＋基地＋农户＋市场""公司＋农户＋贫困妇女"的传承生产模式来传承发展大名草编，并以实际行动推动了大名县的经济发展和农民增收。在他的努力下，越来越多的人开始加入到传承草编手艺中，而她也一直在免费手把手教学，从不收费。

"草编不是说会编就可以了，编法有很多种，需要长期练习，才可熟能生巧。草编的染织工艺也十分复杂。在传承的这条路上，我们要做的还有很多，希望更多的人加入到传承草编手艺的队伍中来。"王群英说道。通过这些方式，王群英有效地推动了大名草编非遗文化的传承和发展。

六、纵然生活苦难多，如今一笑而过

王群英离不开草编，但在做草编的过程中也曾遇到了许多困难。自从大名草编厂倒闭以后，工人们都纷纷改行，从事其他行业了，但是王群英很喜欢做草编，仍然一直坚持在做。可是那时候做草编不挣钱，也养不了家，后来因为这个她连婚都离了，离婚以后女儿只得让孩子奶奶照顾。王群英从事草编这个行业，不只是为了挣钱，还是因为真心热爱，她割舍不掉这门手艺。

后来，王群英只身去了北京，在北京做草编，但是发现不好卖。卖不出去就没有收入，她只能想别的办法。好在她也喜欢画画，就开始以卖画为生。王群英在徐悲鸿美术馆展卖过草编，结果草编没卖出去，画的画却全都卖了。由于那时候做的那一批草编作品很多都没卖出去，王群英就用卖画的钱用于做草编，她还通过制作展会上用的标语，来赚取一点生活费。虽然生活过得很拮据，但是在北京期间她一直在做草编，没有中断过。做草编是她从小就喜欢的事，哪怕卖不出去，王群英也从没放弃。在 2003 年非典时期，王群英回到了老家，以家庭作坊的方式继续做草编。当时她已经没有家了，就在文化馆的一个旧址，一个露天的房子里做这些草编，因为得需要一块场地放这些原材料，她干脆就吃住在那里，于是在那里创作了一大批的草编艺术品。2005 年，王群英参加了第一届中原文化艺术节，当时王群英做的草编脸谱、剪纸、面塑都获得了一等奖，剪纸被博物馆收藏了，还给了一笔钱。后来，她不做剪纸和面塑了，又回到了老本行——做草编。

虽然经历了很多困难，但是王群英一刻也没有想过放弃。从 2005 年开始，每年一届中原文化艺术节，她都会参加。2006 年开始在河北省举办的河北省民俗文化节，她也是每届都参加。2007 年，王群英参加了澳门特区的一个活动，人家都是坐飞机去，只有她坐的是火车。当时正值广交会（中国进出口商品交易会）期间，票不好买，王群英就托熟人买了一张慢车票，还没有座位，但是再不走时间就来不及了，就算没有座位也得去，于是她站了一路。火车一路轰鸣到了广州，之后王群英倒换大巴车，花了八十多元来到珠海，然后又来到澳门特区，带着大包小包的东西，折腾了两天。王群英没有收入，做这些东西也不挣钱，在文化馆住得也不好，还碰上房间漏雨。但就是在这种困难的情况之下，这个顽强的女人还是创作出了很多作品，参加的一些大型活动也都非常成功。后来文化馆的房子塌了，王群英又搬到民居里，仍是个破旧的房子。

王群英说，她的艺术之根就在民间，她对民间艺术有着特殊的感情。民间艺术有着挖掘不尽的源泉，古朴、简单、大方又富有魅力，当她把一件经过辛苦劳作而创作出的作品展示给人们并得到认可的时候，心中就会产生莫大的幸福与自豪。回忆起这些经历，王群英只是淡淡一笑。

除了草编，王群英还涉猎了多种民间艺术，她觉得艺术是相通的，自己多掌握一些艺术门类，就多吸收一些养分，增加一些创作的灵感。

作为一名国家级非物质文化遗产大名草编项目传承人，王群英说传承这项文化是她应尽的义务。她讲道："国家给我这么高的荣誉，只要有喜欢的，只要有人想学，我就免费教，让草编进学校、进社区、进农村。到农村以后农民不愿意接受新的东西，他们基本的草编都编熟练了，闭着眼都能编，你要是教他一个新型的，他学不会，学不会咱就耐心地去教，一直把他教会为止。"王群英到乡下去，交通不太方便。另外草编还需要有原材料，她就发动乡下的农民去收原材料，六月时这些农民在太阳底下晒着去收割，又热又累又脏。王群英说："因为喜欢吧，再大的困难也能克服。"

王群英从小以草编为生，她的一生都献给了草编事业，虽然有过痛苦，但她感觉是值得的。她说："草编是中国传统艺术之宝，是我的生命根源，要用汗水去浇灌，用心血去传承延续。"现在王群英成了中华文化传承人，她笑呵呵地说自己赶上了好时候，如今国家重视非物质文化遗产，保护非遗，不然她的草编编得再好，也没有人认可，没有人愿意学，也就没有了意义。王群英衷心地感谢中国共产党给了她这么高的荣誉，她说要把大名草编更好地传承下去。2019 年适逢中华人民共和国成立 70 周年，王群英就教孩子们编五角星，为的是从小培养孩子们的爱国爱党之心。在庆祝建党 100 周年的时候，她用草编手艺创作了一组以爱党爱国为主题的系列作品，用传统非遗作品庆祝了党的100周年生日。她说咱们草编的原材料是农民们在烈日底下辛辛苦苦从麦地里收割回来的，经过一道道工序，才做出了成品。草编的创作过程非常辛苦，能够传承下来真是不容易。现在，王群英还在创作和邯郸文化相关的系列作品，比如邯郸成语典故系列，如《将相和》《负荆请罪》《胡服骑射》《邯郸学步》《鹬蚌相争》《红线盗盒》《路不拾遗》《闻鸡起舞》等作品。她认为草编的发展方向应当与文化相结合，在研究市场需求的同时，还要发现人才，发掘人才，不断培养新的草编艺人，让更多的人加入到传承草编文化的工作当中。时至今日，草编已经传承了几千年，只要跟上时代发展步伐，草编手艺就能保持自己的生命力，草编文化也能世代相传，经久不衰。

一颗赤子心，两只灵巧手，三更灯火尚未眠。指尖上的草编手艺，是王群英自己为自己编织的致密人生。看，这就是手艺人的初心，是传承人不灭的烛火。

第三章　刻刀故事，塑造传奇——曲阳石雕口述史

【走近曲阳石雕】

"上到九十九，下至刚会走，要说打雕刻，人人有一手。"在曲阳，这句民谣广为流传，可以说是毫不夸张地概括出了曲阳石雕悠久的历史和石雕艺人的世代传承。

曲阳县位于河北省保定市西南部，是一个半山区县。《曲阳县志》记载："黄山自古出白石，可为碑志诸物，故环山诸村多石工。"在曲阳县城南大约10公里处，有一座山，山下蕴藏着形态各异的大理石，得天独厚的资源为曲阳县石雕的发展提供了原料优势，艺人们高超的雕刻手艺为石雕行业的发展注入了活力，曲阳县因而被誉为"中国雕刻之乡"。2006 年，曲阳石雕入选第一批国家级非物质文化遗产名录。

2021 年 7 月 9 日，河北科技大学外国语学院的侯梦宇同学前往保定市曲阳县雕刻艺术宫，探访家乡的石雕文化。行走在艺术宫里，形态各异的石雕琳琅满目，或坐或立，让侯梦宇同学应接不暇。每一个洁白雕塑的背后，都有着一段不为人知的故事。想要了解这些石雕的真正含义，就不能不提到一个人，他就是河北省一级工艺美术大师——王建庄。

一、曲阳石雕的悠久历史

早在两千多年前的汉朝，曲阳石雕就已经问世。北魏时期，曲阳石雕技术就达到了极高的水平。唐宋时期，曲阳石雕文化产业更加繁荣。一直到今天，曲阳石雕手艺的传承从未中断过。王建庄说："'曲阳石雕'的艺人们被称为'皇家工程队'，因为在古代这些石雕作品并非民间所用，而是官方专用。像故宫和天安门前的狮子和金水桥，圆明园、颐和园等建筑中的石雕都是由曲阳石雕艺人创作的。以河北省为中心，放眼西部和南部的名胜古迹，如云冈石窟、龙门石窟等大多有曲阳人的功绩。北京"十大建筑"几乎也有曲阳人参与建设。1949年后，曲阳石雕打破了官方专用这一性质，各地兴建的纪念碑、陵园等大多数公共艺术石雕作品是由曲阳人参与建设的。改革开放后，在国家出口政策的带动下，曲阳石雕大量出口，逐渐走向世界。同时，各种作坊、小型工厂也逐渐发展起来，工厂数量高达两千三百余家，石雕从业人数达十万余人。"由此可以看出曲阳石雕的发展与流传历史非常久远。曲阳石雕历经千年风霜洗礼仍然坚定地屹立在华北大地上。

每一次精雕细琢都需要克服石料的阻力，而来自生活的阻力也同样不小。改革开放后旅游业逐渐发展起来，各地陆续开始兴建旅游区、广场以及推进城市建设等，国内石雕的需求量增加很多。到2000年，曲阳石雕的年产值就达到五十多亿，有十多万人参与到石雕行业中来。受2008年经济危机影响，出口贸易发展受挫，石雕的出口量大大减少。有曲有直，起起伏伏，石雕的发展趋势总归是蓬勃向上的。

二、从美术生到石雕匠人

在访谈中，王建庄提到，他是在1985年开始学习雕刻石雕的。他的同龄人很多十几岁就开始拜师学习石雕，既没有文化基础，也没有美术知识的支撑，大多是靠长时间实践摸索出来的经验。而他的文化水平在同龄人中相对较高，高中就读美术专业，毕业后从事绘画宣传工作，也就是现在大家所说的广告行业。当时曲阳县开办了第三雕刻厂，王建庄经常给他们设计图纸，还承担着传统"石木雕刻仿旧"工作。

在雕刻厂待的时间长了，王建庄和雕刻工们的接触越来越多，久而久之，他就对雕刻产生了兴趣，进而想转到雕刻领域，于是王建庄就留在曲阳县第三雕刻厂学习石木雕刻。

和同龄人相比，王建庄有一定的美术知识，理解能力强，勤学善用，进步较快。他因手艺突出被聘到县工艺美术公司负责技术管理工作，后任职于国营大理石总厂负责技术管理。他非常重视文化与理论研究，经常发表论文，并进行石雕作品创作，于 2008 年出版了《王建庄雕塑作品选》，开创曲阳县作品集出版的先河，其业绩被多家媒体报道，他本人也被联合国教科文组织授予"中国民间工艺美术家"称号。

三、指尖飞舞，百态石雕

在石雕分类方面，王建庄说："从用途上讲有两种，一是工艺品即陈设品，都是一些比较小的物件在室内摆放；二是室外景观雕塑，如景区、广场、建筑装饰等，这是一大类高产值雕塑。从形式上讲有三大类，一是具象雕塑，二是抽象雕塑，三是意象雕塑。具象就是比较写实的一种造型；抽象就是经常一眼看不出来的造型，有种似是而非的感觉；意象雕塑是既具有具象雕塑的特点、又含有抽象雕塑的特点。"在 2020 年举办的第九届河北省特色文化产品博览交易会中，曲阳石雕的展出作品中便涵盖了"抽象""具象""意象"三种类型。

四、细雕琢，定乾坤

雕刻离不开雕刻工具，早些年，雕刻工具都是由雕刻工自己制作的，最多就是买一把锤子，其余工具是买不到的，都得自己动手做。20世纪80年代，小型电动工具电磨机被发明出来，并逐渐被应用到了雕刻中；20世纪90年代，切割机在我国开始出现。如今，数字化机器越来越多，这些自动化数控设备的应用，加快了生产速度，提高了标准化程度。既节约了制作时间，又节省了劳动力。数控机械与数字化设计强强联合，进一步推动了曲阳石雕的发展。

雕刻最离不开的就是技能人才。如今，曲阳石雕的制作七分可以用数控雕刻机完成，而余下三分还是需要技工耐心地精雕细琢。所以，即便现在有数控设备，人工在雕刻过程中的作用还是不能被完全取代的。

五、曲阳石雕的制作步骤

完成一件优秀的作品，每一步都需要精雕细琢，员工只有通力合作才能完成一件优秀的作品。王建庄向我们介绍到，一件优秀作品的制作需要五个步骤，具体表现如下。

第一步：绘图设计。要雕刻出一件什么样的作品，首先就要有一个思路；然后将思路通过图纸形式表现出来。

第二步：塑模。这是石雕完成的一个关键步骤。

第三步：选择石料。石料结构的稳定性强弱直接影响着雕刻的难易程度。

第四步：粗雕定型，精细雕刻。

第五步：磨光。通过打磨石雕作品，实现再创作，从而使作品呈现出最好的光泽。

只有每一步都严格遵守技术要求才能完成一件优秀的作品。

六、温柔又坚定的曲阳石雕

说起曲阳石雕，最先映入人们脑海的是它宏伟、高大的特征，而实际上，曲阳石雕还是一个美丽、干净、沉稳、多面的"温柔女子"。曲阳石雕有以下五个特点。

第一是"美"。每一件艺术品都是"美"的代言人，曲阳石雕做工精细，构思巧妙，每一处细节都经过了百般打磨，纹理清晰细腻，撑起了曲阳石雕的美。每一件艺术品都有自己美的理由，曲阳石雕作为曲阳县最靓丽的一道风景线，也在全国范围内"美"得独树一帜。

第二是"净"。干净、纯净。曲阳石雕大多以汉白石为原料，汉白石洁白细腻、纯净晶莹，再加之雕刻师高超的手艺，雕刻出来的作品整体给人一种干净利落的印象。

第三是"稳"。曲阳石雕无论大小都给人一种稳的感觉。这种感觉就像是看到了一位温柔的女子。这不仅是一种感觉，也是事实。曲阳石雕是不会给大家看到"不倒翁"形象的机会的。这也是曲阳石雕享有如此高赞誉的秘诀。同时，"稳"也是雕刻师的特点，雕刻师的手如果不稳，那么想要稳当的雕刻就只能是纸上谈兵。

第四是"强"。一方面，曲阳石雕是坚强的代表，以石材做材料，每一块石料都经过仔细挑选，因此每一块材料的质量都是有保证的，所以，无论多高多大的雕刻，都可以坚强地屹立在属于它的位置上，并且曲阳石雕相对耐风化，这是曲阳石雕坚强的证明。另一方面，曲阳石雕从北魏开始发展到现在，历经风雨却依然坚挺，产业逐步壮大。面对雕刻产业在发展过程中逐步暴露出布局分散、结构欠优、产品缺乏创新、宣传力度不够等问题，曲阳县利用互联网平台积极宣传、优化资源配置，通过与高校合作吸引年轻力量助力产品创新，借助京津冀协同发展机遇，拓展雕刻行业市场等措施，直面挑战，走出困境，实现雕刻行业的转型发展。

第五是"富"。"富"存在于曲阳石雕的各个方面，首先是题材丰富，曲阳石雕题材范围广，存在于社会生活和文化生活的各个方面，有人物、动物等传统题材作品，也有以神话故事为题材的，还有很多面向社会发展大趋势的，以社会发展潮流为题材的作品。其次是价值丰富，每一件优秀的雕刻作品都有着极为丰富的价值，支撑着曲阳石雕的延续发展。

七、一石一世界，一物一传奇

每一件作品的创作背后都有一个故事。石雕虽只是静立的一件实物，但当你走近它们，用心感悟，会发现它们是充满生命力的。它们是我国历史文化的鲜活展现，极富韵味。

王建庄制作的《天后妈祖》作为澳门回归的庆祝雕塑，无论是创作过程还是雕塑所蕴含的意义都非同一般。

1999 年澳门回归，祖国人民欢呼雀跃。为了庆祝这一伟大事件，以"妈祖文化"为创作灵感的"妈祖"汉白玉石雕像栩栩如生地矗立在澳门特区的土地上，其高 19.99 米，寓意澳门 1999 年回归；石雕以汉白玉为材料，以妈祖为雕刻素材，全身莹亮通透，宛若碧玉，神态形象生动，极富仙灵气息。妈祖又名"娘妈"，能预言吉凶，传说常显灵于海上，使遇险的船队能够化险为夷。

王建庄接到制作任务后，就遇到了前所未有的难题。雕像高 19.99 米，体量大、技术要求高，且意义重大。一开始，他走访了好多老艺人，但是在曲阳县境内从来都没有做过这样的大型石雕。这就给他出了个巨大的难题，但凡有个人知道，传授点经验，应该能很快完成，可是这样的要求简直就是痴人说梦，谁都没有碰到过这种情况，就算别人想帮忙都不知道从哪里下手。在没有任何先例、任何资料的情况下，王建庄反复论证、刻苦钻研，最后通过多次实验建模，终于创造出了一种由中间向四周呈放射状延伸的分块方法，并成功将其应用于该雕刻的制作。随后他把这个办法命名为"轴心放射放大法、多拼施工方案",雕像制作的施工方案经过一个多月研究论证才得以确定,施工前培训参与雕刻施工技术人员达百余名。现在,此方法已广泛应用于行业大型石雕工程制作,取得了很大的经济效益,为曲阳石雕的发展作出了卓越的贡献。

根据王建庄回忆,《天后妈祖》历经一年零四个月制作完成,由六节火车从曲阳拉到广东佛山,再送往目的地澳门特区进行安装,安装过程又耗时两个月。

面对没有先例的窘境,王建庄没有选择放弃,他迎难而上,有困难就克服,没有办法就想办法,最终,问题得以解决,作品得以完成,并坐落于澳门特区叠石塘山顶。现在,妈祖像已成为传承和弘扬澳门特区特色文化的永久性标志,先后被《中央电视台》《人民日报》《澳门日报》等多家新闻媒体进行了专题报道。

八、迎难而进,玉汝于成

当前,曲阳石雕的发展还面临诸多困难,王建庄总结道:第一个困难就是设计。设计是基础,是关键。设计不出一个好的作品就根本无法做出一个美观并且赋有灵魂的雕塑。第二个困难就是选料。"石料难保心",石材的纹理是千变万化的,斑块、色差、裂纹等这些问题往往存在于石料内部,仅凭肉眼很难看到。在雕刻过程中,如果发现石料有裂纹、色差等问题就必须换料。若石料开采、运输成本高,随之会造成严重的经济损失。第三个困难就是技术,雕刻师技术不过关,就算石料再好也无法完成一件优秀的作品。由此可见,这些困难相互牵制,牵一发而动全身,必须面面俱到。一件优秀的作品,必须是从第一步就要开始稳扎稳打,每一步都不能有差错;相反,一件不成功的作品,是有一步跟不上,步步都跟不上,最后完成的作品也不会成功。除此之外，在过程中还存在一个困难就是雕刻的作品没有先例，没有参考资料，都是需要独创的。

其实在真正创作的时候还会有很多别的困难，雕刻也不是每个人随便刻几下就能完成的，一件精美的雕刻作品每一个雕刻步骤都要严谨。

首先，在选料时，一定要仔细选择。根据要雕刻的图像"量体裁衣"，尽量避开有裂缝、斑块等问题的地方，最大化地利用石材。因为所有的石材都会有缺陷，都不是完美的。在制作过程中对一些微小的，对作品质量不会产生影响的瑕疵需要雕刻师灵活变通，加以利用和隐藏。

其次，石雕雕刻注重经验。要想弯路走得少，经验必不可少，经验在雕刻中是非常重要的，一些细节的问题要吸取老一辈人们的经验。以雕刻马腿为例，必须要按照师父告诉你的顺序来打磨，否则就极有可能把马腿打磨断，无法雕刻出优秀的作品来。

早些年的石雕多为纯手工制品，雕刻顺序是极其严格的，一块石材去掉哪里，雕刻哪里，留哪一部分，最后怎样完成作品，这些步骤必须要熟记于心。这几年，随着技术的不断创新与应用，顺序可能有所差别，但在关键处仍要"按规则出牌"。

最后，石雕得需要注意雕刻力度，尤其在雕刻一些小的工艺品时，力度的掌控直接影响着成品出来的效果。

九、政府助力谱新章

2016年12月，王建庄作为发起人，成立了河北省石雕协会。在政府的支持下，他开展了多次省内外展览、大赛和研讨交流活动，推动了石雕行业的发展。

石雕文化产业单纯依靠师父带徒弟是不可能有飞跃式发展的。2006年，曲阳石雕被列入首批国家级非物质文化遗产名录。国家文化部、教育部、人社部都非常重视，三大部委通过河北省文化厅、河北美术学院开设非遗研培班，内容是关于非遗的系统学习。王建庄曾带领十八名工匠参加三部委联合组织的中央美术学院高级研修班，学习过程所需资金全部由政府承担。由此可见，国家非常重视非遗项目，投入了大量的人力、物力、财力来保护非物质文化遗产。

政府还出台了很多扶持政策，从"曲阳石雕"被评为国家级非物质文化遗产起，政府就专门设立了雕刻园区，并设立雕刻管理办公室，由政府直接管理，为行业的发展解决了诸多问题。近年来，曲阳县政府还专门成立了推动雕塑定瓷产业高质量发展的领导小组，加大了对雕塑骨干企业的支持力度，鼓励石雕优势企业参与"一带一路""雄安新区"等国家重点项目，进一步提高雕塑知名度和影响力。

除了政策引导，政府还会给予方法指导，并进行资金投入，在一些赛事活动中，政府会直接投入资金，使大赛能够顺利进行。在 2018 年举办的国际雕塑艺术节上，政府提供了上千万的资金支持，使活动能够顺利举办。此外，政府还定期开展石雕职业技能培训，传承传统文化。此外，政府还出台了大师管理办法，给予工艺美术大师、非遗传承人特定奖励。

在党的百年华诞之际，王建庄策划了一场"2021 河北省石雕职业技能大赛"。6 月 28 日，河北省石雕协会、河北省人力和社会保障厅职业技能鉴定指导中心、曲阳县人民政府联合举办了"河北省石雕职业技能大赛"，并对获奖作品进行了展览。通过这场大赛，为广大石雕从业者搭建了作品展示平台，彰显了新时代雕塑艺人的新形象，为伟大的中国共产党成立 100 周年献上了一份珍贵的礼物。

"既然政府给我们创造了良好的发展条件，我们就必须不负众望，把石雕文化产业继续发展下去。"王建庄表示，一定利用好河北省石雕协会这个平台，做好石雕文化宣传，推动石雕文化产业有序发展，组织大家在全国各地参加展览、比赛，加强交流学习，开展学术研讨，共同商讨解决遇到的问题，弘扬石雕文化，促进曲阳石雕的发展。

十、令人发愁的传承问题

现在，石雕已不仅仅是一门养家糊口的手艺，更是一种传统文化。王建庄被聘为河北美术学院教授，曲阳县职教中心特聘非遗文化指导教师，他定期到学校开设讲座，传播石雕文化。2020 年 7 月王建庄还受邀到曲阳县武警中队讲述了一节生动的石雕文化课，让他们能够更细致地了解石雕文化。

雕刻西方人物是曲阳石雕又一大成就。甄彦仓大师在中国最早开始制作西方人物雕刻，他带动了整个党城乡的石雕文化产业的发展。目前，从事西方人物雕刻的艺人基本都是他的徒弟。雕刻出的具有西方风格的雕塑大量出口到欧洲，在当地广受赞誉。

当前，曲阳石雕的传承、保护与发展备受关注，河北省石雕协会也经常就有关问题进行讨论，其面临的问题主要有以下四点。

第一，人才匮乏。现在很多年轻人外出读大学，毕业后留在大城市找一份工作，很少有人学习雕刻。另外，雕刻技术不易掌握，学习难度大，既是体力劳动，又是脑力劳动，年轻人不愿从事这个行业。随着雕刻产业逐步扩大，雕刻技能人才却供不应求，急需培养一大批技能人才，以满足石雕行业的发展需求。

第二，石雕雕刻缺少创新。曲阳石雕的质量在全国范围内是公认的，但是目前曲阳石雕要想继续发展，不仅要传承老一辈人的石雕手艺，还要促进创新，以此来应对当前社会发展大趋势。创新雕刻形式，不再拘泥于我们当前仅有的几种形式；创新雕刻内容与题材，以社会发展趋势为背景，创作出更多符合历史发展潮流的优秀作品。

第三，创作者文化创意创作得不到保护。从这几年市场发展现状来看，"山寨货"越来越多，创作者历经周折创作出来的作品流入市场后，其仿制作品很快就会以各种形式出现在市场上，从而对创作者造成伤害和损失，这些"山寨货"不仅侵犯了创作者的知识产权，还打击了创作者的创作热情。

第四，现代高科技技术运用不充分。当前，社会发展步伐加快，新兴技术不断涌现，雕刻离不开工人的耐心研磨，但是也应当充分利用新兴技术，促进科技与雕刻深度融合。互联网、大数据、人工智能等先进技术在雕刻领域没有得到充分利用，实属资源的浪费。

十一、群策群力助发展

石雕文化产业的发展固然面临着很多问题与挑战，但王建庄没有灰心，因为他知道办法总比问题多，要想弥补这些不足，还得依靠群众的力量。首先要解决技术人才的工资分配问题。王建庄表示，可以根据工人雕刻的技能水平，适当调整雕刻师的工资，技能水平高的工人应当给予他们更好的工资待遇，继续提高他们对石雕的兴趣，鼓励他们参加各种比赛来提高雕刻技能，从而充分发挥"传帮带"作用，促使石雕这一产业能够继续传承发展下去。

谈到创新办法，王建庄说雕刻一件石雕作品不能仅局限在经济价值，还要追求艺术价值和社会价值。作品题材的选择不应该仅局限在传统人物、动物上，要根据社会实际需求，顺应社会的发展潮流，才能创作出更好的作品。2020年在山东临沂举办的中国北方石材博览会雕塑艺术精品展上，《明天的微笑》《钟南山》《奉献》等作品是以当时社会正在经历的大考验为背景，赞美了为抗击新冠疫情作出巨大贡献的一线医护人员，表达了大众战胜疫情的决心，这就是很好的一个方向。实际上，雕刻创新是一件很难的事情，但是不能因为难就不去做，否则，就很难创作出更加优秀的作品，石雕产业的发展也就很难有进步，只有迎难而上，克服困难，才能有所发展。

　　产学研相结合不能忘，要在切磋中进步，在跨界中找到适合曲阳石雕的位置。大家通过与雕塑相关学术知识与碰撞，总结出新的创新点或可用于后续教学的知识体系。同时，通过展览、比赛等形式鼓励大家创新；通过颁发证书、奖金等形式激励大家创作出更优秀的作品。现在提倡京津冀协同发展，要紧紧抓住这个战略机遇，凭借政策优惠，打造出政府、雕塑产业、高校三者之间的交流互通平台，依托文化产业园区将雕塑文化产业转向创意文化经济发展模式，推动当下石雕文化产业的发展。

　　此外要重视对环境的保护。近年来，国家加大了生态环境保护力度，雕塑行业也应该顺应生态文明发展理念，与时俱进，发展低碳雕塑、生态雕塑经济，保护好生态环境，承担起社会责任。

　　对于曲阳石雕文化产业的传承与发展，王建庄说，目前，曲阳县有一批人在石雕雕刻方面工作了很多年，积累了很多经验，技能比较熟练，他们被授予"大师""石雕艺术家""工艺美术师"等荣誉称号。一方面，这一批人要保护和发展好石雕文化，要积极创作优秀作品，培养雕刻人才；另一方面，政府可适当给予支持，使其保持对传统手艺的传承热情。

　　从顽石到艺术品，石雕艺人不仅要有发现美的眼睛，更要有出神入化的手艺。天安门前的石狮子见证着紫禁城的兴衰荣辱，澳门特区的妈祖像守护着澳门人的爱国之心。过去，现在和未来，那些岁月静好和石雕一样永远洁白如玉。

第四章 巧笔生花，壶中自有乾坤显
——衡水内画口述史

【走近衡水内画】

百年的传承中，历代匠人臻于至善，锤炼出鬼斧神工的手艺。内画成壶，秀竹成扇，琉璃烧黄，磨砺出传承文人风雅的极美之物。内画，传统而又特殊的绘画艺术形式，是一种鼻烟壶内壁绘画手艺。以玻璃、水晶材料为壶坯，用特制的变形细笔，在口小如豆的瓶内，反向描绘出精妙入微的画面，这是内画与众不同的魅力。勾、皴、点、染，熟练的技法中倾注了匠人们的心血，笔触精妙，格调典雅，泼墨淋漓，枯索飞白，可谓寸幅之间有千里之势，如同鬼斧神工，简直不可思议。

素坯勾勒出的青花笔锋由浓墨慢慢变淡，壶身上描绘的牡丹含苞待放，红色的锦鲤跃然于上，仕女图中半掩桃花面。内画是我国特有的传统工艺，它起源于画鼻烟壶。在盈手可握的鼻烟壶上，精细的小条只有在墨料的映衬下才能体现出纹理细腻、层次分明的艺术特点。鼻烟壶在古代作为一种文玩，是文人雅士书斋之内的赏玩之物。从古至今，文人雅士对文玩情有独钟，它被视为是带有文艺气息的喜好，被赋予了深厚的文化内涵。现代内画艺术源于京派，分为京、冀、鲁、粤、秦五大流派，其中尤以冀派内画规模最大、发展最快、影响最深远。不拘泥于形式，追求创新，花鸟虫鱼、人物山水皆可作为内画题材。

　　2021年4月8日，河北科技大学外国语学院刘丹同学，带着对这方寸之间的大千世界的敬仰之情，来到了有着"中国内画之乡"美誉，也是冀派内画的发源地——河北衡水，对衡水内画的传承人王自勇进行了深入的访谈。接下来一年的时间里，魏心铭，张铭蕾又先后来到衡水，对衡水内画进行了更加深入地调研、思考和总结。

一、匠人传承，匠人坚守

　　王自勇，艺名王又三，王习三之子，1969年3月1日生于河北省阜城县杨庄，河北省工艺美术大师，现任中国鼻烟壶专业委员会副会长，中国内画艺术之乡展览馆馆长，国家级非物质文化遗产代表性项目名录衡水内画省级代表性传承人。

　　从小就受内画手艺熏陶的王自勇，对内画有着浓厚兴趣，带着这一份对内画的热爱之心，他成功考取了河北师范大学美术系，为后来的内画创作奠定了坚实的美术基础。岁月磨平了匠人的棱角，也让王自勇从稚嫩少年成长为冀派内画新一代的传承人。"自己创造的艺术，不想在有生之年看着它衰败。"父亲这番话时常萦绕在王自勇耳边，身边人也对他寄予了深厚的期望，大家都不希望衡水内画像其他一些非遗项目那样日渐衰落，正是这份责任感和使命感一直敦促着王自勇。带着一份份殷切的期望，王自勇追求创新，表现出匠人专属的执着。

　　王自勇的父亲王习三，是冀派内画的创始人，是京派老艺人叶仲三之子叶晓峰、叶菶祺的第一位外姓弟子。他以顽强的毅力追求艺术进步，在阜城县杨庄村以副业形式重操钩笔搞起内画，为创建"冀派"内画打下了坚实的基础，先后收了四批徒弟，倾囊相授，培育出了几十位内画新秀，使冀派内画发展成"现代最具实力"的画派。

说起王习三，不得不说一说"习三"的来龙去脉。1958年的一天，王习三和他的师父在一个展览会上做表演，当时王习三创作的"屈子问天图"鼻烟壶，获得了现场所有人的称赞。其中就有朱德元帅。朱德元帅握着王习三的手，亲切地勉励王习三说："你要像毛主席说的那样，'学习，学习，再学习'，更要青出于蓝而胜于蓝，要不断鼓励自己勇攀高峰啊！"这一番话，深深地激励了王习三，让王习三久久难以忘怀。改名为"习三"，是表达对朱德元帅勉励之语的铭记，也是表达向前辈们学习的决心。王自勇的艺名是"王又三"，也是希望子承父志，不断学习，勇攀高峰。

对于匠人来说，天赋固然是艺术表现的重要因素，而多年的苦练更是使手艺能够真正走入艺术殿堂的基石。正是匠人匠心的坚守和传承才使得中国内画的发展得以生生不息，历久弥新。

二、最朴实的材料，最不可思议的蜕变与升华

冀派内画的特点相比于其他四个内画派别较为鲜明，风格多样，色彩丰富，立意鲜明，题材繁多，总结起来就是立意深邃，构图严谨，线描技法丰富，设色协调精润，书画并茂，雅俗共赏。

传统内画需要纸张，而衡水内画的"纸张"却是这盈手可握的鼻烟壶。在鼻烟壶的方寸之间作画，这注定是一次挑战，考验着匠人心静手稳的绘画功力和反向作画的艺术造诣。内画的创作，需要透过狭小的壶口反向作画，由于经过磨砂处理后的鼻烟壶并不完全透明，匠人只能凭借经验将脑海中构

思的图案，凭借手触时的细微游动，以最佳的效果呈现出来。除了心静手稳的基本功外，制作内画还需要匠人具备极强的反向思维能力，这不仅是对左右之间的简单转换，更是对传统绘画方式的颠覆。

传统的内画采用的是国画技法，王习三独创了内画油画技法，这是一大突破和创新，使作品的色彩更加绚丽，内涵更加丰富，形象更加逼真，是中西合璧的典范。王习三在传统内画题材的基础上还增加了一些动物的题材，生动、活泼、有趣。此外，他的肖像系列也是一大创新，代表作品《清代皇帝、皇后系列肖像画壶》。再有就是创作工具的革新，也就是金属杆勾毛笔。到王自勇这里，画法上开创了内画浓墨山水画法。题材上为了顺应时代变迁并迎合大众的需求，王自勇有了新的尝试。在传统的山水、人物、花鸟鱼虫的基础上，增加了与时代和人们日常生活中息息相关的内容，比如结婚、祝寿等主题。

王习三自创的金属杆勾毛笔特别出名，因此也叫"习三弯勾笔"。过去的内画画笔用的是经过高温加热削尖的竹签，伸入小小的壶中，不够灵活，线条也有些僵硬，缺少飘逸感。在一个小小的壶中作画，稍有不慎就毁了整幅作品。王习三独创的这种画笔的材质是金属，是从捡到的废弃电线头中激发的灵感。相比较过去竹签材质的画笔，金属杆勾毛笔的最大优势就在于可以随意地转换弯度。伸入小小的壶中，操作起来也十分灵活，作品的线条更加生动活泼。此外，金属材质更加坚固耐用，不像竹签那样容易损坏。

王习三继承"叶派"厚朴古雅又揉和"鲁派"细腻流畅的传统画法，同时借鉴"粤派"的装饰性风格，把国画的效、擦、染、点、勾、丝等技法引入内画，使内画画法更加丰富多彩，在运笔中注意快、慢、轻、重、提、按、转折、畅涩、方圆的变化，灵活运用，使内画艺术风格更加深邃高雅。王习三还反复实验，试用固定剂，摸索出用油彩画内画的技法，使得人物肖像更加逼真，将神态刻画得淋漓尽致。这一画法，被专家认为是中西合璧的创举，开创了内画油彩的先河。

在一些网购平台中搜寻衡水内画的工艺品，产品种类琳琅满目，不仅限于鼻烟壶。现在的产品研发也涉及很多方面，比如说内画水晶球、内画花瓶、内画摆件、内画佛珠、内画屏风、内画项链等。这也是王习三一直倡导的，将实用与艺术相结合。工艺品实用化，实用品艺术化，是内画的发展出路。王自勇也一直在这条道路上不断探索。如果仅是一件艺术品，它的价值也就仅限于收藏，那么受众就会很窄，要是赋予它实用价值，会更有意义，这为非遗内画的传承提供了强劲动力。

衡水老白干和衡水内画相结合的工艺品酒，在酒水的映照下内画图案更加美丽迷人，实在是令人赞叹不已，正所谓是内画和美酒的珠联璧合。内画圣诞水晶球精美绝伦，乃是馈赠佳品。其销量节节走升，且远销海外。所谓民以食为天，食品类的内画工艺也是一直以来人们所追求探索的，如内画酒瓶、香油瓶，在食用过后还可以用作工艺摆件，增加了它的实用价值。

每一件作品都需要注入很大的心血。但要说最难创作的，王自勇认为是人物肖像。为什么这么说呢，因为人物是真实存在的，所以就要真切、要传神。刻画一个人物容易，但刻画一个传神的人物，能够表达出人物内心的情感和感受，难度不容小觑，即使用放大镜欣赏，也要能看出他的神态。《十二帝王生肖鼻烟壶》是王习三和王自勇父子俩人共同创作出的人物肖像鼻烟壶。或许人们会觉得这是古代人物，可能会容易一些。实则不然，没有真实的照片，就需要通过人物的生平去揣摩他的个性和神态，这对于匠人们来说是一项非常大的挑战，其要求匠人们必须具备深厚的文化积淀和底蕴，才能真正地画出形象的人物肖像作品。

三、坚守传承，精神和希望的延伸

在电影《八旗子弟》中，达官贵人们把玩的精致绝伦的小玩意儿就是鼻烟壶。王习三参演了这部电影，饰演鼻烟壶匠人聂小轩，并与某位演员结缘。王习三和这位演员可以说是亦师亦友。2015 年的时候，王习三参加了一档综艺节目《传承者》，节目的嘉宾中就有这位演员。王习三画了一个带有他画像的鼻烟壶送给他，这是王习三的封笔之作。王习三向现场观众讲述了他与《八旗子弟》这部电影及这位演员之间的故事。在这部影片中，这位演员饰演王习三的徒弟，学习的正是画鼻烟壶。在《传承者》节目中的聚首，是俩人时隔三十年后的重逢，他们都很激动。

前几年大火的《我在故宫修文物》，引发了民众对故宫文物的热切关注。如果这样题材的节目多一点，对非遗传承会有很大的帮助，这就涉及了非遗的宣传。衡水人肯定都知道衡水内画，但是别的地方的一些年轻人都不知道衡水内画的存在，这是很令人悲哀的。王自勇认为所有的非物质文化遗产，都是中国传统文化的瑰宝，青年一代都应该去了解，去欣赏，去传承，这是我们建立文化自信的重要一步。

2002 年，河北科技大学成立了"中国冀派内画艺术中心"，首次把内画艺术引进了高校课堂，王习三被特聘为教授。现当下河北科技大学外国语学院也有非遗项目，学生们能够近距离接触非遗，陶冶情操，提升文化素养，激发强烈的民族自豪感。同时还可以培养非遗爱好者和传承人，为非遗的传承提供保障。非遗进课堂这件事情的意义重大而深远。王自勇说道，每年都有学生集体来展览馆里参观，内画也已经进入衡水的很多中小学课堂。王自勇本人也担任一些学校的艺术顾问，看到学生们对内画很感兴趣并进行了探究，令他非常欣慰。因此若想了解非遗，了解衡水内画，王自勇都是非常愿意倾囊相授的。在王自勇看来，越来越多的年轻人对内画感兴趣，说明内画的影响力在逐渐扩大，这也是非遗传承的重要一步。

内画不仅要让国人了解，也要走出国门，让世界了解。内画不只是民族的，更应该是世界的。人们可以以鼻烟壶为载体，来研究博大精深的中华文化。别看小小一个鼻烟壶，里面学问可不容小觑，可谓是壶小乾坤大，抛开材质手艺等，它的文化价值就已经值得深入探索。比如说有人想要研究唐代历史，文物可能买不到，或者是价格太高。但是，通过这么一个小小的鼻烟壶，就能追溯出很多时代的故事。有一些外国人在参观的时候，就表现得很有好奇心：昭君出塞鼻烟壶上画的是谁啊，什么时候，究竟是怎样的一个故事。叶仲三老先生喜欢画一些历史小说故事，比如《红楼梦》《聊斋》《三国志》等，其中有很多中国优秀传统故事值得向人们介绍。透过鼻烟壶，就可以了解其背后蕴含的中国优秀文化，这是匠人们想展示给世界的。

这些均与国家倡导的"讲好中国故事"完美契合，中外民众在审美过程中能够感受中国传统文化的魅力，加深对中国文化的认识和理解。很多时候，传播中国文化不是只有恢宏壮阔才能打动人心。宏伟巨制的宣传片并不一定会有好的宣传效果，然而小小的鼻烟壶却可以，因为它本身足够精彩。王自勇坚信小小鼻烟壶可以打动别人，并认为我们要秉持这种文化自信。然而很多外国人只知道中国的茶具非常精致，却不知道中国的烟具其实也是非常精致的。这就说明我们的非遗内画还没有完全地走出去，这条路还是任重而道远的。

然而对于内画还存在着另外一种声音，认为衡水内画虽然十分精美，但是缺少一些年轻人喜爱的元素，创新方面似乎也仅是在原有的形式基础上做有限的变化。不得不承认的是，这确实是现存的问题，也是所有非遗都面临的创新问题。王习三认为，在这一方面，极其出彩的范例要数故宫文创了。故宫文创产品种类多样，近几年十分火爆，又融入了许多新鲜的元素，创新性极强，很受年轻人追捧。此外加上宣传力度大、宣传方式新颖，故宫文创产生了很好的社会效应，在传承中国传统文化的同时，也带动了经济发展。

这让王习三对内画的发展也有了新的思考，他认为内画的形式和宣传方式都应该有创新和多样化，以此来探索更多可能。王习三说道："要在继承传统的基础上大胆突破、敢于创新，包含创作载体、题材工具、材料、技法、风格、品牌等。"传统内画的载体就是鼻烟壶，现如今鼻烟壶已经退出了历史舞台，仅作为收藏品、艺术品，销售市场十分受限。而新的创作载体存在于生活中的方方面面，比如我们日常用到的一些办公用品、装饰品等。在创作题材上，要与时俱进，以开放的胸襟，吸取好的经验，应用于内画的发展，不拘泥于以往的常见题材，让更多不同年龄段的人认识到内画、了解内画。在内画的技法方面，秉持包容的心态，将各种技法大胆地应用到内画创作中去。风格上的创新要与时代并肩，多去了解当代年轻人喜欢的时尚元素，体现出时代特点，才能使得内画具有收藏价值和市场价值。

这就涉及了文旅结合。所谓文旅结合就是文化业和旅游业相结合，过去文化是文化，旅游是旅游，如今把二者结合，促成了相辅相成的关系。国人旅游，喜爱游山玩水。外国友人来中国旅游，首选北京，去故宫、长城；其次西安，看兵马俑，他们还是对人文方面更感兴趣。而很少有外国友人特意来衡水旅游，衡水不是个旅游城市，欠缺一些知名度，因此打造衡水的旅游品牌也是需要做的事。外国友人去故宫旅游，被故宫文化吸引，基本会买一些故宫的文创作品。旅游的核心还应该是文化，文化要靠旅游来提升知名度。在这一点上，王自勇认为韩国做得不错，把非物质文化遗产和旅游业结合到了极致，有很多非遗的民俗村旅游项目还是比较成功的。

四、追求创新，匠人的执着坚持

王自勇在品牌创新这一方面颇有成就。"习三"品牌的注册就是一大创举和突破。王自勇一直都认为品牌的建设和效应是非常重要的。市场发展到一定阶段会出现良莠不齐的现象。有了这样品牌的带领，就可以促进产业向更好更健康的方向发展，也能更好地保护知识产权。2008 年，"习三"被评为河北省著名品牌。品牌效应会带来市场价值，这对于新时代下衡水内画的推广和发展都非常重要。衡水内画要想走出衡水，走出河北，走出国门，我们要做的还有很多，任重道远。

最初创建展览馆确实是比较艰辛和坎坷的。当时王自勇家里并没有多少钱，创建第一个展览馆都是用家产做抵押的。最开始有创建展览馆的想法是王自勇在 2002 年的时候去南方出差，看到有一家展览馆里面有很多人在参观和购物，因此受到了启发，产生了这个想法。回到家后便开始筹备这件事情，一是准备资金，二是劝父亲王习三一起把建设展览馆的想法付诸行动。2003 年 2 月，创建了世界上第一家专门展示内画艺术的博物馆，建筑面积为 1732 平方米，以鼻烟壶展览艺术馆为主。在开馆前，王自勇费尽心思，历经千辛万苦，一共找到了 400 多件作品用作展览。然而开馆没多久，就遇上了"非典"的重创，因没有买家，展览馆的经营难以为继。在最艰难的时候差点卖掉半个展览馆，还好父亲王习三想办法借钱还了债务，从而保住了展览馆。2004 年，展览馆建成之后的第一笔大订单成为一个重要的转折点，这笔大订单来自一对酷爱收藏鼻烟壶的德国夫妇。据王自勇回忆，这对德国夫妇购买了 18 万元的产品，这让展览馆出现了巨大的转机。值得一提的是，石家庄的习三博物馆是于 2010 年建成开馆的。

在众多非遗的传承中，像王习三和王自勇这样创建学校的行为是极少的。王习三认为，要传承一门艺术，仅靠少数人是不行的，要打破门第观念，博采众长。"过去内画属于家族式民间艺术，这样会有很多局限性，会导致传承道路越走越窄，王自勇要彻底改变这种局面，广收门徒，让更多的人投身于内画艺术。"在这种观念的驱使下，1988 年王习三创建了习三画院。1995 年又创办了习三内画艺术学校。1996 年，经过教委考察批准，习三内画艺术学校正式成为中等专业学校，也就是我们现在所熟知的"习三工艺美术中等专业学校"。此举对繁荣中华民族内、外画艺术，功不可没，且具有非凡的意义。中央美术学院院长靳尚谊、国画系主任姚有多、河北师大美术教授周传易、田文惠等当代书画名家为习三大师办学出谋划策。姚有多亲自来到衡水，就办学的细节给予具体帮助。看着那些孩子刚来的时候，一点绘画基础都没有，一年之后便可以独立地创作内画和外画，毕业后为内画事业的传承和发展注入了新鲜的血液。王自勇对此感到非常骄傲和欣慰，同时也体会到了父亲王习三的良苦用心。

除了建馆和建校，还有一项伟大的事业——编撰出版《中国内画图典》。王习三认为建学校、建展览馆和编撰出版图典是三项重要的事业。当时有很多人建议王习三投资房地产赚钱，但是王习三认为没有什么比这三件事更重要的了。建学校、建展览馆和编撰出版图典是功在当代，利在千秋的事情，意义非凡而深远。正是因为有了这部图典，人们才可以全方位的、详细的了解非遗内画，这可谓是内画界的一大盛事。在这部内画图典中，饱含着包括王习三在内的众多内画大师们的心血。《中国内画图典》用中英文对照的形式，对中国内画进行了一次全景展示，并在总结内画艺术所取得的成就的同时，还重点推介了内画界的新人新作。约翰·福特（John Ford）先生在图典的序言中盛赞，"此书的出版将对全世界喜爱和欣赏内画鼻烟壶艺术的收藏家们具有重大的参考价值。"

五、衡水内画与未来的碰撞

王自勇认为现在衡水内画的发展面临的问题和困境主要有以下两个方面。一是老一辈传承人思想保守，跟不上时代发展，创新力度不够；二是非遗传承人和保护者大多文化水平不高，缺乏受过高等教育的人才。

很大一部分传承人可以临摹作品，技术精湛，却缺少足够深厚的文化底蕴和创造力，临摹作品多，而创造性作品少。所以一些受过高等教育的年轻人愿意去了解非遗，宣传非遗，甚至去传承非遗，王自勇是非常欣慰的。这让王自勇看到了内画在新的时代土壤中不忘根与魂，迸发出了新的生命力。

王自勇对新时代的非遗内画传承人有以下三种殷切期盼。

第一，提高个人文化素养，要有足够深厚的文化积淀。如果没有足够深厚的文化积累，那么即便掌握了内画技巧，那也可能是只会临摹而没有艺术眼界和思想的工具人。

第二，要沉得住气，不骄不躁，耐得住寂寞。做这样的事情是切记不能浮躁的，这个时代太浮躁了，我们要慢下来，不急功近利，才能做好这件事。

第三，要有家国情怀，为社会，为国家，为传播中华民族优秀传统文化作出贡献。没有这样的情怀，在非遗传承的路上，可能是走不下去的。王自勇还是希望更多优秀的年轻人能够加入到非遗内画的传承队伍当中，将非遗内画发扬光大。

现当下很多非物质文化遗产都面临着衰落的境遇，看到中华民族这么多优秀的传统文化面临着衰落的境遇，王自勇十分心痛，这都是我们中华民族的瑰宝。王自勇也时常反思和探究如何避免内画衰落。王自勇个人对内画的未来发展还是抱有积极乐观的态度的，王自勇认为在我们的不懈努力下，内画还是可以很好地传承和发展的。内画最开始是存在于鼻烟壶中，而如今随着时代的变迁鼻烟壶已经退出历史舞台了。但是内画并没有退出，它被赋予了新的生命。内画既可与工艺品结合，也可以与实用品结合，它不仅是一件仅供欣赏的艺术品，也是一件商品，因为它有需求，有需求就会有市场，事实证明确实如此。相比较我们熟悉的其他非遗，比如剪纸、布糊等，这类非物质文化遗产的价值仅限于观赏和收藏，实用价值确实不高，需求也就相对较小。如今内画已经有了突破性转变，王自勇坚信，在大家的共同努力下，未来内画会发展得越来越好。王自勇认为非遗要想做到不衰落，必须在传承的基础上发展创新。首先最重要的是传承，不能一味地追求与时代同步，而忘了根本，否则中华民族优秀传统文化就失了本真和味道。中华民族优秀传统文化是我们的根，我们的魂。在与时俱进、发展创新的过程中，我们要有包容，开放的心态。不光是与国内其他同类非遗借鉴有益的经验，也要以开放的胸襟，睁眼看世界，借鉴其他国家非遗保护的有益经验和措施，开阔视野，博采众长，应用于我们自身的传承和发展之中。此外，现当代的非遗传承和发展，一定要与现代化科学技术手段紧密结合，要利用多媒体与网络对非遗进行宣传推广与保护，这应当是当代非遗传承者们的必备技能。

方寸之间，细微之处，每一个动人的神韵，或是壮阔的图景都源自孤灯之下，匠人匠心的坚守和传承，这使得传统的手艺在时代的变革中得以保持始终如一的艺术呈现。源于浩瀚文明，融在方寸之间的内画手艺，也在自我精进之中，绘就出一抹历史与今天相同的文化色彩。

第五章　芥子纳须弥，掌中藏奇迹
——涿州"蒲氏蛋雕"口述史

【走近涿州蛋雕】

蛋壳，是孕育生命的载体，也是生命的象征。它不仅可以记录一个新生命的开始，也逐渐成为一种装饰品，为人们能够创作出精美的蛋艺术作品提供了原料。

早在古时，人们就开始在蛋壳上涂涂画画作为一种装饰品，经过长时间的积累，人们不断在此基础上创新，逐渐演变成一种独特的蛋艺文化。涿州市的蒲氏蛋雕，正是这种蛋艺文化多年发展的体现。

涿州市，是河北省保定市里的一个小县城，紧邻北京。享有"天下第一州"的美誉使得涿州市闻名于世。这里不仅是小说《三国演义》里桃园三结义的结拜地，也是张飞的故乡，有着悠久的历史文化。大概是因为千百年历史文化的积累，涿州市孕育了许多大大小小的非遗文化，其中被大家广为熟知的蒲氏蛋雕就是诞生于此。

2021 年 7 月 15 日，河北科技大学外国语学院张月轩同学，为深入了解非遗文化的真正艺术魅力，来到保定市涿州市，探访国家非遗项目"蒲氏蛋雕"传承人蒲德荣，揭开了蒲氏蛋雕的神秘面纱。

一、从餐桌到博古架

提到蛋雕，大家也许会觉得有些陌生，其实蛋雕就是一种在蛋壳上进行雕刻创作的工艺品。此时你也可能十分好奇，鸡蛋壳又薄又脆，而蛋雕艺术家又是如何创作这种"脆弱的艺术品"的呢？也正是有这种好奇心，才造就了蛋雕这种令人叹为观止的神奇艺术。

蛋雕这门神奇而特殊的艺术，顾名思义就是在各种禽类蛋壳上，用不同的力度准确地运用刻刀，把握像刻、划、点、铲、刮等动作，把蛋壳精雕细刻，让它成为一件精美的作品。这也能凸显出蛋雕艺术作品的一个最大特点：无法采用专业化流水线作业，它是完全依赖纯手工创作的。而且就算是同样的题材，让同一个人创作，作品也不会完全一样。每件作品均是独立成篇的，而作品的独立性也决定了装饰的多样化。蛋雕艺术作品追求的是作品内容和装饰风格的统一，装饰迎合主题，彼此遥相呼应，成为蛋雕艺术独具特色的一种表现。

虽然蛋雕艺术是近些年才被国人逐渐认知的一门新型艺术，但其实早在清朝时期民间就存在了。蛋雕有一个前身，叫作蛋彩绘。早在明清时期，民间百姓在喜庆婚娶或是庆祝寿宴又或是喜得贵子时，为图吉祥如意，就有了互相赠送红鸡蛋的习俗，经过一步步发展，改革演变成现在被人们认知的艺术。而且蛋壳的形状圆润小巧，突出体现了中国自古崇奉的"圆文化"，以此来表达祝福、圆满、吉祥等含义。当时的蛋彩绘在民间极为流行，且用量相当可观，于是就有一部分人摆摊设店，专门卖红色染过的鸡蛋，称其为"彩蛋"。后来人们发现，在深色的蛋壳表面上刻画就会有白色的线条显现，而且根据用力程度的大小，颜色也会随之有不同程度的深浅浓淡的变化，于是商贩们又在彩蛋上画些花鸟鱼虫、脸谱等图案，以图生意兴隆，之后又经过了多年演变，彩蛋工艺逐步提高。

在保定市涿州市，就有这么一个人，他热爱艺术，从小就喜欢雕刻绘画；他善于动脑思考，喜欢创新；他能在蛋壳上刻画不同的事物，像人物，山水等，因为手艺高超，被人们熟知，作品也被博物馆购入陈列展示；他常年坐在办公桌前认真创作，希望这门艺术可以在他的手上不断创新，能够被更多的人了解喜爱。这个人就是河北省省级非物质文化遗产——蛋雕（蒲氏蛋雕）的代表性传承人蒲德荣，他1968年出生，从小就喜欢在蛋壳上刻画，现为中国民间文艺家协会会员，中国河北省民间文艺家协会会员，中国河北省民间工艺美术大师。

蒲德荣1995年开始正式从事蛋雕艺术创作。自1995年以来，他一直秉承着发扬优良传统，推陈出新和与时俱进的发展理念，在长期的蛋雕创作实践中，逐渐形成了自己的艺术风格。他主要以影刻写实和镂雕为主要表现形式，尽量能够最真实地呈现出中国最传统的民间艺术以及各国的风土人情等。再加之其独特的自创装裱工艺，使得他的蛋雕艺术品魅力又有了较高提升，成为具有极高收藏价值的艺术珍品。

二十多年来，蒲德荣的作品逐步形成了自己的风格，并获得业内外广泛认可，代表作有《中华奥运鼎》《百鸟朝凤》《二龙戏珠》《梅兰竹菊》《江南春色》《世界名犬》《历届国际奥委会主席肖像》等。作品先后被中国体育博物馆、北京自然博物馆、中国农业博物馆、中国航海博物馆等收藏，并多次接受来自央视、凤凰卫视、台湾中视以及美国、韩国等各地新闻媒体的采访和报道，在国外展出期间更是广受社会各界赞誉，蛋雕作品被爱好者广为收藏，展出的作品荣获诸多奖项，堪称"民间艺术，蛋雕一绝"。

　　蒲德荣还在涿州市成立了以创作、传承、研学、体验为一体的"德荣斋蛋雕艺术馆"，以及制作、展览、销售蛋雕艺术品为目的的"涿州蒲氏蛋雕工艺有限公司"。这些机构的创建，为蛋雕艺术的发展奠定了组织基础。又经过多年的发展，涿州蛋雕艺术的社会影响力逐渐扩大，很多人慕名而来，参观欣赏、购买收藏、拜师求艺。在多年的蛋雕艺术创作中，蒲德荣总结出了其特有的发展思路：立足国内，面向海外，用蛋雕艺术全方位，多角度尽显多姿多彩的大千世界。

　　介绍完蒲德荣，接下来咱们说说蛋雕艺术品的分类。蛋雕艺术品有多种，它可以从雕刻的手法上区分，主要分为以下两类。一是在颜色较深的蛋壳表面上以中国的各类传统艺术工艺加以表现，如国画、剪纸、版画、雕塑等，都可淋漓尽致地展现在这小小的蛋壳之上。这类手法是靠用刀力度的把握来呈现出深浅不同的颜色的，从而使作品富有强烈的立体感。此类蛋雕艺术品主要是以深色的鸡蛋壳和鸸鹋蛋壳为载体，图案成形后的效果类似于美术中的素描，并有油画的质感。二是以浅浮雕和镂空的手法进行创作，这类蛋雕的层次感和光透性较强，通常选用的是质地较厚的鹅蛋、鸵鸟蛋等禽蛋作为创作材料。

　　近年来蛋雕艺术在我国发展得十分迅速，越来越多的民间艺术家开始从事蛋雕艺术创作，他们以刀代笔，吸收众长，融入书法、绘画、剪纸、版画、雕塑等艺术，综合运用阴阳刻、影雕、浅浮雕、镂空雕、内雕等多种技法，创作出极具中国传统风格、视觉冲击力强的艺术作品。这些作品区别于国外蛋雕，彰显了我们中国独特的非遗文化特色，反映了由于历史发展进程的分歧和差异，以及人们生活行为习惯的不同，所造就的中外文化的多样性，也正应了那句话"只有民族的，才是世界的"。

　　蛋雕艺术作品很精致，同样它也讲究装饰和包装的和谐，这不仅能对蛋雕起到很好的保护作用，同时也兼具装饰点缀的效果。优秀的作品当然需要精美的包装来衬托，不同的蛋雕艺术作品的特点决定了装饰也要随之多样化。近些年来，蛋雕在国内艺术市场逐渐兴盛，受到不少藏家的关注和赞誉，使得蛋雕艺术品成为收藏界的一项特殊藏品，进而也让人们对这一磕就破的蛋壳有了许多新的认识，不仅能当"清洁剂""花肥"，还可以精雕细琢成精美绝伦的艺术品，永久珍藏。蛋壳正在以自己的方式一层一层地褪掉世人给予它废弃之物的"外衣"，悄悄地以艺术和民族精神的华美装束脱颖而出，它不再只是一个蛋类生物的容器，它在努力着，坚持不懈地努力着，它的蜕变之旅，任重而道远，总有一天会让更多的世人向它投来惊艳的目光。

二、"圆圆满满"的蛋雕文化

在我国，关于蛋雕的渊源，久已有之。春秋时期，管仲曾于《管子·侈靡》中写道"雕卵然后沦之"，这是有关蛋雕的最早史籍记载。除此之外，还有以下三方面的传说。

第一，卵生神话说：我国先民在辛勤劳作之余，结合生产生活中出现的各种现象，设想了天地的形成和人类的起源，并借助古籍记载，总结出了"卵生"神话。三国时期的徐整在其《三五历纪》中第一次对盘古开天辟地的故事进行了描述："天地混沌如鸡子，盘古生在其中。万八千岁，天地开辟，阳清为天，阴浊为地。"出于对"卵"的最原始的崇拜和敬仰，便形成了将蛋和婴儿出生联系在一起的民间传统文化。人们从对"卵"的崇拜，演变成了喜爱红蛋并视之为祥瑞之物。

第二，祥瑞之物说：红鸡蛋之功，非单食用，"雕卵画蛋"的艺术品早在民间就有流传。南宋末年文学家陈元靓在其《岁时广记》卷十五引《邺中记》中记载"寒食日，俗画鸡子以相饷"，便很好地证明了"画蛋"风俗在民间是非常流行的，并渐渐成为一项民间传统工艺，用于喜庆场合的馈赠之品。至今，在我国的一些地方仍有结婚嫁娶赠送红鸡蛋的风俗。

第三，图腾崇拜说：我国自古就对鸟形的图案特别热衷和崇拜，凤凰便是最好的例证，正是源于这种对鸟的崇拜和喜爱，才衍生出红鸡蛋的民间风俗。

此外，在古代都讲究"圆"文化，什么都希望"圆圆满满"的。而一个小小的、圆圆的蛋壳恰恰暗含了这一寓意。蛋壳也是孕育生命的一种载体，表示了一种重生，一种新生。蛋是孕育的胚胎，是万物之伊始，有新的起点、新的开端的寓意。在欧洲六世纪就出现了寓意"重生"的复活节彩蛋，这样的习俗至今仍盛行于欧美的各个地区。

在蒲德荣家，老辈子人都是在空闲时才雕刻绘画，而且只是作为一种消遣。可传到他这一辈儿，蒲德荣被中国传统"圆"文化深深吸引，并对蛋雕产生了浓厚的兴趣，开始集中精力潜心钻研蛋雕艺术。他在继承前人传统工艺基础上，大胆尝试，不断创新，进而形成了自己所特有的创作手法和风格，其于2021年11月26日，入选河北省第六批省级非物质文化遗产代表性项目代表性传承人拟推荐名单。蒲德荣讲即使创作小型蛋雕作品一般也得需要耗时两三天甚至是一两周，制作大型作品则有可能需要一到两个月，甚至是一年时间，可见在蛋壳上雕刻难度是相当大的。

三、精雕细琢好蛋雕，选材原料有讲究

好的蛋雕艺术品的完成，也是非常不容易的。蒲德荣提到，创作蛋雕艺术作品，都是要经历选蛋钻洞，清洗风干，构思选材，定位布图，雕刻，修整，装饰装裱几个步骤的，因此选择适合雕刻的好蛋是极其重要的一步。蛋雕的特点就是以各种禽类蛋壳为载体呈现，它不局限于一种，各种禽类蛋壳都可以进行创作。常见的蛋壳包括鹌鹑蛋、鸡蛋、鸭蛋、鹅蛋、鸸鹋蛋、鸵鸟蛋等。如最大的就是鸵鸟蛋，产自非洲，其次就是鸸鹋蛋，产自澳大利亚。

蒲德荣介绍，蛋雕的层次和立体感是经过一刀一刀刻上去的，用手摸上去会有凹凸感。蛋雕的颜色则是利用蛋壳本来具有的颜色来呈现，如鹌鹑蛋，最外面这层颜色是墨绿色的，把外面那层打掉，中间是稍微浅一点的颜色——淡青色，在这个基础上向下分又可以分出许多层次。这层次感，都是通过刻刀控制用力程度刻画的，用的力度越大，蛋壳颜色就越白，但相对来说，难度就更大，因为它白的地方，已经非常薄了，但只有这样，才能体现出作品整体立体感。它的整体厚度也就一毫米，刻到白的地方也就零点零几毫米。侧面看，会看到它特别透。所以，雕刻必须要胆大心细，而且手法非常重要。蛋雕最常用的就是鸡蛋壳，由于蛋壳是钙质的，含有大约98%的碳酸钙，它会钙化，因此时间越长，它反而会更坚固，在不摔不碰的情况下，能够保存很长时间。这也是它能够传承了这么多年的原因。它的手法、技法还有整体作品的一些雕刻技法，都非常多。

既然是蛋雕，大家会想到，它的原材料简直就是随处可得，但其实并不是这样。虽然现在最常用雕刻的蛋壳是鸡蛋壳，但它也并不是随便拿一个鸡蛋壳就可以做，必须经过千挑万选。假如能在一筐鸡蛋里，挑出一两个能做雕刻的，那都是相当不错的。挑蛋壳有以下四个基本要素。

一是形状，它的圆弧度必须要均匀。

二是色泽，选用颜色较深的蛋壳较好，因为颜色深，层次感就可以更明显一些。

三是蛋壳的厚薄。它怎么去看厚薄呢，总不能把蛋壳打开去看，这需要靠手感，把它拿起来，一摸一掂量，就能感受出蛋壳的厚薄，当然这个是需要靠经验来检验的。

四是蛋壳的质量问题，选择蛋壳应以成年鸡（鸟）生的蛋壳较为适合，因为成年鸡生理状况较健全，所生蛋的蛋壳厚度较均匀，外表也比较光滑鲜亮，大小和色泽都比较适当。

由于需要考虑以上四个基本因素，因此想找到一个合适的蛋壳载体还是十分不容易的。

四、磨刀霍霍向蛋壳，阴阳镂空显生动

蛋雕，简而言之就是在蛋壳上进行刻画。蛋雕的雕刻，并不是一件容易的事情，且它也不仅局限于一种技法，蒲德荣讲一共有以下八种。

一是阴刻法。阴刻就是将图案显示于物体之下的立体线条，向内刻东西，阴刻为凹形状，凹陷下去的字或者画就是阴刻技法。

二是阳刻法。简而言之，阳刻和阴刻是恰恰相反的，阳刻是将图案显示于物体之上的立体线条，凸起形状的字或者画就是阳刻技法。

三是影刻法。影刻就是在物体上运用复杂多变的雕刻手法如铲、刮、磨等，将图案细腻逼真、神态生动地表现出来，完成后的作品没有棱角凹凸之感，没有明显的边缘，如印上去一样，这就叫影刻技法。

四是点刻技法。就是以点连边疏密结合所构成的图就叫点刻。

五是镂空技法。镂空，就是在物体上雕刻出穿透物体的人物花鸟或文字等，外面看起来是完整的图案，但里面是空的。镂空的重点就是相互的连接，完成后的作品更加立体和完整，这就叫镂空技法。

六是浮雕技法。浮雕，是在物体上雕刻出凹凸起伏形象的一种雕刻技法，是一种介于圆雕和绘画之间的艺术表现形式，靠透视等因素来表现三维空间，就叫浮雕，但在蛋壳上表现则称之为浅浮雕。

七是套雕技法。套雕，是为了使作品更加立体和富有质感，在完成后的作品上再加以点缀，把另一个想要雕刻的物体黏附于作品之上，然后再继续雕刻或者是在雕好的作品之内再套一个作品，这就叫套雕。

八是拼雕技法。拼雕组合，就是以粘贴的方法将想要完成的载体拼组在一起。然后再进行雕刻的方法就叫拼雕组合技法。

蛋雕艺术要求作者有扎实的美术功底，蛋雕的设计与创作要考虑画面的透视关系。蛋雕由于基材薄、脆，还有材质不匀等原因，在创作过程中，以刀代笔，要自始至终保持心静、手稳、下刀准。特别是在作品的关键处，一不小心就会前功尽弃。蛋雕作品雕刻技法繁多，但还可以在此基础上不断创新。根据蒲德荣介绍，就像刚刚介绍的技法里面的套雕和拼雕，就是他个人独创的，也是蒲氏蛋雕的特色。像刚刚看到的拼雕下面衬托的底座，也是用蛋壳拼成，也是属于他的独创，后来才被广泛应用。

五、小蛋雕，大成就

在蒲德荣专心研究蛋雕的这些日子以来，我们在涿州曾听闻他获过大大小小不同的奖项。2003 年，蒲德荣应北京百工坊的邀请参加了"拯救民间艺术，弘扬民族文化"百名民间大师献艺活动。他的蛋雕作品获得了参观者的强烈反响，他们争相一睹这民间一绝。2004 年，蒲德荣又创作了一套"奥运冠军图"蛋雕，并在各大报纸上，包括外语版的《中国日报》和电视台相继报道，并在首博进行了展览。2005 年，蒲德荣应邀参加了第二届中国民间工艺品展览会，作品《百年奥运，圆梦北京》荣获了铜奖。2006 年，他应邀参加了中国杭州国际休闲产业博览会，其作品《世界名犬》和《恐龙世界》均获得了优秀作品奖。2007 年，蒲德荣的经典作品 200 件，在中国北京自然博物馆成功举办的"中国蛋雕艺术作品展"引起了广大观众的关注，尤其是青少年观众的喜爱，许多观众称赞蛋雕艺术展精美至极、不可思议，致使该展览的展期一再被延长。

2008 年，蒲德荣的部分蛋雕艺术精品，代表中国保定市政府应邀参加了美国夏洛特市第四十届圣诞工艺品博览会，在海外被人们熟知了解。蒲德荣的作品第 29 届北京奥运会吉祥物《福娃》，作为保定市政府礼品赠送给美国夏洛特市政府，该届组委会秘书长艾琳娜（Elena）女士对参展的蛋雕艺术作品给予了很高的评价，称"蛋雕艺术是来自东方无与伦比的神奇艺术"。2011年4月他的一个大型作品《世界名犬》在西安世园会世界名犬馆主馆展出。2011年6月CCTV-10《探索·发现》栏目组找到蒲德荣，并对他进行了采访，了解关于蛋雕艺术背后的历史和文化，重点表现蛋雕艺人在创作过程中的艰辛和独特的艺术创新。随着节目的播出，蛋雕艺术得到了很好的推广和发扬，这次采访意在挖掘、传承和发展民间艺术，也使得我们中国最传统的民间艺术瑰宝——"蛋雕艺术"得到更好的保护和发扬。2012年3月1日韩国文化广播公司电视台（MBC）对蒲德荣进行了为期三天的专访，对蛋雕艺术从简单介绍逐渐深入到各种雕刻技法都做了详尽的专访。蒲德荣认为艺术的魅力不分国界，它可以感染每一个懂得欣赏它的人。

2010年3月，蒲德荣的第一套以藏獒为题材的蛋雕艺术作品被北京獒之派文化艺术有限公司荣誉收藏，并受邀成为其签约艺术家。同年7月，蒲德荣应北京中华民族艺术珍品馆的邀请参加了"第三届中华民族艺术珍品文化艺术节"，作品《中华奥运鼎》被选送至此次文化节大型展览，作品的创新与精细深深震撼人心，受到广泛好评。《中华奥运鼎》这个作品，是专为北京第29届奥运会而作，表现了"鼎盛中华办奥运，五洲宾朋聚北京"的主题。作品选用了2008块不同规格的鸵鸟蛋壳和鸡蛋壳拼雕而成，长210毫米，宽110毫米，高290毫米，它的寓意为21世纪的2008年在中国北京成功举办第29届奥运会。鼎的四周分别雕刻了国际奥运会会徽五环，倡导着和平、友谊、团结、进步、发展；北京奥运吉祥物福娃，祝福北京奥运圆满成功；北京奥运火炬，点燃激情、传递梦想；北京奥运印承诺着绿色奥运，展现着魅力北京。鼎的上沿四周用象形文字图案雕刻了第29届奥运会的35个体育项目标识。鼎的双柄采用了中国古钱币形状，浮雕了"北京2008"字样，鼎的四足雕刻了四把熊熊燃烧的火炬，点燃着中华儿女参与奥运盛会的激情。作品表面多处雕刻了祥云图案，朵朵祥云如同盛开的鲜花，祝福祖国吉祥昌盛。

鼎的底托部分用了960余块不同形状的鸡蛋壳，拼雕了万里长城图形，用鸵鸟蛋壳雕刻的29只和平鸽围绕着雄伟的长城自由翱翔，它们化作奥运信使，向世界发出邀请——北京欢迎您。这个作品更有奇妙之处，不仅打破了蛋壳的自然形状，而且巧妙地运用了光线折射原理，在鼎的内底部用"2008年"字样，浮雕了一条中国龙，需通过适当的角度方能看到一幅巨龙腾空、栩栩如生的壮丽景观。这个鼎不仅主创了奥运五环、奥运吉祥物、奥运印、奥运口号、奥运火炬、奥运体育标识、而且以龙、长城、古钱币、象形字、和平鸽、祥云为衬托，使不朽的奥运精神和灿烂的民族文化融为一体，用此鼎记载了北京奥运会精彩的瞬间。

新冠疫情期间，蒲德荣还雕作了一个作品，叫《战疫》。它采用鸸鹋蛋为创作载体，运用了浮雕等多种雕刻技法。作品的背景是新冠病毒图。作品的主题有两个，体现在蛋壳的两面：正面是一个强健有力的拳头，拳头的上方有八个大字"中国加油　武汉加油"，表达了全国人民对抗疫情灾情的决心；背面是一众逆着人流，身着防护服、直面病毒的医护人员。疫情面前，他们承担了责任、不畏生死，为人民群众筑起了一道坚不可摧的健康安全防线，他们是这个时代的英雄。作品的底托蕴含着中国元素，且下方四个版图与作品主体遥相呼应：病毒口罩寓意防疫应从个人做起；暖光的红十字代表无畏向前的医护一线；五星红旗寄托着中国疫战的必胜决心；众心环绕寓意万众一心。

六、圆圆的蛋雕也遇到过细细的瓶颈

蛋雕虽有辉煌的一面，但是在它熠熠生辉的背后，也经历了不为人知的伤痛。任何行业，做到一定程度都会有它要面临的瓶颈期，解决这个问题的关键，是要找到瓶颈的突破口。蒲德荣最早创作奥运鼎时，为了在创作图案上有一些变化，就产生了拼雕和套雕。就拿套雕来说，以蛋壳作为特殊的载体，让它变成各种器物，打破蛋壳固有的形状。但就会有人说了，蛋壳不就是椭圆形的吗？怎么可能会做成各种器物呢？我们要突破思维定式，到这个点上，会遇到很多困难，会产生很多想法，要经过反复试验，反复去做，在此过程中会耗费很多精力，很多材料。经过一点一滴积累，最终把拼雕这个东西做出来，做成壶也好，做成花瓶也好，做成熏炉也好，都可以做出来。突破瓶颈之前，肯定是要耗费很多材料和精力。套雕也是如此，套雕应该怎么套进去，这是需要有很多年积累的，也是需要花时间和精力去考虑的，这也是之前遇到过的一个瓶颈。到这个程度，肯定要考虑它应该有变革、有创新，要考虑怎么才能做成不一样的表现手法。而且它也是需要有很好的绘画功底，因为人物雕刻不仅要讲究形似，还要讲究神似，这就需要创作者具有一定的绘画功底和素描基础。在人物刻画的过程中，不但要考虑到人物身体各部分的适当比例，还要考虑到人物姿势是否正确和面部表情是否真实等。要想使刻刀之下的形象栩栩如生，对人物的一招一式，一颦一笑，都需要有深入的感知和洞察。比如说，在刻画人物的胳膊时，不但要刻出胳膊的形状，还要能表现出人物骨骼和肌肉的感觉来。

七、送你一枚小蛋壳

蒲德荣说，非物质文化遗产是中华优秀传统文化的重要组成部分，凝聚着祖先的智慧和创造力，为中华民族子孙提供着持续的认同感、自豪感和获得感，它是宝贵的文化财富，需要我们大家共同努力，保护好、传承好、利用好。这就要求非物质文化传承人要尽自己所能、尽自己最大努力，让更多的子孙后代接触非遗，了解非遗，热爱非遗，真正了解非遗的意义。只有让其了解了深层内涵，才能更好地传承下去。那应该怎么理解和体验呢？这就需要有实践，需要亲手去做，可这也是一个很难的问题、一个很尴尬的问题。每个蛋雕艺人都想把蛋雕文化发扬光大，这就需要代际之间建立起彼此的默契，需要青年一代能真正意识到非遗文化的重要性。比方说，很多的古老文化，包括有些非遗文化为什么失传了，就是因为现在的人比较浮躁，想做一些速成包括来钱快的事情，做那些很容易又不用费心费力的事情。可是做好一件事情哪里有这么容易，这就是为什么现在一直倡导要有工匠精神，一定要有耐心和细心。工匠精神，是除了你真正的高超技术以外的一种态度，需要一丝不苟，认认真真去做。非遗之所以能成为非遗，和工匠们每一步都用心做事，每一环节都认真体会有关，非常快地得到结果，那是不可能的，传承起来也是有一定困难的。培养下一辈，要从小抓起，非遗文化一定要传承下去，一个国家，如果没有了非遗文化，它就失去了灵魂。只有将这些文化传承弘扬下去，国家才会熠熠生辉。东南亚的一些礼仪文化，有的是学习咱们中国早期的，比如唐朝文化。有些礼仪文化，年轻人都不太了解，就是因为传统的非遗文化没有得到很好的保护。真正有意义的非遗，是一定要好好保护，一定要好好弘扬的，所以这也可以说成是一种责任，一种义务。

看着蒲德荣真挚的双眼，让人真切地体会到了他的决心与坚守之心。放眼望去，满屋子的蛋壳就像满天星一样，在灯光的照射下熠熠生辉。

第六章　手中纸，心中爱——趄柳树村窗花口述史

【走近窗花之乡】

一张火纸，一把刻刀，一块蜡板，一盏油灯，精美绝伦的窗花艺术品在老人的巧手中诞生，割不掉的是历史，剪不断的是乡情，先辈们留下的智慧结晶——趄柳树村窗花也逐渐成了人们对年味的独家记忆。

河北省张家口市宣化区赵川镇西部的趄柳树村颇具盛名，享有"窗花之乡"的美誉。中国传统春节有贴窗花的习俗，代表着喜庆和吉祥，趄柳树村窗花至今已有上百年的传承，历史文化悠久。但随着社会发展，这一古老的传统手工艺已经在这里逐渐消亡，趄柳树村窗花也逐渐淡出了人们的视线。王示信是一位直到现在还在制作窗花的人，他以一己之力将窗花文化传承下来，从十八岁就开始从事窗花手艺的他对剪纸艺术情有独钟，一直将制作窗花的文化延续至今，每一个窗花里都赋予了他美好的愿望和祝福。《事事如意》《一龙一凤》《牡丹花》，一个个做工精致、美轮美奂的窗花作品饱含着老艺人对窗花文化的心血和付出。2014 年，趄柳树村窗花被列为河北省张家口市市级非物质文化遗产。

2021 年 5 月 9 日，河北科技大学外国语学院的姚雪源同学前往河北省张家口市神秘的"窗花之乡"——趄柳树村，探访非物质文化遗产"趄柳树村窗花"第四代传承人王示信，打开了"窗花之乡"的神秘大门。

一、热闹易逝，风格永存——一脉相承的窗花

张家口市宣化区赵川镇趄柳树村窗花已有上百年历史，从它诞生那一刻起，就被赋予了时代特征，寄托了人们对美好生活的向往，以其浓郁的乡土气息、精致的技法、丰富的色彩享誉赵川镇一带，备受当地村民青睐。

趄柳树村窗花最早可以追溯到清光绪末年，创始人为趄柳树村人赵登科。趄柳树村窗花与蔚县剪纸一脉相承，而赵家对于这一技艺，也格外看重，从来守口如瓶，传内不传外。直到 20 世纪 60 年代初，村民王英和赵家素来要好，赵家做窗花的过程被王英发现，心灵手巧的王英学会了做窗花，后来村里的王示信等人从王英那里学会了做窗花。

王世信自学会做窗花以来，他一会坚守在这一行业。但随着社会发展，农村生活越来越好，新房都是大玻璃窗，过去糊纸的小窗户土房基本没有了，窗花失去了作为纸糊窗户上面装饰品的价值，而且人们观念更新，贴窗花的人越来越少，趄柳树村窗花失去了好的销路，只能销售到一些更加偏远的山村，没有了可观的经济效益，因此现在便不再有那么多做窗花的人了。当今，如何将"窗花之乡"趄柳树村的非物质文化遗产趄柳树村窗花传承下去，是亟待解决的问题。

二、年年如此，代代相传——百年历史的窗花

冬日的暖阳洒进纸窗，照在老人刻满皱纹的脸上，老人的表情里写满了坚毅与执着，手下的刻刀游刃有余，在粗糙的火纸上来回穿梭，不知不觉间，

这样的动作，他已重复了五十多年。

清光绪年间，在赵川镇趄柳树村当地的大户赵家，一个名为赵登科的青年享有盛名，他年幼时便在私塾读书，从小博览古今文章，写得一手好字，是村里为数不多的文化人，逢年过节，家家户户写对联、贴福字都要找他。赵登科因为从小就勤奋好学，所以养成了学习掌握新的技艺并热爱钻研的习惯。

一到腊月，趄柳树村便被即将来临的新年气氛笼罩，红火热闹，村民纷纷到赵川镇、宣化区置办年货，其中有两样东西必不可少，一样是春联；另一样是窗花。因为村中有赵登科为乡亲们写春联，所以村民们不需要买，可是窗花却需要从外地购进，价格颇高。

赵登科得知此事，便从家里找来烂草纸片，画上自己经常画的图案，用糨糊轻轻点上几点，粘到木板上，再拿小刀抠去空白的部分，掀开糨糊点，抖落纸屑，一张图案就出来了。在抠去空白部分时，因为木板太硬，他掌握不好尺度，所以会用力过大，把花样抠坏。赵登科虽经过反复练习，但还是无济于事，而且做成的图样在上色时颜色发暗，没有乡亲们从外面买回来的窗花鲜亮，色调分明。赵登科苦思冥想，最终还是没有找到解决方法。

恰逢一年春节，在张家口蔚县地区的一个老汉，挑着一箩筐的剪纸来到了赵川镇，老汉大摇大摆地出现在街道上，把他精美的剪纸艺术品铺在地上，吸引了不少老人孩子前来参观，人们看到这样精美的艺术品，不禁叹为观止，纷纷出钱购买，家家户户都装点起来，顿时有了年味。不知不觉，一天过去了，老汉一箩框的剪纸已经卖得精光，日暮西沉，他正准备打点行囊回家，这时聪明好学的赵登科出现在了他的身前，挡住了老汉的去路。

"师傅，敢问您做的是何许工艺？我已在此观察多时，心生好奇，还望师傅倾心指点。"

蔚县老汉笑了笑，摸了摸胡须，赞叹年轻人的好学与专心，为赵登科指点迷津。"年轻人，我这工艺名为蔚县剪纸，在我们一带流传甚广，工艺精细，历史悠久，有其独特技法，你固然好奇，可绝非一日之功！"

赵登科听闻此语，更加产生了兴趣，连忙一把抓住老人，表达了自己想要虚心学艺的想法，当晚就把蔚县老汉留在自己家中，好酒好肉招待，这一待就到了年后。就在年中的这些日子里，蔚县老汉毫不吝啬，他看到赵登科一心想要学习的决心，对年轻人大为赞赏，并一股脑把自己所有的工艺都传授给他，并不担心他会做出和自己一样的工艺品而抢占了自己的市场，赵登科也因此拜他为师，将传统的蔚县剪纸手艺牢牢掌握在自己手中。

送走了蔚县老汉的日子里，赵登科在家中反复练习，将老汉交给他的工艺熟稔于心，并结合当地风俗习惯，广泛探知村民们的兴趣爱好和审美特点，并从实用性的角度出发，渐渐独创了一门属于他自己的工艺。他一改蔚县剪纸红色的主基调，将新的艺术品染成五颜六色的样式，在制作工艺中增加了熏样儿、刀刻模板以及浸染工艺，将制作材料换成粗糙却耐用的火纸，使制作出来的艺术品更加美观实用，不仅使观赏性大幅增强，还可以长时间使用，长久保存不会被轻易损坏。

这样一门精巧的工艺，在趄柳树村人的努力下代代传承，经过不断改进，才得以传承百年。趄柳树村窗花，深深烙印在了村民们的心里。

三、源远流长，万里芗泽——手艺精湛的窗花

在赵登科首创趄柳树村窗花之后，他也格外重视自己掌握的这门手艺，尽管逢年过节还会免费给乡亲们写春联，做窗花，但是如果村里有想要学习手艺的人，他一概不外传，而赵家也对这门手艺相当看重，向来是传内不传外。

从 20 世纪 20—60 年代这四十多年的时间里，趄柳树村窗花的手艺一直掌握在赵家人手中，也是在这段时间里，窗花的发展渐渐达到了顶峰，逢年过节，除了村中的人，甚至还有张家口其他地区的人慕名而来，只为购买一摞精美制作的趄柳树村窗花做装饰，迎接新年。

直到 20 世纪 60 年代初，趄柳树村村民王英在一次拜访的时候无意中发现了赵家做窗花的方法，而她又与赵家人素来要好，心灵手巧的王英在拜访的过程中，逐渐学会了窗花的做法，并在回到家后反复练习，从此之后赵家也便不再在意窗花手艺传内不传外，王英也因此成了趄柳树村窗花的第三代传承人。

1962 年，村中以王示信为首的几名年轻人自觉找到了王英，并向他表达了想要学习趄柳树村窗花的想法。当时生活条件比较艰苦，为了养家糊口，这几名年轻人便承担起了做窗花的工作，这不仅带来了收入，也使王示信成了趄柳树村窗花的第四代传承人。王示信十分刻苦，努力钻研，在学习做窗花方面锲而不舍。那时候为了做窗花，他经常点着煤油灯整夜不睡，就这样经过日复一日的努力，更让他牢牢地把这门手艺掌握在自己手中。

王示信曾在农中读过两年书，半天劳动半天学习，1961 年毕业后回村务农。在生产队劳动时，他一天记一个工，只能挣五六毛钱，只够买口粮，过年的时候却连酱油、醋也买不回来，生活条件十分艰苦。1962 年，王示信开始做窗花，一年之中只要有时间，他从不偷懒，不仅手艺得到了不断提高，而且也积攒了大量的窗花作品，增加了窗花的销量。改革开放以后，趄柳树村民除了种好自己的责任田外，也有了更多的时间来从事副业，村里做窗花的人渐渐多起来，当时有近六成村民都在做窗花。

王示信家中有兄弟姐妹五人。"家里做窗花的时候，一个月能挣十多元，因为我们有了这项副业，兄弟两人才没打光棍。"王示信回忆时笑着说。在窗花销路最好的时候，王示信曾走出村子，只身一人跑到张北、宣化、沽源等地销售他的趄柳树村窗花。在他三十岁那年，还跑到山西大同卖窗花，每年腊月十三的时候出发，到腊月二十才回来。王示信腿脚勤快，逢年过节他靠卖窗花能收入 170 元，而和他同村的村民也能收入 130 多元。在那个物资匮乏的年代，170 元可以有不小的作用，过年的时候买新衣服、置办家用，都指望着这些钱，甚至还有村民来找王示信借钱。

在张家口地区，人们习惯成对买窗花，而在大同，人们则喜欢一张一张买。城里人有时候会觉得窗花土气，他就跑到大同的郊外、乡村里去卖趄柳树村窗花。大幅的窗花每张卖 1 元；小幅的窗花每张卖 5 分钱，最便宜的每张卖2 分钱。

在那段时期，窗花的销路一年比一年好，村里也因此涌现出了一批想要学习窗花的年轻人。对此王示信十分有信心，认为趄柳树村窗花定能世代传承，不断发扬光大。而他也很愿意带着年轻人一起制作窗花，这样既能把自己的手艺传承下去，同时也能帮助村里的年轻人致富，让更多年轻的一代爱上这项传统手艺。

四、精工善筑，匠心制造——制作精细的窗花

王示信轻轻地从他的储物柜里拿出他做窗花的模具，那些模具深深镌刻着时间的印痕。王示信说这几年窗花的销售已经不景气了，自己很久没有再做窗花了，这些模具都已成了老古董。接着，他向作者讲述起趄柳树村窗花的制作过程。

趄柳树村窗花的制作要讲究"三选"，即选纸、选颜料、选黄蜡板。制作流程如下。

第一步：需要精心挑选窗花制作的纸料。所选用的纸为"火纸"，其实就是一种麻纸，现在市面上已经不常见了，它的特点是颜色泛黄，质地柔软，又薄又透，吸水性比较强，现在只能在下花园买到这种火纸了，一次多买一些，买一摞可以用好几年。王示信笑着把他柜子里的火纸取了出来。

第二步：选样。选样时要尽量选取一些和民间风俗、社会现象相关的内容，这样做出来的窗花才容易被接受，引起老百姓的共鸣，只有爱看才爱买。我有时候到宣化买东西，就会顺便买一些窗花的样品，依样逐个做出来。王示信停顿了一下，继续讲述窗花制作的流程。

第三步：熏样。把事先选好的黄蜡板作为底板，把选好的样品放在黄蜡板上刻制，制作完成之后再把窗花上色的颜料放进一个小碗里面，按照浓度兑上一定量的开水，有时候颜料太稠，还需要加一些酒来稀释。熏样时，在样子上面点上几点糨糊，把它贴在一张火纸上对着点燃的油灯冒出的黑烟反复熏烤，烤的过程中要不停旋转方向，保证兼顾各个位置，烤制过后，样子就印在火纸上了，剪下空白的部分，就顺利地脱出来了。

第四步：钉样剪花。首先需要做好一些小纸捻，然后把要做的窗花的样本贴在一摞火纸上，用纸捻把样子穿透，火纸用量的多少由要剪出的窗花大小而定，但也要以能剪透为准。按照窗花各部分的颜色，用小楷毛笔蘸上提前准备好的颜料，点在窗花的各个部位。毛笔蘸颜料的多少，以能够点透一摞窗花为宜。所以上色时的技巧，不是一两天就能掌握的。

第五步：压花。当之前毛笔蘸过的颜料水分干透后，做出的窗花就会发暗，需要用石头压花，把发暗的窗花压平整，使它看起来更加美观，然后再做一个简单的整理，摘去窗花上凸出的纸捻，抖落多余的纸屑放入框中，准备在逢年过节时出售。

王示信十分耐心地讲述并示范着整个过程，他强调，他讲述的上述几个步骤不是不能够改变，各道工序之间没绝对的分类和特别明显的界线，只要能坐得住、耐得下心来，每一个步骤都能精雕细琢、精益求精，就能做出精美的趄柳树村窗花。

五、璀璨夺目，熠熠生辉——极具时代特征的窗花

趄柳树村因为著名的窗花而享有"窗花之乡"的盛名。趄柳树村窗花之所以能一个多世纪不衰落，与其有重要的时代特征密切相关。

作为一种源于民间的工艺，趄柳树村的艺人们没有脱离民间艺术的基本规律。在他们的窗花创作过程中，同样使用了形象的谐音规律，蝠即"福"，

而蝙蝠，就代表了"遍福"的意思；莲代表着"连"、扇代表着"善"、鱼代表着"余"、金鱼谐音"金玉"……

赵登科当年所做的趄柳树村窗花多脱胎于社会生活，所反映的内容也都是社会现实。从晚清到中华人民共和国成立的这段时间，农民们的普遍心愿主要是风调雨顺、五谷丰登、岁岁平安、年年有余等。

中华人民共和国成立以后，赵家第二代趄柳树村窗花传承人们所做的窗花则大多刻有"新中国万岁"的字样，表达了他们对中华人民共和国成立的欣喜之情。在20世纪50年代的农业合作化运动之下，趄柳树村窗花多含有赞颂互助组等与生活息息相关的内容。

20世纪60年代，趄柳树村窗花第三代的传承人们则以战胜自然灾害为创作主题，反映了人民力量的伟大，歌颂了党中央毛主席带领广大人民投身于社会主义建设的热情。

到了王示信带领的第四代传承人这里，即从20世纪七八十年代以来，宣传改革开放新生事物一跃成为趄柳树村窗花的主题：十一届三中全会、建设经济特区、家庭联产承包责任制、南方谈话等与改革开放相关的各项事物，都成了窗花创作的主题。

以赵登科及其传承人为代表的趄柳树村窗花，不论何时都是随着时代的发展而发展，与时俱进，历久弥新，在时代演变中充分反映时代特征，展现几代趄柳树村人与时代共进步的精神风貌。

六、时移世易，踵事增华——窗花的现状

自王示信的老伴因病去世后，他就居住在农村里普普通通的土窑中。他有两个儿子，一个在北京打工，另一个在本村务农。

谈起趄柳树村窗花，老人的眼里满是遗憾，他曾经对这项艺术充满期待，在窗花发展的一段时期，他一度认为趄柳树村窗花必将后继有人，但在时代的进程中他却发现：现如今，还愿意学做窗花的人，已经寥寥无几了。

现如今在赵川镇，腊月里还有传统的集市，分别在腊月十九、腊月二十三、腊月二十六和腊月二十九这几天，王示信还是会带着自己制作的赳柳树村窗花去赶集，可每次只能收入 200 多元，年轻人几乎不会购买，买窗花的大都是一些上了年纪的老人，因为窗花能够唤起他们的回忆。

当问及现如今是否还有年轻人和他学习这门手艺时，王示信连连叹气发出感慨：改革开放初期，窗花销售异常火爆，那个时候他三十多岁，意气风发，跟着学的小徒弟也很多，当时真觉得赳柳树村窗花后继有人。那个年头除了逢年过节，即使在平时也有市里面甚至外省各地的人来买这里的窗花，因为窗花的销量好，发展前途明朗，所以当时的人们都很乐意学，把它当成自己的主业或副业来做。后来，城市化进程越来越快，就业机会也越来越多，农村里的青年人都去城里打工了，连自己的两个儿子也都开始打工挣钱。人们大多住进了城里，搬进了楼房，在农村里居住的人越来越少，而且大多是老年人，窗花的销路就大不如从前了，做窗花这个工作已经没有了可观的收入，那谁还会留下来做呢？后来虽然再找王示信的年轻人也有，但大多只是对这门手艺感兴趣，看着窗花很美观，自己想尝试一下，好多人还没有学会，就半途而废了。即使学会的人也只是把它当成一种乐趣和爱好，更没有人打算真心实意地把这门手艺学扎实，认认真真地传承下去，毕竟人们选择工作挣钱的途径有很多，做窗花这点微薄的收入连补贴家用都不够。

王示信从屋子里拿出自己积攒的两盒窗花，都是老人前几年做的，因为没有人购买，已经积存了很多，而老人今年也没有再做窗花，赳柳树村窗花失去了销路，自然也就失去了往日的活力。

目前，赳柳树村里会做窗花的人只有和王示信一个年代出生的几位老人，但他们也大都不干这一行了，即使有学得皮毛的一些年轻人偶尔剪上一二摞，也只是因为一时兴起。至今，赳柳树村只有王示信一个人还在坚持干着这一行。他已经上了岁数，干不了农活，体力也跟不上了，可是仅靠制作窗花，老人的生活前景同样不容乐观。

但是至今王示信却依然保持着他的那份倔强和对趄柳树村窗花的热爱。他表示虽然窗花的发展前景不容乐观，但这同样是我们国家的一项非物质文化遗产，这样神奇而美丽的一门艺术丢失了，是子孙后代的损失，作为老一辈传承人有责任和义务把这门手艺传承下去。同时，党和政府对于非物质文化遗产的重视也给了他极大的信心。这些年村里专门设置了窗花办公室，并成功申报了市级非物质文化遗产，目前正在申报省级非物质文化遗产。上级政府和村委会都很重视王示信，不仅给他发放补助，保障其日常生活，还经常邀请他参加窗花文化研讨会，向年轻人和新闻媒体记者讲述当地窗花发展史，同时还在市区里的文化节上设置展位展示他创作的窗花作品，以便让更多的人能够了解趄柳树村窗花，让趄柳树村窗花走出村庄，走向更广阔的世界。现在只要有年轻人想学做窗花，王示信就悉心教授，尽管近几年趄柳树村窗花并没有实质性地发展壮大，但只要有人愿意做，只要还有人在坚持做，它就永远不会失传。

回忆起采访王示信的情景，给人印象最深的就是老人家绽放在脸上的笑容。灿烂的阳光透过玻璃上窗花斑驳的影子，打在老人苍老却慈祥的脸上，老人的眼中迸发出无限的希望，在这坚毅的眼神里，作者看到了老一辈艺术家对窗花事业的坚持与热爱，感受到了趄柳树村人一脉相承的窗花精神，更展望到了趄柳树村窗花光明的未来。

相信在王示信的不懈努力下，加上党和政府的支持，青年一代的传承，趄柳树村窗花文化定能冲破险阻，永久流传。也希望有更多的青年人能够肩负起自身的责任与义务，更多了解传承伟大的非物质文化遗产，让这份独特的年味记忆长久烙印在人们的脑海里。

第七章　小葫芦，大世界——肖氏葫芦烙画口述史

【走近葫芦烙画】

葫芦不但在古代劳动人民的物质生活中占有重要地位，而且与文学、艺术、宗教、民俗、神话传说乃至政治等也都有着十分密切的关系，围绕葫芦所形成的种种意识形态，无疑是构成中国传统文化的一个重要组成部分。中国的葫芦文化经历数千年的历史积淀，形成独特的历史渊源，深厚的文化内涵以及广泛的群众基础，在现代文化中占有重要的地位。

一进入葫芦园，远远望去，葫芦的叶子和爬山虎的叶子很像，唯一的不同是爬山虎的叶尖一顺儿朝下，而葫芦的叶子却片片翘起。如果把爬山虎的叶子比作绿色的瀑布，那葫芦的叶子则更像是层层梯田。走到近处，可以看到葫芦的花和藏在叶子后面的葫芦。葫芦的花是纯洁的白色，五片花瓣形成一个平面，中间是嫩黄的花蕊，好像一幅精美的版画。在微风的吹拂下，朵朵五角形的小白花，在树枝上翩翩起舞，仿佛在向你点头致意；顽皮的葫芦娃在东张西望，左右摇摆，如同荡着秋千的顽童，又仿佛在向你倾诉着什么，很是可爱。葫芦的花分雄花和雌花两种，雄花会产生花粉，雌花会结出小葫

芦。当夏天来临的时候，各种昆虫嗡嗡地飞，一会儿落在这朵花上，一会儿又从那朵花上飞起，它们在采花粉酿蜜，也在为雌花授粉，雌花在得到花粉后，就渐渐干枯了，而葫芦就在那干枯的花朵后面悄然生长。等到初秋，葫芦结果了，几个小嫩果竞赛般地生长着，它们越长越大，由一个长圆形的小球，长成上小下大，连在一起的两个圆球，由毛茸茸嫩鲜碧绿，渐渐变成光滑滑白胖胖了。

肖志文，是非物质文化遗产项目葫芦烙画传承人，其自幼酷爱绘画艺术并跟随其父亲烙画。经过多年的勤学苦练，能够在葫芦上进行烙画创作。通过河北科技大学外国语学院学生胡佳新对肖志文的探访，我们可以领略小小葫芦所蕴藏的新世界。

一、葫芦种植历史悠久，寓意吉祥惹人喜爱

1977 年，葫芦籽在浙江余姚河姆渡遗址出土，证明我们的先人早在七千年前就已经开始种植葫芦。那么，古代人民对葫芦为什么这么情有独钟呢？这是因为它不仅在人们的物质生活中占有重要地位，而且还与民俗、神话传说、艺术、文学、宗教乃至政治关联密切。

第一，葫芦可供食用。子曰："吾岂匏瓜也哉，焉能系而不食！"证明古代早已把葫芦作为园蔬。据元代王祯所著《农书》记载："匏之为用甚广，大者可煮作素羹，可和肉作荤羹，可蜜煎作果，可削条作干。"并载："瓠之为物也，累然而生，食之无穷，烹饪咸宜，最为佳蔬。种得其法，则其实硕大。小之为壶杓，大之为盆盎，肤瓤可以喂猪，犀瓣可以灌烛，举无弃材，济世之功大矣。""匏""瓠"都是葫芦的别称，可见古人对葫芦的吃法多种多样，既可烧汤，又可做菜，而且"无弃材"，有益民生。此外，葫芦也可为药，据古代医书记载，葫芦味甘、性平，无毒，蔓、须、叶、花、子、壳都可入药，

对多种疾病均有治疗效果。

第二，葫芦可制成各种器具。在殷墟发现的甲骨文中已有"壶"字，字形极像葫芦，证明古之先民已将葫芦作水浆容器之用，且早于陶质和青铜质作壶。葫芦成熟后外壳木质化，掏空内瓤，可作各种器具，"小者可作盒盏，长柄者可作喷壶，亚腰者可盛药饵"，制成盘、碗、瓶、壶、炉、罐、盂、盒等器物，供日常使用。此外匏为八音之一，自古就用作笙、竽等乐器，至今仍被广泛使用，并随时代发展而与时俱进，比如制成手机壳、烟盒、烟斗、小药瓶、笔筒、水杯等。

第三，葫芦还可制成艺术品、工艺品。葫芦的藤"蔓"与"万"谐音，每个成熟的葫芦里葫芦籽众多，寓意"子孙万代，繁茂吉祥"，而且葫芦谐音"护禄""福禄"，民间谚语有言"厝内一粒瓠，家风才会富"，意思就是家里摆放一个葫芦，会让家庭越来越富有，加之其本身形态各异，造型优美，色黄如金，不需要人工雕琢就能让人感受到喜气祥和的美感，深得人们喜爱，成为人们心目中值得信赖的，寓意增寿、降瑞、除邪、保福、佑子孙的吉祥物，这已熔铸成为中华民族的文化心理。因此，堂上陈设、案头清供、闺房佩饰、乐器音槽、手中把玩，无不有之。常见的工艺葫芦制法有勒扎、范制、火画、押花、针划、刀刻等。

刀刻葫芦中较有名气的是东昌葫芦雕刻，即用刻刀将葫芦的壳镂空或浅刻，以粗犷的空隙线条勾勒出要描绘的山水、花卉和人物。主要雕法有阳雕、阴雕、透雕等。主要刀法有直刀、平推刀、外侧刀、内侧刀等。施刀要做到稳、准、轻、慢、巧。稳是指雕刻人要心平气和，只有心态平稳，下手才能稳；准，是指雕刻人雕刻得准确度高；轻，是指雕刻人下手不能太重，要用力适当；慢，是指雕刻人行刀要缓慢，人们常说的，慢工出细活；巧，是指雕刻人要手巧，也是手法要娴熟。只有满足以上要求才能雕刻出一件精美的葫芦艺术品。

　　针划葫芦是甘肃兰州的传统工艺品，其技法主要是用大、中、小三种特制的钢针，在葫芦表皮上，以纤细的线条阴刻出所要描绘的山水、花卉和人物；然后涂上松墨，使线条变得更明显，行家们把这种技法称为"描写"。据说针划葫芦最初是在甘肃一带民间流传，人们在葫芦上走刀划针，随意刻画出简单的花草虫鱼图案，作为观赏。后来经过艺人们的不断摸索、研究，使工艺水平不断提高，逐渐形成了专门的针划葫芦艺术。

二、葫芦烙画浑然天成，技艺精湛独具匠心

　　烙画艺术家肖志文介绍，烙画亦称烫画、烙花、烫花、火笔画、火针刺绣，它是利用碳化原理，通过控温技巧，以烙为主套彩为辅的表现手法，在竹木、宣纸、丝绢、皮革等材料上勾画烘烫作画，巧妙自然地把绘画艺术的各种表现形式与烙画艺术融为一体，形成独特的艺术风格。烙画不仅有中国画的勾、勒、点、染、皴、擦、白描等手法，还可烫出丰富的层次与色彩，具有较强的立体感，酷似棕色画、素描和石版画。因此烙画既能保持传统绘画的民族风格，又能达到西洋画严谨的写实效果，给人以古朴典雅、回味无穷的艺术享受，深受人们喜爱。

　　葫芦烙画则是艺术家用烙铁或电烙铁在晾干的葫芦上烫出焦黄的烙痕，呈现出层次明显、色调丰富的图文，与葫芦本色融为一体，供人们欣赏。葫芦烙画起源于西汉时期，兴盛于东汉时期，后来由于连年战争、灾荒，难以传承下去，一度濒临消失，到了清光绪三年，才被一位南阳赵姓的民间艺人重新整理并继承，随后又逐渐兴起，因其别具一格的样式，加上典雅古朴的意蕴，成了文人雅士喜闻乐见、礼尚往来的馈赠佳品，到后来作为贡品进入宫廷，受到了达官贵人的喜爱，之后也开始在民间广泛传播。

　　葫芦烙画作品一般呈深、浅褐色，古朴典雅，清晰秀丽，其特有的高低

不平的肌理变化具有一定的浮雕效果，别具一格，经渲染、着色后，可产生更加强烈的艺术感染力。并且葫芦本身就有古画的基调，在上面临摹出名家的国画作品，线条流畅准确、形态栩栩如生、意深高远，给人以耳目一新、不媚不俗的感觉。早年间制作葫芦烙画，艺术家是以铁针为工具，将其插入粗香之中，然后点燃粗香进行烙绘。后来随着装饰工艺和工具推陈出新，出现了专用的烙画笔，可以随时调温，并配有多种特制笔头，从而使这一古老的创作方式具备了前所未有的表现能力。

肖氏烙画代代传承，在肖志文的爷爷那一辈就是用香来烫葫芦，在香里插入铁针进行烙绘。这香十分粗，要想画得精细一点还是很有难度的，加之难以掌控加热温度，所以在进行烙画创作过程中存在着相当大的困难，制作大型的作品几乎不可能。而肖志文的爷爷出身贫寒，在家以务农为生，当时家里比较穷，除了种地，还要做点小生意，赚钱贴补家用。从那时起，肖氏一家就将自己家种的葫芦加工成各种各样的、有不同用途的"瓢"来卖。为了表示诚意，也为了让这个"瓢"更加美观，肖志文的爷爷就在葫芦上用烙铁烫上了肖氏的名号，并烫上些花纹装饰，来吸引人们购买使用。从这点来看，中国人的传统是非常注重在日常生活中体味生活本身的美感的。实际上，这不仅是一种关乎"审美生活"之学，更是一种追求"美好生活"的幸福之道。前者之"学"是理论的，后者之"道"则是实践的，两者要力求合一，体现美学上的知行合一。这种传统是一种始终未断的生活传统，是最"原生态"的生活审美化传统，形成了一种忧乐圆融的中国人的生活艺术。

烙画传承到肖志文这一辈，已经是第四代了，为了顺应时代发展，他对创作工具进行了大胆革新，使用热风枪绘制作品。由于热风枪自身可以调节火力大小，并能根据不同的创作要求既可大面积炙烤一次成型，也可小火烘烤逐步上色，进而凸显出因火力不同所带来的颜色的层次感，创作效率非常高。像《毛泽东肖像》这种人物画像，就要用热风枪才能做出来，如果要用烙铁就无法达到这种效果，用这种新式工具做出来的作品十分细腻，类似照片打印出来的效果，但实际这是肖志文纯手工制作出来的。这种技法是肖志文经过十多年的时间摸索创造出来的一种烙画手法，全国各地有很多人都在学习、效仿他的这种技法。肖志文将这种技法命名为"没骨火绘"，它是在传统的烙画基础上加以细化和创新演变而来的，不体现任何线条，打破了传统只能利用单线条的表现手法，攻克了以往难以烙制摄影、油画题材作品的表现形式的难题，使得作品更加的细腻、立体、写实。"没骨火绘"是烙画界一次质的飞跃、革命性的突破，肖志文已经在申请发明专利了。

从以上我们可以看出，工具一直是烙画作品制作的关键所在，从用香烫，到使用铁铜条、烙铁、电烙铁、热风枪，使得烙画艺术挣脱了由于技术落后而带来的束缚，发展前景变得更加广阔，创作手法也更加丰富，逐渐融合了中外绘画的技法，兼具写实与写意。

三、传承烙画从娃娃抓起，绘画、书法缺一不可

肖志文受家庭影响，自幼喜爱绘画艺术，六岁起就跟随父亲开始学习书法和烙画，曾就读于河北工艺美术学院，接受过专业美术教育，多年来练就了非常娴熟的烙画技能。肖志文讲，烙画不是单独的一个个体，也不是单独的一门工艺。要想精通做烙画，既需要扎实的美术功底，也要有一定的书法造诣。这些都需要从小打好基础，练好"童子功"，步步为营、循序渐进，才能在作品创作过程中得心应手、运用自如，得烙画工艺之道。

制作烙画，不仅要考虑如何构图，还要思忖如何取意，讲究整体设计，但凡有一步失误，就会谬以千里，创作出的作品也就不合格，更不能算是一件好作品。拿《毛泽东肖像》这个作品举例来说，人物画像后面的字，如果要用圆珠笔书写，就不太好看。当然了，圆珠笔也可能写不上去，或者不太显色，即使写上去也不一定能看得清楚。若是以书法形式呈现，使用什么字

体、什么风格，都得考究一番，比如要写毛主席诗词，如果写成篆书就不合适，不好看，只有以草书、狂草表现，才能和毛主席的风格相应。因此，针对不同题材、不同图案，需要根据它的主题定量后面的文字以及字体。而这些构图、设计、雕琢必须要有扎实的基本功，要勤磨苦练，从娃娃抓起——学绘画、学书法，打好基础后才能进行烙画创作。

在葫芦上烙画的取材是十分广泛的，如花鸟鱼虫、飞禽走兽、人物肖像、自然景观、喜庆场面，或书法手迹、山水画的复刻等，都是作者通过模仿、转换、联想、组合、夸张、类比等手段，将其表现于葫芦之上的。有的是对传统图案形式的变异模仿；有的赋予它们特定的民间民俗意义；有的则是作者神来之笔、信手拈来的灵感创作。在创作过程中，无论写意、工笔，或是兼工带写，都是"以笔取形，以烙取色"，形色并用，以丰富画面的表现力。当然，有的偏重渲染，有的辅略色彩，有的工笔线描或工笔白描，犹如组成不同旋律的乐曲一样。首先下笔前要有一个立意酝酿的过程，因为只有有了成熟的立意，才能下笔有神；其次是以简代繁，比如工笔需要用四笔完成，而写意只需要一笔或两笔，这就需要求作者对所描绘的对象，有高度的概括和提炼的能力，否则只能给人以索然无味和空洞的感觉。那么，怎样才能做到用笔简练又不空洞呢？这就需要长期对所描绘的对象进行观察和揣摩，并不断地在提炼用线上多下功夫。

四、内容取决于形式，形式服务于内容

葫芦品种繁多，外形千变万化，那么如何挑选烙画用的葫芦呢？肖志文介绍，一般采用两年的皮质较好的葫芦，因为葫芦经过一年的风干、日晒、把玩以后，颜色纯正，水分干透，适合烙画上色，能够烙出深浅层次来。同时，选葫芦还要注意几个要点。一看龙头、二看外形、三掂重量、四闻气味，五看颜色。

龙头很关键，没有龙头的葫芦即便外形再好，它的价值也会大打折扣，本身的美观程度也会受到很大影响。区分龙头好坏有以下四种方法。

第一，看分叉。一般龙头会有 3 ~ 4 个分叉，甚至会更多，此外还会有一些茎卷须。

第二，看外形。外形主要看它的形态，要干净、无伤、无疤痕、无阴皮，像清水一样干净，葫芦肚儿上下大小比例合适，底部的肚脐要在葫芦底部的中心位置，放在桌面上，葫芦可以立住不倒。

第三，测质量。同等体积，质量越大，葫芦的密度也就越高，越结实。这样的葫芦就是自然生长成熟的葫芦。另外也可以用手轻轻摇晃一下葫芦，听到葫芦籽和葫芦内壁发出清脆的"哗哗"声，表明它的成熟度高，是优质的葫芦。

第四，闻气味。要用鼻子闻一闻葫芦外表的气味，自然生长的葫芦都会有非常浓郁的自然葫芦香味，而药水浸泡过的葫芦则会有呛人的味道或没有味道。

葫芦选好后，就要根据其形状进行创作设计，如有些葫芦脖长肚细，龙头部分看上去很像仙鹤的头，这个条件下若辅以装饰图案，一只栩栩如生的仙鹤就会很容易被塑造出来。有些葫芦肚大腰短，看上去很像憨态可掬的弥勒佛，若加以雕饰，则会塑造出"乐呵呵"的弥勒佛形象。因此，创作者要根据葫芦的外形，加上无限的联想才能创造出优秀的葫芦烙画作品。

在葫芦烙画的艺术形象塑造上，线条起着十分关键的作用。作者会利用不同的线条变化勾勒出生动的画面，表现出丰富的思想感情和塑造出各种各样的轮廓，线条流畅，刚劲有力，粗细变化多端，从而给烙画内容增加迷人的艺术魅力。以电烙铁作画为例，在烙烫走线的时候要讲究线条的粗细变化，使用力度的大小，线条与线条之间的疏密分布和整个线条的流畅、曲折的程度等；表现在葫芦烙画上的图案要有阴有阳，就好比明刻的章与暗刻的章；在葫芦烙画上一些线条图案是一条直线烙烫出来的，一些线条图案是用两边的暗面对比出来的；一些线条图案要粗犷有力，一些线条图案要细如抽丝；一些线条图案的有些地方的转折要用弧线来完成，有些地方的转折要直接利落，有些地方的线条要稀疏，有些地方的线条要密集，有些地方的线条要黑白对比强烈，有些地方的线条要过渡自然，犹如书法的"曲折遒劲、柔韧流畅"。

具体对葫芦烙画的人物来说，人物的各个部分所运用的线条都是有区别的，面部、头上的装饰、身上衣服的纹理等，都有各自的特点。在烙烫脸、手等皮肤的轮廓线的时候，运用的线条要求流畅、干净、细腻，这样可以突出皮肤的质感。但是不同的人物也有各自的特点，比如男性与女性的线条就有很大的区别，如钟馗、张飞这类粗犷的男性，他的整体线条特征就比女性和小孩的线条要粗，要通过衣服的纹理来表现人物的健壮与结实，所用的线条就要遒劲有力，那么在表现胡须、眉毛和头发的时候，也要富有遒劲的韵律，要求规则中有特性、疏密中有韵律，富有装饰的特点。

五、志于弘扬葫芦烙画文化，结缘而来者均倾囊相授

肖志文非常喜欢葫芦烙画，从小耳濡目染、潜移默化、洞悉奥奥，集大成于一身。如今他已把传承烙画当作一种义不容辞的责任，一种对于传统文化保护传承的责任，他下定决心：决不让这门老手艺在他这辈儿失传。目前，肖志文的儿子已经继承了这份事业，并学有所成，此外还有十三个徒弟正在向其学习葫芦烙画手艺。徒弟们的来源十分广泛，有的是经朋友介绍来学的，有的是自己在报纸、抖音等新闻媒介上看到后，对葫芦烙画感兴趣而上门来求学的。但在肖志文看来，凡是跟他学习的徒弟，都是有缘人，这缘就是对葫芦烙画艺术的喜爱，对传统文化的热衷。有缘千里来相会，无缘对面不相逢，所以肖志

文非常珍惜这缘分，对徒弟们都是毫无保留，手把手地把这些年来自己的所学所悟都传授给他们，完全摒弃了老辈人传技授艺的老规矩———一门手艺，只传给自己家人不传外人，或是只传男不传女。但在继承发展葫芦烙画手艺的过程中，肖志文遇到了传承和经济方面的困难。

首先，艺术传承确实很艰难。因为传统的手工艺品的市场受众较少，导致葫芦烙画的民间艺人收入普遍都不高，加之大部分民间艺人又没有更多的经济来源，想以此为生的民间艺人不得不考虑生存问题，很多民间艺人都选择了转行，导致传统工艺品的圈子越来越小，在这样的境遇下传承就变得十分困难。同时，葫芦烙画的传承和发展，大部分都采用的是一对一、口头相传的方式，没有固定成册的教材可以让大众去学习，所以葫芦烙画艺术技巧的传承只有在烙烫的过程中依靠传承人与被传承人之间交流，葫芦烙画的被传承人才会更加快速地领悟到葫芦烙画技艺的特点和精华，但这种传承方式有一个很明显的问题，就是想要把葫芦烙画技艺的精髓学到手，需要长时间的学习和练习，效率很低。而年轻人面临的新事物越来越多，思想观念和审美方式与老一辈有很大不同，使得很多年轻人不愿意再从事这个行业。

其次，经济方面的问题。葫芦烙画在创作过程中需要投入的时间和精力都很多，像肖志文创作人物肖像烙画作品需要大概一周的时间才能做出来，因此价格就要相对高些，大都在三千元。但对于一般老百姓来说，这只是带有实用功能的欣赏艺术品，不值这么多钱，因此买者较少，而且一个作品做出来也不是马上就能卖出，往往需要较长的周期。可随着艺术消费市场化、商业化日趋明显，以注重市场和以市场经济价值利润为目的批量生产的艺术品大量流入市场，且价格低廉，为的就是能够迅速打开市场，获得利润，这就对靠创作葫芦烙画为生的手工艺人造成了巨大冲击。但是这些批量化进行复制生产的艺术产品没有独创性，也不注重艺术品本身的艺术价值和所要传达的意蕴，失去了艺术创作的灵魂。此外，有时候肖志文为了参加比赛，制作参赛作品的时间会更长一些，那么这一段时间内就没有收入。

为了缓解经济压力，肖志文想了很多办法，先后创办了葫芦艺烙画工作室、葫芦道民俗艺术馆和葫芦道科技种植园。在其艺术馆内，收藏的葫芦现有一万多件，民俗用具和农具两千多件，大到碾盘马车，小到针头线囊，一应俱全、琳琅满目。同时，他的葫芦道科技种植园也在逐步扩大，增加了无土栽培、造型工艺、农耕文化、蛐蛐养殖、泥陶和葫芦技艺体验以及大师讲演等多个项目，着力打造以葫芦种植、收藏、传承教学、工艺研发、观光销售为一体的链条产业，成为一个多元化的传习基地。

六、精益求精传递工匠精神，弘扬文化续写葫芦道辉煌

虽然遇到过不少困难，但肖志文对葫芦烙画的未来仍有极大信心。

首先，由于国家近些年来一直在大力宣传对非物质文化遗产的保护与传承，老百姓保护和传承非物质文化遗产的意识在不断增强。当地的电视台、报纸等新闻媒体曾多次对肖志文进行采访，发掘肖氏葫芦烙画的传统技艺，传播葫芦烙画文化，让周围更多的人开始关注肖氏葫芦烙画。借此机会，肖志文也多次开展葫芦烙画进校园活动，让更多的青年学生来了解葫芦烙画这一非遗文化，从而能够激发青年学生对葫芦烙画的兴趣，进而为日后能够培养更多传承人提供了可能。而且，肖志文还在家里组织了两个教学班，开始规模性地招收学员，并不断扩大影响范围，以吸引更多的人学习葫芦烙画，传承传统文化。

其次，身为一个老手艺人，肖志文一直在以身弘道，付出大量精力投入葫芦烙画创作，尽自己最大努力多做一些精品，让更多的人看到葫芦烙画的精美绝伦，感受这一老树新花非遗文化的魅力。肖志文常说：宣传和保护国家的非物质文化遗产工作，绝不只是政府的事，学者专家的事，而应该是我

们每一个炎黄子孙的事，要尽我们最大努力把老祖宗留给我们的文化遗产保护好、传承好、弘扬好。不论是生活在社会哪一个层面的人，都要从点滴做起，用心发现自己身边的非遗文化遗产，好好地保护它、传承它，让更多的中国非物质文化走向世界，在同世界非遗文化的沟通与碰撞中，成为世界范围内民心相知相通、文明交流互鉴的重要纽带与桥梁。

最后，一个时代有一个时代的使命，抗战的年代，人们有救亡图存的使命，而在和平与发展成为世界主题的时代，大学生作为国家最新生、最具活力的群体之一，要努力承担起"讲好中国故事，传播好中国声音，展示真实、立体、全面的中国"的历史使命，力求把中国的非遗文化利用各种契机、各种平台弘扬出去。

第八章　定州器度，素手匠心
——定瓷制作技艺口述史

【走近定瓷制作】

　　一捧高岭土，一双细腻手，一支玲珑笔，一炉不灭薪。瓷，在匠人手中成型，在窑火中涅槃，闪耀着莹润而夺目的光彩。充满智慧的祖先们在长期的制陶过程中，发现了制瓷的奥秘。在光滑的泥坯上描绘出五彩斑斓的历史画卷，精美的中国瓷器漂洋过海惊艳了整个世界，从此，中国与瓷器紧密相连。

　　千百年来的东方智慧，中国人的每一处生活细节，凝聚在一件件或精巧，或大气的瓷器中。苏麻离青勾勒的青花，内外兼修的斗彩，带着异域风情的珐琅彩，是中国人生话中常见的颜色，也诠释了中国文化绚烂的色彩。而最能体现东方清雅仙逸的颜色，莫过于白色。白与瓷的结合，折射出匠人们玲珑剔透的内心。

　　早在汉唐时期，中国的瓷器就通过海路和陆路等方式运送到了世界各地，瓷器在宋代发展的尤为鼎盛。宋代五大窑之一的定窑有着"天下第一瓷"的美誉。元人刘祁曾在《归潜志》言："定州花瓷瓯，颜色天下白。"可想而知，想要制作一窑洁白无瑕的定瓷，其技艺的难度定然非比寻常。定瓷制作技艺于 2008 年 6 月 7 日经国务院批准列入第二批国家级非物质文化遗产名录。

2021 年 7 月 8 日，河北科技大学外国语学院的石梦昕同学来到河北省保定市曲阳县河北曲阳陈氏定窑瓷业有限公司，寻访国家级非物质文化遗产项目定瓷制作技艺代表性传承人陈文增的弟子陈伟。抚摸着一件件光滑透亮的白色瓷器，石梦昕同学的心，也跟着沉静了下来。

一、定瓷艺术历史悠久

定瓷制作技艺始于唐代，兴于北宋，定瓷是宋代名瓷之一，因其产地河北省保定市曲阳县在古代属定州，故名"定瓷"，有"白如玉、薄如纸、声如磬"之美誉。定瓷胎质坚密细腻，釉色透明，柔润媲玉，除白色外，还有红、黑、紫、绿诸色。定窑装饰技艺多样，印花精细典雅，刻花奔逸潇洒，间辅以划花、剔花、堆花、塑贴等。在宋代定、汝、官、哥、钧五大名窑中，唯有定窑以装饰见长。

被称为"天下第一瓷"的定瓷在宋代除供朝廷御用外，还大量出口到埃及、波斯、印度、日本和非洲的一些国家。然而宋金战争爆发，使得当时风头无两的定瓷制作技艺迅速走向衰落，不少工匠因时局变动而南迁，定瓷制作业便一蹶不振。至元代，定瓷细瓷制作技艺已经基本失传，唯有粗瓷制作技艺遗存民间。20 世纪 70 年代以来，定瓷细瓷制作技艺才逐步得到恢复和发展，生产的一批仿定瓷细瓷制品，如孩儿枕、梅瓶、五足熏炉等，都受到各界好评。由于定瓷细瓷制作技艺的生产工序十分复杂，要想完全恢复并不容易，即便如今大力抢救，还是需要时间。

而对于定瓷的发展史，陈伟却有不同看法，根据最新考古发掘和深入考证，他发现隋代的一些陶瓷制品也有定瓷的影子，因此有人曾提出定窑是始于隋，兴于宋，失于元。其实这里有一个概念的混淆，就是对定窑瓷器的界定，究竟是狭义上认为的定窑只是定窑遗址一带生产的细白瓷，还是广义上认为的凡是在定窑遗址一带生产的陶瓷都叫定窑瓷器？陈伟说从目前最新考古发掘出来的东西来看，都是粗瓷，是粗料，是用做大缸的材料来做的器物。如果按照广义角度来判断，那定窑制作技艺并没有失传，之前提出的始于唐、兴于宋、失于元的说法是不成立的。因为定窑遗址一带粗瓷从隋代甚至更早便开始出现，其制作技艺一直流传到现在，直到 20 世纪末的时候还很兴盛。但如果按狭义上只把定窑遗址一带曾经生产的细白瓷归于定瓷的话，那定瓷制作技艺就是始于唐，兴于宋，失于元。

窑是烧瓷器的地方，先建窑，才能烧制瓷器，为了突出瓷器的出产地，往往会在瓷器烧制窑的名称前加上地名。因定窑窑址在河北省保定市曲阳县灵山镇涧滋村及东西燕村一带，唐宋时期属定州，故名"定州窑"，简称"定窑"。根据史料记载，唐德宗时期，成德军节度使李宝臣之子李惟岳发动叛乱，叛乱被平定以后，河北藩镇割据势力被削弱，德宗将成德军分化，任命张孝忠为首任义武军节度使，控制易、定、沧三州，与南面成德军节度使王武俊形成对峙局面。当时张孝忠需要大量瓷器，但由于他与王武俊交恶，不可能得到成德军控制的恒州窑和邢州窑所制作的瓷器，因此他就在定州所辖山区寻找瓷土，聘请瓷窑技工，自己建立瓷窑，从此开启了定窑的历史，只不过那时的定窑叫曲阳窑。

从质地上看，定窑与同时期的汝、官、哥、钧四窑有区别，主要是定窑制器属于白瓷系，而其他四窑都是属于青瓷系。且定窑是以纹样装饰见长，其他四窑均以釉色本身作为装饰。宋代苏轼写过一首名叫《试院煎茶》的杂言古诗，"又不见今时潞公煎茶学西蜀，定州花瓷琢红玉"一句中的"花瓷"指的就是带有刻花、划花、印花装饰的定窑瓷器。实际上，定窑除白瓷以外，也有其他颜色，"黑定""紫定"由于不太常见，价值比较高。而关于使用的釉水，定窑有黑釉、绛釉，还有现在一些有争议的釉，比如绿釉等。

此外，定窑还有北定与南定之分。北宋时，定窑窑址在北方的定州，这时制作出的瓷器称为北定；宋室南迁之后，定窑工人中的一部分人迁到了景德镇，一部分人迁到了吉州，制瓷技艺就与当地融合，在吉州制作出一种带有定窑风格的青白瓷，人们称之为南定。而在景德镇制作的瓷器釉色似粉，又称粉定。

定瓷历来被视为陶瓷中的珍品，有"白如玉，薄如纸，声如磬"的美誉。"白如玉"是指瓷器的釉色像玉一样晶莹剔透。而釉色的玉质感，是古代人对陶瓷釉面的一种追求，这点与现代人不一样，现代人多追求的是一种玻璃质感。"薄如纸"有两种说法。第一，整体比较薄；第二，指它的釉层特别薄；"声如磬"是指敲击瓷器，能发出如同金玉一样动听的声音，铿锵悦耳、回音缭绕，这说明瓷器的瓷质是特别好的。

陈伟表示，如今人们大多只是在博物馆和书刊典籍上看到定瓷的身影，所以总给人一种错觉——定瓷是艺术品、文物，极具欣赏和收藏价值，从而忽略了它的日常实用价值。其实，定瓷的种类繁多，在北宋初年，定窑是以制作日用瓷为主的，瓷器以盘、碗、瓶、樽、炉、枕等居多。在这些日用瓷器中有一类器物叫"盖盒"，陈伟说他第一次看到定窑盖盒，就被其丰富且有趣的造型吸引。盖盒不像盘和碗，为人们的常用器物，因此多不为人所知，研究者们虽有述及，但也只是一笔带过，并没有详细的介绍，令人不甚了了。然而，正是因其不像盘、碗那样在器型上有相对严格的限制，又不具备瓶罐那样有造型上的体量感，才使人们对其造型更感兴趣，使得它更像一件小的泥塑那样朴素、生动而自然，不特意追求一种风格，却又在无意之间形成了它们共有的风格。

当然，谈及定瓷中最有代表性的器物，就不能不提到现藏故宫博物院的"海内仅存"的定窑孩儿枕，它是中国陶瓷史上的经典之作。此件定窑白釉孩儿枕塑造了一个活泼可爱的男孩俯卧于榻上的形象，以孩儿背为枕面，孩儿两臂交叉环抱，头枕其上，臀部鼓起，两只小脚相叠上翘，一副悠闲自得的样子，真可谓栩栩如生、匠心独具。此外还有定窑的梅瓶和玉壶春瓶，也深得人们喜爱，虽然古代各个窑口都烧制这两种器物，但是定窑的梅瓶、玉壶春瓶却是格外美。标准式样的定窑梅瓶，现藏在故宫博物院，瓶小口折沿，短颈，丰肩，肩下逐渐收敛，圈足，通体施白釉，釉色柔和洁净，白中闪黄。肩部刻菊瓣纹一周，腹部刻缠枝莲纹，下部刻上仰蕉叶纹，刻花清晰婉转，深浅不一，莲花简洁典雅，线条流畅，显示出定窑刻花技术的娴熟。玉壶春瓶又称玉壶赏瓶，其造型上的独特之处是，颈较细，颈部中央微微收束，颈部向下逐渐加宽过渡为杏圆状下垂腹，曲线变化圆缓；圈足相对较大，或内敛或外撇。玉壶春瓶瓷器的装饰很少，很朴素，很少有纹饰，以典雅为主，体现了大美至简，这也许是对美的最高追求。

二、潜心学习定瓷技艺终有所成

1984年出生的陈伟，在河北曲阳陈氏定窑瓷业有限公司工作。陈伟的家就在定窑遗址边上，从小生活在曲阳这片土地上。小时候的陈伟会拿着这些瓷片和小伙伴玩跳房子之类的游戏，童年的欢乐离不开这些瓷片。但那时候，陈伟还不曾意识到定瓷对他的影响，他根本不知道这个东西为什么好，又有什么价值。到了大学时期，陈伟所学习的是国画专业，但在大学毕业以后他并没有从事与国画相关的工作。2008年，通过老师介绍，陈伟进入了河北曲阳陈氏定窑瓷业有限公司，在公司学习一段时间后才逐渐认识并深入了解了定瓷制作技艺，儿时的那些碎瓷片，不再是陈伟认为的寻常玩物。

刚进公司的时候，对于国画专业出身的陈伟来说，陶瓷是完全陌生的领域，陈伟只能从零开始学习定瓷制作，只是拉坯这一项，他就练习了三年。

在谈及学习定瓷制作是否需要一定的美术基础时，陈伟表示有一定的美术基础肯定是好的，但没有一定的美术基础也不是不能学习定瓷制作，定瓷制作对任何人来说都很友好。比如从事日常生产工作，就不太需要美术功底。古代的好多工匠，刚开始的时候，他们没有什么美术基础，都是经过后期培养的。当然对于今天的制瓷艺人来说，有一定的美术基础，肯定是更好，尤其对于厂家来说，能节省前期培训的成本，缩短培训的时间。

从一个领域到另一个领域，刚开始肯定会不知所措；从一个行业转到另一个行业也需要一个适应过程，包括对技能的熟练掌握，对新材料的认识理解，对新环境的适应，这个阶段对陈伟来说比较困难。困难首先是体现在学习技术方面，技术学成之后就是设计上的困难，比如，会出现没有灵感的情况。陈伟说，其实到现在才发现真正的困难还是人不能打开思维。我们经常说"解放思想"，但是真的能够理解这个词的人其实并不多，大部分人还是陷在自己的思维模式中难以自拔。谈到第一次获奖作品的灵感，陈伟说："第一次获奖作品的灵感来源很简单，其实就是看书，接触有关定瓷那一类的书籍，就有了一定的想法，实践和理论结合就创作出来了。不过那时候对定瓷的理解还是不够深入。"

对于拉坯技艺的学习，陈伟深有感触。这项技艺，他练习了三年，无论多么枯燥单调、多苦多累他都坚持了下来。他说："一门技艺想要达到完全得心应手的程度，至少需要三年的时间。比如拉坯这项技艺，就是先给一个造型，然后能快速拉制出来，并且拉出来的坯要与图纸上的造型基本一致，那至少需要三年。古代从事有关技艺的工匠，就有"三年出徒"的说法，这是有理论依据的，因为人对一项手艺动作的肌肉记忆，大致需要三年的反复练习才能形成。"

刚开始学习定瓷制作技艺时，陈伟的家人对他从事这份工作是支持的，谈到此事，他非常感谢自己的家人。可当家人看到与他同年进厂的一些人相继离开后，就开始也劝他放弃这个行业，而他却不顾家人反对，一心扑在定瓷制作上。陈伟说："干这行的人，家人持反对意见的比支持的情况更为普遍。"从他进入公司到现在，这么多年了，学拉坯技艺的大部分人都已经改行了，看着很多人来了又走，陈伟说不出是种什么滋味。定瓷制作的过程本身就很单调，而且很烦琐，如果不是真的喜欢，真的很难坚持下去。再加上收入可能也不高，所以能坚持从事这项工作的人就更少了。不过，随着最近几年整个定瓷行业的发展，从业人员收入的提高，干这行的人也就慢慢变多了。一门传统手工艺，要想学精通，没有十年、八年经验的积累，很难做到，况且定瓷制作看似新鲜好玩，其实是个体力活儿，一个动作要重复几十万遍。打算长久从事这个行业首先要克服心理上无聊的寂寞感；然后要不抱有幻想，这个行业养家糊口可以，但挣大钱很难，跟热门行业比有很大的差距，因此只有有信念、真正喜欢的人才能从寂寞中得到满足感，才能坚持下去。

从事定瓷制作工作的这十余年，陈伟已经熟练地掌握了定窑拉坯、刻花绝技，喜篆刻，也擅长诗、书、国画，其定瓷作品多次荣获国家级的重要奖项。同时他还完成了故宫定瓷文物复制、定瓷镶彩技艺等项目的技术攻关，开发了一系列文创产品，受到市场普遍好评。从事定瓷制作工作的这十余年，陈伟从未放弃过对定瓷制作的坚持与热爱。尽管有些人来了又走，但陈伟选择了坚守，未来，他只希望有更多人愿意和他并肩坚守下去。

三、定瓷复杂的制作技艺

在制瓷行业内有"需经手72道工序，方可成器"的说法，足见瓷器制作技艺的复杂。定瓷传统制作技艺也同样如此，在烧制前先要从当地掘取石英、长石、黏土等原料，按一定比例加工成泥料，经陈腐后拉坯成型；然后修坯，再进行刻花装饰；最后采用浸入法施釉后，器坯才可入窑烧制。定窑最早是用覆烧法烧制瓷器的，这在陶瓷发展史上是一项重要发明。定瓷制作过程包括选矿、粉碎、炼泥、成型、装饰、施釉、烧制几个步骤。而制作过程又有古代和现代之分，二者截然不同。

谈到古代定瓷制作方法，陈伟表示大体技艺与现代相似，但其中有一些加工方式会有所不同。首先，原料粉碎方式与现代不同，通过对定窑遗址考古发掘发现，古代是使用石碾来粉碎矿料的。石碾是一种用石头和木材等材料制作成的破碎工具，由上下两部分构成，上面的叫碾砣，下面的叫碾盘。碾盘和碾砣的接触面上，錾有排列整齐的中间深两边浅的碾齿，而碾砣上錾有排列整齐的一边深一边浅的碾齿，用以粉碎东西。通过畜力驱使碾砣在碾盘上围绕中心轴做圆周运动，依靠碾砣的重力对颗粒状原料进行粉碎加工。其次，古代上釉的方式也和现代不一样，古代大部分是湿坯上釉，而现在为了提高成品率一般先把坯体进行素烧。最后，古代定瓷烧制的燃料基本采用柴或煤。

古代定瓷制作方法有以下几个步骤。

第一步，挑选矿；

第二步，用石碾粉碎挑选好的矿；

第三步，把粉碎之后的矿料进行淘洗制作成泥；

第四步，进行拉坯、捏塑或陶范印制成型；

第五步，在器物表面进行装饰；

第六步，上釉，上完釉等到干透后才可以入窑烧制；

第七步，经过烧制后，就制作出定瓷成品了。

现代定瓷制作方法有以下几个步骤。

第一步，挑选矿；

第二步，用球磨机以湿式方式粉碎挑选好的矿；

第三步，用滤泥机挤出其中多余的水分；

第四步，用练泥机搅成泥料；

第五步，用拉坯、滚压或其他方式把泥料制作成需要的形状；

第六步，用刻花、剔花等方式进行装饰；

第七步，用素烧方式，即不用上釉进行烧制；

第八步，烧制到一定程度后拿出来上釉，再进行入窑烧制，就制作出定瓷成品了。

现在还有一种技艺叫"注浆"，就是把矿从球磨机中粉碎以后直接以泥浆的形式注入石膏模具里边，用石膏模具做成型。手工拉坯做出来的东西，和滚压或从石膏模具里边模塑出来的还是有所不同的。从模具里边模塑出来的形状是比较规整的，基本一致。而手工拉坯的东西或多或少都会有不一样的地方，这就塑造了不同的造型风格。

陈伟介绍，在定瓷加工过程中最重要的工序就是选料，因为如果没有选好原料，后面的一系列工序就不可能顺利进行，问题也将会接踵而至。

装饰技艺在瓷器制作中也扮演者重要作用，装饰技艺有刻花、印花、剔花、划花之分。刻花就是用刻刀直接在坯体上刻画，一气呵成，刻完之后不能复刀，类似用毛笔写字。印花是采用模具成型的同时也将表面的纹饰完成，过去不像现在有石膏模，过去的模具是由陶泥制作而成，叫作"陶范"或"陶模"。剔花是先把边缘用锥状工具划出来，然后把边缘外面剔去一层，留下纹饰，剔完之后形成深浅的变化，能更加突出纹饰。划花是拿锥状的工具直接在坯体上划出细线，一般划出来的纹饰都比较细腻。

如今的刻花工具是陈文增在 20 世纪 80 年代发明的。过去人们认为定窑一些花纹中的双线，都是先刻一刀，再在旁边刻一刀。后来陈文增发现这样刻怎么也达不到古代定窑刻花的效果，有次他在写书法时偶然从毛笔分叉的现象中获得灵感，发明了双线刀，这种刀一次可以刻出两条线，线条效果跟古代的也极相似。由此可以推断出古代人应该是用类似的工具进行刻花的，但可惜的是这个工具没有流传下来。此外，其他工具也都是新创造出来的，因为古代定窑到现在的时间跨度太大了，所以古代的工具基本上失传了。

现在的烧制方法一般都是煤气或天然气，也有人开始尝试用电窑烧制，烧出来的东西也很好。与煤气或天然气相比，电窑更环保，也更符合现今社会的绿色发展理念。时代的车轮滚滚前行，制瓷的技艺也随之创新发展。

四、匠心雕龙，坚守初心

定瓷上的图案也颇有讲究。瓶身上大多绘有花鸟等纹饰图案，伴有一些文字增添意趣。说到当代定窑刻字，陈伟介绍起他的老师陈文增。陈文增被称为"中国定窑第一人"，他致力于定窑恢复、研制工作三十余年，在没有任何关于定瓷制作技艺的历史记载和技术资料的情况下，对定窑制作技艺过程、造型风格、装饰特点以及文化背景进行了全面破译，使失传千年的定窑制作技艺以全新的面貌展现于世人面前。

2001年，陈文增创立的"瓷、诗、书"三联艺术获大世界吉尼斯之最。那么何谓"瓷、诗、书"三联艺术呢？谓之"以瓷立本，以诗为质，以书为言"，是陈文增在定瓷艺术创作的基础上利用自己诗词、书法特长的文化综合、艺术发挥，形成一件概括性较强、艺术性较高的综合艺术品。三联艺术包括两项内容：第一，是以陶瓷作品为主题创作一首诗，并以笔墨形式书写于宣纸上，是瓷品加卷轴的三联艺术；第二，是在创作的瓷品上以刀代笔题刻诗句，是三位一体的三联艺术。其中以刀代笔便是当代定窑刻字的方法。对于定窑刻字，陈文增在《定窑研究》一书中有专门论述。定窑刻字的工具很简单，就是一把直角刀，直角尖的部位称为"锋"，类似于毛笔的笔尖。这种刻字方法在一定程度上丰富了定窑的装饰语言。

作为后来人，陈伟觉得应该把这一创造继承下来。然而在这之前，陈伟并无意于写刻字，他认为定瓷刻字似乎只是充当装饰与器型的配角，常被置于不显眼的位置，默默地藏在生产车间的一个角落。直到后来有好多人向他咨询当代定窑刻字的方法时，他才渐渐重视起刻字来。有一天的晚上，他的老同事也是好朋友打来电话，咨询关于当代定窑刻字的方法，陈伟便大致介绍了一下，但直到最后他也不清楚这个朋友听明白没有。就是这一通电话让陈伟的心沉重起来，考虑到以后可能还会有人对当代定窑刻字的方法产生兴趣，或者是有人直接想了解定窑刻字，但仅凭单纯口述讲解不够直观，因此陈伟立志要深入研究，整理编写一个介绍定窑刻字方法的读本，并配上图片，以留作资料，希望对人们日后学习与理解当代定窑刻字以及如何在生产中应用提供一点帮助。

陈伟说，成为陈文增的徒弟，是他的幸运。说这句话的时候，他眼睛里与有荣焉的光芒藏都藏不住。陈文增对他的学生有八字师训"严谨、包容、修身、尚艺"。严谨就是对待艺术要认真，不能有一丝马虎，陈文增曾经写过一篇《曲阳赋》，他自己改了十八遍才发表，可见他对待艺术的态度认真。包容是说要能够容人、容事，坦荡磊落，把目标放长远，才不会斤斤计较于当下。修身是说从事艺术的人要先学会做人，会做人的标准首先要忠于祖国，孝敬长辈，还要能够体谅朋友，遇事不为他人所左右。尚艺是指能够潜心学习而不泥古不化，要能够珍惜时间，把时间用于追求探索艺术的真谛上。这八个字是陈文增对他的每一个学生的要求，也是他收徒的标准。

陈伟说，收徒需要有特定的仪式，简单来讲就是先要写拜师帖，通过介绍人把拜师帖交给老师。收不收，要看老师的意思。如果老师同意了，就择期举行拜师仪式。在拜师仪式上，老师坐在上宾位置，学生行叩拜礼，再献茶，献完茶后老师便会赠送一些书籍之类的物品以表勉励，这样拜师仪式就算完成了。

时间在陈伟摩挲泥坯的手中慢下来，慢得足够让人找回记忆的方向。拜师学艺的日子虽已远去，但老师的箴言仿佛就在眼前，时刻提醒着这个年轻的瓷器匠人要坚守初心，也让他在磨砺中打磨出坚韧的品格。

五、为制新瓷总遇愁

陈伟表示，固然希望定瓷能够再现往昔辉煌，但现阶段定瓷面临的一些问题如果得不到解决，说得再多也是徒劳。

对定瓷整个行业而言，主要面临以下三种问题。

第一，研发能力不强，尤其是原料配方研发。虽然现在各个小窑厂的产品面貌都略有不同，但都走不出原有的体系，而且每个厂家产品的形式单一，想进行配方的更新比登天还难。因为在很多小窑厂师傅看来，虽然很多人花了好多年时间搞试验，但最后还是研发不出新的配方，不得不再花重金向人购买新配方。难道研制配方真有这么难吗？其实用两年时间潜心研究陶瓷工艺学，再结合实验，做一个普通的配方应该是没问题的，可大家就是不知道该从何处下手，只能东碰西撞地盲目行动，这导致一部分制瓷企业根本没有提升改进的原动力。科技是第一生产力，人才是第一资源，创新是第一动力。因此原创能力不足严重制约了定瓷业的突破发展。

第二，整个定瓷行业的视野还太小，大多数人都是守着自己的一亩三分地，产品形式一直延续旧制，没能跟上时代的脚步，基本与现代社会生活需求相脱轨。按常理只有与时俱进，才能具备强大生命力，但实际情况是目前定瓷产品大多仍是仿照前朝的名瓷品种烧制，在釉彩、器型、纹饰上模仿古代瓷器，更有甚者，不明就里就粗制滥造，比古代的东西还古代，陈伟称之为"做的比老东西还老"，这对整个行业发展是十分不利的。

第三，观念的转变，陈伟认为这是最难的部分。要知道古代定窑的产品绝大多数都是日用品，紧紧契合那个时代人们的生活方式，可现在大家对定瓷融入日常生活的观念还是没有形成。当然这也不能指责现在定瓷的从业者们，毕竟匠人还要生存，仿古瓷的市场需求仍不小。

六、我是后来者，还有后来人

据了解，现在定瓷生产企业的产品研发部都是应用 3D 设计、3D 雕刻机打样，较以往相比，效率大幅提升。业内人士表示，做文化企业确实很难，但现在国家正在大力支持，给予很多政策辅助，而且当代人们也很重视和关注非遗发展，尤其是现今的一些年轻人对传统文化充满了兴趣，所以一些定瓷企业也在与时俱进开发一些文创产品，希望能使定瓷有更广阔的市场需求和更高的美誉度。

当问及对定窑烧制技艺的期许，陈伟想了很久才给出答案："我想让定窑这项非遗可以做一个当下中国陶瓷的文化引领者。就是从定窑这一个陶瓷窑口，我们可以探索出中西方文化的差异；然后从根源上去生发出一枝新芽。这个工作我一直在摸索。"就个人的期许而言，陈伟语重心长地说："人生真的短暂，做自己想做的事，其他一切从简，一双布鞋，几片菜叶也是一种别样的乐趣！"

已过而立之年的陈伟，给人的第一感受就是谦虚。他好像一位"古人"，在这一项传统技艺中执拗着、钻研着。这十余年间，认认真真，从手工制泥、制釉，手工成型到装饰，把自己置身于宋代环境中，与宋人对话，去体味那份宋人独有的清净与高雅。前看古人，后望来者。陈伟是后来者，也期盼后来人。

第九章　古顺酒飘香，文化传真情
——古顺酒酿造技艺口述史

【走近古顺酒酿】

"酒"，是中国饮食文化、礼仪文化中的重要组成部分。离别时"劝君更尽一杯酒，西出阳关无故人"；思乡时"酒入愁肠，化作相思泪"；欣喜若狂时"白日放歌须纵酒，青春作伴好还乡"……"酒"作为意象，和"月"同样寄托着人们的情愫。或浓烈或内敛的情感不易宣之于口，便借酒抒情。

"酒"是会意字，从水从酉。《说文解字》记载："酒，就也，所以就人性之善恶。"意思是说酒是迁就人性的饮料。都说酒品即人品，古人诚不欺我。在中国，酒的历史可谓悠久，各地出名的美酒数不胜数。贵州茅台、陕西西凤、泸州老窖、绍兴黄酒……不同的酒，代表着不同的地方特色。在河北邢台，"古顺酒"是邢台酒文化的"金名片"。古顺酒结合"大唐神曲"和《北山酒经》，在金波酒、沙醅酒等历史名酒的基础上，凭借优质的原粮、独特的自然环境以及清甜的太行山泉，酿出了独特的邢酒产品。家喻户晓的相声大师侯宝林曾称赞道："一饮邢台酒，三日满口香。"

"古顺"之名有两种含义：一是"古"代表古代邢台历史以及古代邢台文明，"顺"为古代邢台"顺德府"的简称；二是取酒的特点为名——"古法酿制，柔顺绵香"。浮饮一白古顺酒，体味燕赵文化的柔顺与绵长。

一、千年邢台，百年古顺

邢台古称邢州、顺德府，历史悠久，夏商时期已有历史记载，有"五朝古都、十朝雄郡"之称。这座文化底蕴浓厚的古城，酒文化的历史也同样悠久。先秦时期，邢台的酿造技艺已经十分成熟，邢台已成为酿酒中心。虽然历经千年，但邢台优良的酿造技艺还是传承了下来。中华人民共和国成立后，以"古顺"为代表的邢台酿酒业，深入挖掘优秀历史文化遗产，努力打造"冀酒"文化品牌。古顺特曲在 1985 年获得"河北名酒"称号，同年获得"河北省优质产品"称号，同时还获得了邢台市"科学技术进步二等奖"；1988 年，古顺酒在首届中国食品博览会上荣获金奖；2012 年 1 月，古顺酒传统酿造技艺被列入河北省第四批省级非物质文化遗产名录。此外在 2019 年和 2020 年，"河北邢酒 1262"和"河北邢酒 618"先后荣获"青酌奖"酒类新品（白酒类）称号。

河北古顺酿酒股份有限公司位于河北省邢台市，其前身就是邢台市酿酒厂。2012 年酒厂改制重组后，副厂长武光路担任党委书记和技术总顾问，现任教授级高级工程师、国家级白酒评委、河北省白酒工业协会监事会主席、国家一级品酒师、古顺酿造技艺第十二代传承人。年过六旬的武光路和古顺酒打了大半辈子交道，提起古顺酒，简直如数家珍。在采访传承人之前，非遗采访人宋佳荣应武光路邀请，首先参观了邢台酒文化博物馆，亲身感受邢台酒文化的魅力。

走进邢台酒文化博物馆，一幅题字遒劲有力、分外醒目——"南有茅台，北有邢台"，据说这是早年间一位老领导到厂参观、品鉴完古顺酒之后，乘兴挥毫写就的。1988 年，与茅台酒一同获评国家首届食品博览会"金奖"。获奖之后，古顺酒厂与茅台酒厂曾进行多次互访，深入交流探讨酿造技艺，一时传为佳话。

博物馆内陈设着酒祖仪狄之位，每逢举行开酿或封坛大典等重大活动，虔诚的邢台人会齐聚一堂，在酒神位前举行庄严肃穆的祭祀大典。仪式开启，参与祭祀的人们依次行仪，请神、献舞、沃盥、上香、献泥、献醅、献酒、读祝、饮福受胙，代表着古顺人对天地神的敬畏，对古老技艺的传承，以及对匠心酿造的坚守。氤氲酒香弥漫，现场一片欢腾。这项邢台人最为重要、庄严的祭祀大典，已经传承了百余年，并于 2018 年正式列入邢台市非物质文化遗产保护名录，成为邢台酒文化中一项独特的民俗活动，表达出邢台人恪命守道，仰望先贤，始终不忘古法传承的初心，追求极致的匠心，保持邢台酒文化复兴的恒心。这是对酿造出至臻至纯的佳酿，酿造出邢台酒文化的赓续与传承。

从博物馆出来，进入酒厂内部，一路寻找着武光路的身影，众里寻他千百度，突然发现他正在古顺酒厂的踩曲房里进行检查指导。踩曲的师傅们身着工作服，光着脚，将小麦粉碎，与水混合，再把混合物倒在长方体样式的中空模具里，用脚踩实，直到麦块可以立起来，就成了制作古顺特曲的原料。制曲工作完成后，武光路接受了采访。

武光路说，酒中有文化，酒中有历史，酒中有邢台，酒中有中国。酒的内涵相当丰富，尽管酒的外表看起来无色透明，平淡如水，可其背后的意义却博大精深。从现代酿造技艺上看，酒的背后有各种学科知识与技术作为支撑，包括微生物学、风味化学、生物化学，还涉及现在逐渐发展的智能化和数字化技术。古顺酒近年来发展迅速，品质也在不断提升。古顺酒的发展史，也是一部浓缩的邢台历史。邢台的每个历史发展阶段，都伴有与酒相关的场景。邢台发掘出的商代遗址，出土了大量的酒器，包括爵、罍、盉以及觚等。从这些出土的酒器中，足可以见证商代时期辉煌灿烂的邢台酒文化。此外，古顺酒厂附近的南小汪、东先贤和古鲁营都曾是商代先民的重要活动区域。可见，酒不仅是生活的伴侣，更是历史的见证者。

二、曲，酒之母也

酒作为中国历史文化的重要载体，其原材料的选用也颇有讲究。古顺酒的酿造要求使用优质的高粱、小麦作为原料。武光路介绍，定义原料是否优质，要看其是否符合国家标准。从外观上看，原料要颗粒饱满，不能有虫种，更不能发霉。过去，武光路的父辈们都是凭眼力来判断原料的好坏，高粱也好，小麦也罢，没有杂质是最重要的，而且原料表面颜色看起来要鲜亮，没有霉变，也不能受到其他污染。

选好了原料，酿酒的技艺就随之开启。古顺酒的特别之处体现在酿造技艺上。武光路透露，其奥秘是大曲泥窖固态发酵技术和老五甑工艺。发酵的窖泥是用太行山东部特有的黄泥筑成的，富含多种有益菌和微量矿物质。通过发酵，这些有益菌和微量矿物质将大量的香味物质锁入酒中，从而让酒体更丰满，香味更独特。发酵期约六十天，双轮发酵期约一百二十天。大曲生产，采用传统人工踩制的制曲工艺。而老五甑工艺，采用的是混蒸混烧的方法，在使用缓火蒸馏来取酒的同时将原料蒸熟。在窖里原有四甑活的基础上，等发酵糟出窖以后再加新原料，配成五甑一起蒸馏，就是老五甑工艺。

总的来说，酿酒的过程有以下三个步骤，每一步都极为讲究。

第一步：选原料。要选用上等原料，只有原料选得好，才有可能酿出好酒。

第二步：做酒曲。酿酒还依赖酒曲，酒曲以小麦为原料，将小麦粉碎后加水调和，然后通过踩曲把它踩成块状。酿酒人把酒曲叫作"酒之骨"——顾名思义，就是酒的骨头，把酒曲当作是支撑整个酿酒过程和酿酒业发展的顶梁柱。东汉许慎在《说文解字》中提道："曲，酒母也。"也充分说明了酒曲的重要地位。

第三步：看技艺。要把握好每一个节点，比如如何把原料蒸熟，如何使其降温，如何加入酒曲和水，如何确定加入的比例，如何做好准确的配料等。

每一步都非常关键，其中有一步做不好，最后就制不出好酒。就拿踩曲来说，踩曲要在专门的房间里培养微生物，保持适当的湿度，同时将温度控制得恰到好处，给微生物的生长提供适宜的环境，为它们产香、产菌创造条件。养它们就像在养孩子，马虎不得。

三、从"0"到"1"，坚守五十年

看着武光路说起古顺酒的酿造技艺时依旧神采奕奕的样子，真的很难想象他已经在这个行业里坚守五十年了。五十年的时间，武光路亲眼见证着从酒厂到企业的转变，又亲身参与了古顺酒酿造技艺申报非物质文化遗产的全过程。其中的努力与辛酸，自然不会少。遥想刚刚参加工作那些年，武光路感慨万千。

中华人民共和国成立以后，古顺酒厂建立，这个老工业企业，也是邢台市的八大工厂之一。1970 年，武光路参加工作，就一直留在古顺酒厂里。当时的酿酒行业可以说是邢台市最有年头的行业。武光路就和古顺酒厂一同成长，看着酒厂一步步从传统走向现代化。在古顺酒厂的发展过程中，酿造技艺不断改进，一代代流传了下去，目前已经传到了第十五代。别看武光路现在对酿造技艺了如指掌，但其实他人生中的第一个岗位并不是酿酒。1977 年左右，武光路调到酿酒厂做化验师，主要工作是化验酒和与酒相关的某些组成成分。刚才提到的大曲酒曲的那些微生物，以及发酵过程中的一些产物，都是他的化验对象。这份工作相应地提升了武光路的化验水平。那么，武光路又是如何成为酿酒师的呢？这离不开一个人——师父化良材。化良材当时还很年轻，但在那个年代，专业做酒的年轻人少之又少。为了让古顺酒酿造技艺可以更好地保存并传承下去，年轻的化良材慧眼如炬，看中了武光路等人。自此，武化验师成了武酿酒师，而且这份工作一做就是四十多年。武光路大半辈子都在和古顺酒打交道，对他而言，酒厂不仅是办公的场所，更是生活场所。经过四十多年的积累与沉淀，武光路的所有心血，都融在这清澈透明的古顺酒中了。

问起武光路学习古顺酒酿造技艺过程中印象最深的是什么，他认真回想后说，印象最深刻的当属寻找学习资源和学习路径。白酒行业虽然属于传统工业，但在中华人民共和国成立以后的发展相对缓慢，有关酿酒的学习资源并不多。放到现在，人们想学习酿酒，课本、报刊以及网络等资源比比皆是，有大把途径可以选择，随时都可以学习。但在那个年代，武光路却苦于没有足够的学习资料。之前学习化验时，甚至连参考书都没有，武光路只能靠抄写师父的笔记来做参考。比如当研究人员需要化验酒中的糖分时，应该怎么去测量、使用哪种试剂、如何来标定结果、具体怎么操作、又怎么来使用最后的计算公式……这都只能靠着抄师父的笔记，再加上自己的理解来决定。当时主要就是靠着师父带徒弟的方式，酿酒操作学习过程更依赖于此。学习资源真的非常匮乏，学习难度可想而知，大家只得"照葫芦画瓢"——师父动手做，徒弟就跟着师父在旁边学。师父怎么操作，武光路就怎么操作，这种言传身教的方式让武光路从小学徒成长为武师傅。

一方面跟师父学习，另一方面武光路还通过上职工夜校来提升自己。初中一毕业，十六岁的武光路就参加了工作。尚且稚嫩的他发现自己所拥有的知识储备不够充足，也不甚全面。上初中那两年的教材零零散散，武光路学到的东西非常浅显，知识体系也无法构建。武光路是要到酒厂担任化验师的，可是做化验最起码的化学知识都没能完全掌握。他知道自己在这方面有所欠缺，于是在邢台市总工会办的职工夜校系统学习了化学，从初中化学、高中化学，再到分析化学，实现了"0"到"1"的突破。邢台市总工会办的职工夜校是一个专门为单位职工补习文化知识的场所。能够有机会系统学习知识令他高兴，固然学习过程有些艰难，但武光路还是非常珍惜这次机会，将化学知识系统地学习了一遍。

古顺酒厂过去是个老作坊，在 1962 年搬到现在的厂址。酒厂里有一个1954 年就在这工作的老厂长，但他并不知晓搬迁的具体原因。武光路虽然也是在酒厂里成长起来的，但当他还是一名普通工人的时候，对酒厂里的事他也知之甚少。好在他在酒厂里待得久，才有机会去了解当年的事情。于是，在武光路筹备建立古顺酒博物馆的时候，他搜集各方资料，最终在邢台市档案馆里查到了当年酒厂搬迁的原因。谈及机遇问题，武光路想起当年在企业的支持下，他们这一批人有机会参加成人高考，还上了两年大学的事。当时连他在内的一批人被组织起来参加高考，还可以带薪去上大学。每次想到这里，武光路就打心底感激酒厂。

知识武装武光路的头脑，技术赋予武光路能力，生活在悄无声息地发生改变。谈及古顺酒酿造技艺对生活的改变，他说日常生活似乎没有什么变化，但是职业生涯却受到很大影响。刚开始，武光路并没有察觉到这些转变，后来在工作中实实在在地感受到，技术工作、技术管理工作，以及一些新产品的研发工作，都需要以他学到的知识和掌握的技艺作为基础。随着掌握的这些知识和技艺越来越牢固熟练，武光路参与研制了邢台邢酒、古顺特曲、新款古顺酒，还有枣花佳饮料等产品。扩大生产时，武光路也参加了相关技术改造工作。这些工作不仅提高了他的个人技能，还加深了他对整个行业以及对传统技艺的认识。

知识的积累潜移默化地塑造出一位出色的酿酒师，武光路现在是酒厂里成长起来的第一位高级工程师。从一名普通工人经过自己不断努力成长为一位高级工程师，到酒厂里的第一位国家级白酒评委，再到第一位国家级评酒师、酿酒师，武光路一步步走过来，深切地感受到了酒带给他生活的不同意义。酒，既是物质产品，又是精神产品。

四、守望与初心

为了让古顺酒成为河北省的"金名片"，公司的宣传不遗余力，传承人也尽心竭力地想办法。古顺酒厂每年暑假都要举办"古顺踩曲仙子大赛"，面向社会开放，以此让民众更多地了解古顺酒酿造技艺。每次比赛开始前，都要向各位参赛者讲解邢台酒文化和古顺酒酿造技艺。比赛以才艺比拼的方式选出一批"踩曲仙子"，选出的"仙子"会进入到制曲间学习踩曲，最终根据表现情况评选出三位最优秀的"踩曲仙子"并为她们颁奖。这样的比赛既可以满足大众对古顺酒踩曲的好奇心，又可以宣传并普及邢台酒文化。毕竟，邢台人如果连自己都不了解当地的酒文化，那又如何让外地人燃起对邢台酒文化的兴致呢？

古顺酒传统酿造技艺能成为非遗是因为它是邢台历史文化的活态遗存。如果不加以保护，就会有面临失传的风险。酿酒的体力劳动强度大，环境较恶劣，工作不体面，故而现在面临招工难的问题。询问有知识的年轻人愿不愿意把酿酒当成职业，他们摇摇头便离开了，转身去追求华丽的梦想。有一份体面的工作固然令人羡慕，可家乡的文化又有谁来继承发扬呢？为了避免古顺酒酿造技艺凋零，把它列为非物质文化遗产是件迫在眉睫的事。现在国家和个人的文化保护意识不断增强，越来越多的人意识到保留文化的火种有多么重要。很多优秀的传统文化遗产都是我们祖祖辈辈的智慧结晶，在这个快节奏的社会，人们匆匆忙忙，我们有责任回过头来，弘扬文化，让传统迸发出新能量。

武光路特别强调，要想发展古顺酒酿造技艺，最重要的还是传承。传承，既要传承技艺本身，又要传承工匠精神。因为传承要求我们去学习、去研究、去认真酿酒。认认真真酿好酒，踏踏实实做精品，每一步都极其关键。我们现在一直在强调工匠精神，那么工匠精神的含义是什么？就是要精益求精，踏踏实实、认认真真做好每一个环节，臻于至善。这是武光路对传承意义的诠释。

2021 年 6 月 12 日，邢台酒文化博览园举行了一场收徒仪式。之所以要举行收徒仪式，是因为武光路意识到他在酒厂里工作很多年了，而现在好多年轻人都有所成长，应该将自己的经验传授下去。酿酒，既要在实践中积累经验，也需要在师徒之间进行交流。武光路认为，把自己已有的经验传授给下一代是非常重要的，因此需要一种仪式感来加深酿酒人对传承的理解。酿造技艺需要传承，邢台的酒文化需要传承，古顺酒事业更需要传承。在拜师仪式现场，在部分行业人士及众多媒体的见证下，读拜师帖、行拜师礼、敬茶……随后戒尺加身，徒弟聆听师父训导，鞠躬礼成。武绍志、赵俊贝、刘光帅、张建芳、许正伟、牛贝贝和郭英杰等，依照传统礼仪正式拜入武光路门下，成为古顺酒酿造技艺第十三代传承人。博学精技，薪火相传，武光路和他的师父一样，延续了师徒相教的模式，手把手地传授，心贴心地交流，让酿造技艺更好地传给下一代酿酒人。

如今的师徒关系与以往不同，武光路那时候就是跟着师父做，而现在更多的是徒弟动手，师父从旁提出建议，加以指导。

武光路对徒弟的要求很高，首先他要求徒弟应该有一种"境界精神"，就是要热爱这个行业，要善于学习，要主动实践，也要有在实践中不断学习和总结的能力。他收的徒弟并不都在同一岗位上，酿酒、生产、管理、品评、勾调和制曲各岗位都有，虽然徒弟的工作内容不同，但都在第一线。采访前见到的踩曲工里就有武光路的徒弟。不是所有的徒弟都需要亲自制曲，但武光路会要求他们一起过去，就连武光路自己也会过去亲自制曲，当然还包括检查的任务。想要学好技艺，最重要的还是在实践中学习，能够加深个人理解。如果只是在书本上看一看，知识和道理很难转化成自己的东西，而只有真正转化成自己的东西，才叫能力。因此，无论学习还是传承何种技艺，都要重视实践。

实践中遇到困难是常事，古顺酒酿造技艺的传承也不例外。古顺酒酿造技艺不仅属于企业项目，还是河北省的非物质文化遗产。但从目前来看，政府没有在这方面给予太多资助，其发展更多是靠古顺酒厂本身对项目的支持。一直以来，酒厂都是不断地创造机会来宣传这项技艺，并给予资金支持。酒厂还常常为人们提供学习交流的平台，组织有关古顺酒酿造技艺的培训。

关于怎么看待贴在古顺酒酿造技艺身上的非物质文化遗产标签，武光路直言非物质文化遗产不同于一瓶酒、一个产业，其本身更多是一种无形的产品，关键在于实践和创造。比如古顺酒酿造技艺，把它列为非物质文化遗产名录，是对它的历史演变过程及其产物和古顺酒自身的一种肯定。设立非物质文化遗产名录的目的在于保护、传承和弘扬文化，同时还有一个作用，就是能够激励更多人来了解它的文化，激发出人们保护和传承文化的动力。

由此可见，武光路对于非遗的理解十分透彻。在与酿酒打交道的几十年里，他已经从一名普通工人成长为一位高级管理人才和酿造技艺的传承人。因此武光路现在的心愿就是能够看到更多的年轻人成长起来，和他一样在酿酒的过程中实现自己的人生价值。每个人的成长都离不开背后的经历。以武光路为例，他从酒厂工人做起，当过科员、化验员，然后又担任科长、研究所所长和副厂长，还做过党委副书记、党委书记和董事长，武光路把这种经历看作一笔财富。因此他希望把古顺酒酿造技艺传承下去，把工匠精神传承下去，把古顺的品牌和邢台的文化传承下去。这不仅是武光路自己的心愿，还是他对年轻人的热切期盼。毕竟，年轻人才是企业的未来，是国家的未来。他们的成长意味着企业的成长，意味着品牌的成长，更意味着国家的成长。

武光路的徒弟现在都很优秀，他们在各个岗位上都能独当一面。踩曲的王爱军是河北科技大学毕业的学生，现在已是管理后续生产技术的副总，采访前作者见到的踩曲技艺就是由他陪同参观的。另一个是从河北科技大学毕业的校友，虽然才三十多岁，但已经是古顺酒厂的研究所所长了，同时还担任着河北省白酒评委。武光路对这些年轻有为的徒弟赞不绝口，说他们虽然都已经做得很不错了，但还一直在虚心学习，探索无限可能。

古顺酒酿造技艺在传承的同时不忘发展和创新，传承人不断丰富酒的内涵，结合时代发展和社会变化，依据现代人的喜好以及消费趋势对酒产品进行"定制化"改进，同时使用不同方式向社会宣传古顺酒酿造技艺，推广邢台酒文化。每个逝去的瞬间都成为历史，每滴古顺酒里都蕴藏着不灭的记忆。把历史藏进酒中，让酒唤起过去的记忆。古顺酒满口香，文化印记动人心，希望古顺酒的香气飘满大地，让邢台的酒文化重现昔日辉煌。

第十章　饸饹长又长，串起一个家
——河北魏县申家榆面饸饹制作技艺口述史

【走近榆面饸饹】

面食，是中国北方饮食文化中极具特色的传统美味。辛勤劳作一天的人回到家里，来上一碗热腾腾的面条，一口热汤下肚，疲惫感全消，心也跟着滚烫起来。一根根长长的面条，在中国的饮食文化里寓意着"长寿"，一碗长寿面，饱含着中国人对福寿绵长的美好期盼。朴实勤劳的中国人，怀着一颗玲珑心，一碗面也能折腾出百种味道。饸饹，一种诞生于山西黄土高原的面条，千里迢迢传到河北魏县，融合了朴实豪放的燕赵民风，贯穿了魏县的昨天、今天和明天。魏县的饸饹面是怎样诞生的？它又是如何让晋地的味道，槐香四溢的往事，经过一代代申氏子弟亲手揉制，成为魏县人舌尖上不可磨灭的记忆的？也许，唯有亲口品尝，才能懂得这个家族对这份美食的浓浓深情。

魏县，这座隶属河北省邯郸市的县城，地处冀鲁豫三省交界处，拥有着古老悠久的历史，文化底蕴深厚。战国时期，魏国的魏文侯曾在此建立都城，独具特色的魏文化、梨文化、饸饹文化和龙文化在这里形成。穿越千年的故城风貌，厚重而灿烂的中华文化，浓缩于一碗碗饸饹面中。糅合了北方特有的味道，在口腔中迸发，满口留香，回味无穷。

如果说文字是文化的骨骼，那么美食就是文化的血肉。它用油盐酱醋在烟火中勾勒描绘，让传统文化能以独一无二的方式在中国人的口中、手中和心中传递，向世界讲述其背后的中国故事，让世人品味余韵悠长的中国味道。继承与弘扬舌尖上的传统文化，同样意义重大。2021 年 7 月 8 日，河北科技大学外国语学院的蒿静静同学专程前往魏县，采访河北省非物质文化遗产饸饹制作技艺的传承人申文堂，近距离了解这道流传了数百年的美食技艺。

一、起点与绵延

魏县申家饸饹面，始于隋，盛于唐，历经一千四百余年经久不衰，与煎饼、豆腐脑并称为"梨乡三宝"。申家榆面饸饹，是一道历史悠久的地方美食。《魏县志》有记载，饸饹从隋朝开始出现在摊点上，隋末农民起义军领袖李密曾吃过申家饸饹，对此美味赞不绝口。榆面饸饹色艳味浓，肥香不腻，是请客宴友的美味佳肴。

那还是在一个颠沛流离的年代，申家饸饹的祖师爷申步月要从山西潞城洪洞县老槐树下迁移至魏县，他就一边走一边叫卖，山西的饸饹面也就跟着祖师爷来到了河北魏县，从此在魏县扎根。魏县，就成为申家饸饹的起点。连年的战争让百姓流离失所，兵荒马乱的年代使得百姓的庄稼颗粒无收。靠天吃饭的百姓最怕的就是没收成，但没收成也要活下去，于是，魏县的百姓便把目光投向了榆树。榆树的全身上下都是宝，榆钱、榆叶和榆皮都能食用。百姓撸榆钱、榆叶，刮榆皮来充饥保命，因此榆树也被称作"救命树"。有技艺的申家人在此基础上找到了饸饹的做法，他们家的饸饹因此被称为"保命饸饹"，也叫"救命饸饹"。

申家人饸饹的做法是先把榆树外皮刮掉，留下嫩皮晒干用铡刀铡成小块，进行细加工后再用石碾子碾碎，然后用细箩筛成面，和石碾小米面、荞麦面等杂粮面按照一定比例混合在一起加水揉成面团，用梨木饸饹床子挤压出面条，便做成了申家的榆面饸饹。

能吃饱饭，心也就不慌了。解决了眼下的难题，申家人开始考虑长久之计，于是决定把榆面饸饹做成生意，代代相传，让后辈不再为生计发愁。

家乡曾经的那棵老槐树，象征着申家的"根"。今天，申家的文化馆里，也种着这么一棵象征着"根"的槐树。无论走到哪里，申家人都不会忘记他们来自何方。申家在河北魏县落地生根，第三代申氏祖先申日弘在南关定居。于是他就在此地支个摊子，烧一锅热水，就开始做生意了。一碗碗饸饹面冒着香气，吸引着来来往往的人。

挑起一缕劲道爽滑的面条入口，再喝一大口咸香的汤汁，连汤带面一起下肚，鼻尖微微冒汗，嘴角不知不觉上扬。这就是幸福的味道。顾客从三三两两到座无虚席，申家饸饹从此成了一个"香喷喷"的代名词——第十一代传承人申彤开办了第一家饸饹馆；第十二代传承人申玉亭（1885—1973）为人和善，济困救贫，把申家饸饹馆做得红红火火；第十四代传承人申如松（1929—2013）从八岁就开始跟随祖辈推车挑担卖饸饹，虽然生活条件艰苦，但是他为人忠厚善良，在家孝亲敬老，在外与人为善，邻里之间相处融洽，他的一生都在致力于发扬申家饸饹制作技艺。"赶集吃饸饹"也是在这个时候成为家喻户晓的口头禅。今天，第十五代传承人申文堂为了使申家饸饹制作技艺不失传，放弃了原本优越的工作，改变思维观念，开拓创新，潜心研究，在继承前人传统技艺的基础上，结合现代科技，让申家饸饹在商业繁荣的时代乘势而上，从祖传的独门技艺变成了遍地开花的连锁生意。饸饹的制作技艺，像一把火炬，在一代又一代申家人手中交接，耀眼的光芒绵延不绝，诉说着这个大家族的百年故事。一碗饸饹面，承载的不只是一个家族的繁荣史，更是魏县人的记忆。

二、味蕾上的舞蹈

在美食方面，中国人的钻研精神无人能及。一碗平平无奇的面条，上百个地区的人能琢磨出上千种吃法——清汤面、打卤面、炒面……烹饪方法皆可行；龙须面、韭菜面叶、二细、三棱面、刀削面、裤带面……面条宽度各不相同。清汤面透着"鲜"字，打卤面吃的是卤汁的咸香，炒面融合着烟火的味道，做法不同，味道也不尽相同。面的粗细长短不等，口感千差万别，或顺滑或柔韧，或劲道或弹牙。老北京的炸酱面，河北的饸饹面，陕西的裤带面，四川的小面……人间百味，全在一碗面里。

饸饹饸饹，常吃常乐。河北人的爽朗大气，吃一碗饸饹面，就能体会到。小米面、榆树皮面、荞麦面等杂粮面按一定的比例混合，用梨木饸饹床子挤压，数根圆润纤长的面条倾泻而下，落入沸腾的水中。鲜肉用大火酱炒，满满的肉香味弥漫在厨房里，来一大勺面汤浇在酱色的肉上，倒入适当的姜末，撒盐调味，开锅后用小米面糊勾汁，咸香扑鼻的饸饹卤就成了。这时面也煮好了，捞入大碗中，浇上打好的饸饹卤，再配上一碟萝卜小菜，饸饹面的柔韧爽滑与小菜的脆爽相得益彰，让人吃了第一口，还想吃第二口。爱吃辣的老饕，不妨来一勺申家秘制的辣椒酱，拌面条或蘸馒头吃，都是绝佳的味道。

"筋、韧、柔、滑、脆"是申家榆面饸饹的特色，色艳味浓，肥香不腻，香味醇厚，回味无穷。历代名人志士吃过申家榆面饸饹都赞不绝口，清朝时期"乾隆皇帝不吃国宴吃饸饹"的故事传为民间佳话，可见饸饹面的魅力。据魏县县志办主任王学贵介绍，1966 年 4 月 13 日，周恩来总理来到魏县视察水利建设时，时任县委书记的李庆堂请总理品尝申家榆面饸饹，总理吃后也连连称赞。可见无论古今，传承了四百多年的申家榆面饸饹都是广受欢迎的地方美食。

历经申家十几代人的传承，申家榆面饸饹已成为魏县地地道道的名吃。2012年，申家饸饹制作技艺被列为河北省非物质文化遗产。魏县申家榆面饸饹先后荣获"邯郸名优特食品""河北名小吃""河北省非物质文化遗产""冀菜饮食文化展演大赛河北名小吃金鼎奖""中华老字号"等多种荣誉。2018年8月，申家榆面饸饹登上了中央电视台《星光大道》节目，来到了更广阔的舞台。

过去，请人吃一碗饸饹面还是很奢侈的。现在，家家户户基本都能随时享用这种美味。一家人围坐在桌前，一人捧着一碗饸饹面，大口吃面，祖孙三代吃得津津有味，幸福快乐就是这么简单。

三、祖传的技艺，不熄的初心

申文堂，魏县省级非物质文化遗产饸饹制作技艺的传承人，在河北省邯郸市魏县南关居委会定居，是河北省邯郸市魏县南关土生土长的人，是申家榆面饸饹的第十五代传承人。

申文堂的父亲申如松，是申家饸饹面第十四代传承人。据申文堂介绍，父亲从十四岁就开始推车挑担赶集摆摊卖饸饹，几十年如一日，从未停歇。父亲起早贪黑辛苦操劳，却挣不到多少钱。一家子好几张嘴等着吃饭，俗话说"半大小子，吃穷老子"，看着父亲渐渐花白的头发，申文堂和兄弟们都想寻找别的出路。毕竟，卖饸饹面的前景一眼便可望到头，微薄的收入对一大家子而言杯水车薪。

申文堂初中毕业时，父亲想让他回家子承父业。父亲说："你别上学了，你回来学做饸饹面，卖饸饹面吧，以后娶了媳妇也会做饸饹面，生了孩子也会做饸饹面，也能把咱家这个技艺传承下去。"那时的申文堂还未理解到父亲的深意，父亲的话没能阻止申文堂的学业，他继续念书，又读了三年高中。

等到高中毕业，申文堂回到家才发现其他兄弟也不愿继承家业，那祖传的技艺岂不是要失传了？父亲对他说："饸饹面是咱们的传家宝，不能丢！你一定要把这门技艺传承下去！"这时，申文堂才开始着急了，意识到如果家里没有人愿意做饸饹面，祖传的技艺将面临失传的风险，他们那代人，又如何跟下一代人交代。

孝顺的申文堂终于理解了父亲的苦心。父亲做了一辈子饸饹面，起早贪黑都献给了饸饹面，不是为了荷包里的二两银子，而是为了传承家族的技艺。毕竟，这是魏县申家人的立身之本。

2003 年，申文堂从父亲手上接下了这门技艺。那时的他已经三十五岁，已经做了村委会支部书记，他的工作和做饸饹面简直是两条平行线，毫无交集。但是他下定决心，准备肩负起传承饸饹技艺的重任。得知申文堂决定投身做饸饹面事业时，他的妻子充满了忧虑，担心未来会有太多未知的变数。对于申文堂那时的小家来说，才刚刚满足生活需求。要想传承一门技艺，需要有很多前期准备，也需要投入大量资金，这对于不算豪门巨富的小家而言，确实是个沉重的负担。申文堂耐心跟妻子解释传承这门技艺的意义，妻子才明白了其中的道理，同意申文堂把这件事做下去。

申文堂和他那闷头煮面的父亲不同，他知道这样做不能让申家榆面饸饹走得远。仅仅开一家面馆是传承不了技艺的，申文堂有一个更大的梦想，他想让饸饹面成为"河北老字号"，只有让饸饹面走出魏县，这门美食技艺才能稳稳地传下去。为了传承申家榆面饸饹，让更多人了解申家的历史文化，申文堂做了不少努力。他请来魏县历史文化名人，将申家榆面饸饹的故事写成文章；找本地的画家，将申家榆面饸饹的形象画出来；不仅如此，他还在魏县建立了一个博物馆，并申报了"河北省非物质文化遗产"项目，以及"河北老字号"称号。为让更多人品尝到这一美味，2005 年 6 月，他投资 300 多万元建厂，开始批量生产饸饹面及饸饹卤产品。在宣传与推广方面，申文堂使尽浑身解数。在改良制作技艺方面，他也不遗余力。在继承传统制作技艺的基础上，申文堂多次改进生产工艺和原料配方，将饸饹面投入大规模生产，确实有助于申家榆面饸饹文化事业开启新的传承发展之路。

看着越做越大的公司，申文堂感慨道："现在看到所有的事情都发展得这么好，说明当时的一切付出都是非常值得的，当然这离不开父亲和妻子的支持，我非常感谢他们。"父亲、爱人、孩子都很支持申文堂从事申家榆面饸饹非物质文化遗产传承事业，他们是申文堂最坚强的后盾。在申家榆面饸饹不断传承的过程中，他的生活条件变好了，这项技艺的发展也给他带来了无尽的荣誉。

申文堂并没有因为越来越多的荣誉而忘记他的初衷。他坚定地说，不管做什么事，都不能忘记为什么去做，就像习近平总书记在党的十九大上所讲的"不忘初心"。因此在申家榆面饸饹成为河北省非物质文化遗产后，他的心态并没有发生什么太大的变化，只希望申家榆面饸饹能被更多人记住，能走出国门，让外国人也尝到并记住这属于河北的饸饹面味道。在父老乡亲们的关注下，申文堂只能督促自己更加勤奋努力，将非物质文化遗产申家榆面饸饹更好地传承下去，将这种文化弘扬出去。因为申文堂明白，如果自己不尽心尽力，那么这项非物质文化遗产很有可能会失传，这不是想做就做、想停就停的事。传承，从来都需要保持警惕，不能有一丝一毫松懈。

现在很多地方都有饸饹面的身影，各种饸饹面的做法和技艺也都不尽相同。然而，要说完全掌握申家榆面饸饹这门技艺，让申家榆面饸饹成为独一无二的美食特色却并非易事。因为现在年轻人大都乐于外出打工，愿意静心打磨技艺的人少了，这对于申家榆面饸饹文化的传承来说也是一个很大的挑战。外出打拼的年轻人不好劝，那么把目光投向老年人，会不会有新的收获？

四、"孝道"饸饹面

申文堂做饸饹面的初衷是为了不让这门祖传技艺失传，也是为了让年迈的老父亲不再日夜忧心，所以，把申家榆面饸饹做大，也是尽孝的体现。申文堂敬重自己的父亲，看着一位位来吃饸饹面的老人满意而归，申文堂也觉得无比欣慰。老吾老，以及人之老，一碗热腾腾的饸饹面能让魏县的老人们都喜笑颜开，何尝不是一种孝道的传承。

申文堂将公司开在邯郸市魏县魏都南大街，他是公司的法人代表，经常带领员工组织各种定期或不定期的公益活动。为老人提供免费饸饹面，这是申文堂传递孝道理念的一种方式。每月的农历初九，是申家榆面饸饹的"大日子"。在这一天，他们为当地所有六十岁以上的老人免费做饸饹面。申文堂说，以前定的日期是每年的农历九月初九，后来考虑到咱们一年一共有三百六十五天，但是农历九月初九只有一次，所以就改成了每个月的农历初九举行一次活动。这样，留给老人们参加活动的时间充裕了，宣传饸饹面的机会也变多了。现如今，有关饸饹面的文化都跟着多了起来，比如关于饸饹面的几个歇后语非常有趣："不吃饸饹离板凳——请让位""卖饸饹摆手——没面了""卖饸饹不记账——仁务"等。这些是饸饹面发展背后的强大文化支撑，也是申家榆面饸饹成为企业后与市场和消费者之间沟通交流的桥梁。

申文堂说，自己可不是在简单地出售面条，更多的是在宣传面背后蕴含的文化，这也大幅提升了他的产品品牌优势。当年爷爷申铭以诚信立业，开的榆面饸饹馆红红火火，济困救贫，是当时方圆百里有名的大善人。申文堂也要向爷爷学习，身体力行，诚信善德。

每次组织节日展销会，申文堂都会为活动不便的老人赠送饸饹面。凡是八十岁以上的老人来吃饸饹面，或是上门买饸饹面，他都免费。如果碰巧申文堂在场，他也会亲手给老人们做饸饹面。

"谁家没老人，谁没有老的时候？一碗小小的饸饹面算是我对老人的一点孝心吧。"申文堂的话让人心中温暖如春。

这么多年以来，凭借着自己的努力和家人的支持，申文堂一直在举行各种形式的传承活动。他积极推动申家榆面饸饹非遗文化进校园，目前已在好几所中小学校建立了申家榆面饸饹非遗技艺传承基地；他也曾到几所大学做过演讲；魏县的申家榆面饸饹文化馆现在也在宣传有关申家榆面饸饹文化的传承活动。

谈到申家榆面饸饹传承能给人们的生活带来怎样的改变，申文堂说到，从传统意义上来讲，男主外女主内被当时的人们视为理所当然。但是随着社会的发展和时代的改变，女性群体的力量不只体现在家庭，在某些饸饹面的生产过程中，一般男性很难做到像女性一样静下心制作。申文堂自己的工厂招募农户或者下岗职工，让更多因故不能离家或者退休在家的妇女实现了就业或者再就业。申文堂是一个有担当、讲诚信的人，他带领着自己的公司，在汶川地震后他们捐赠了二百件优质食品；曾捡到装有四万元现金的包，他拾金不昧，立即奉还；也曾给县里七百多名环卫工人每人赠送一箱饸饹面；资助了贫困生郭彪；慰问了县一中、五中教职员工……申文堂不仅是卖饸饹面的商人，更是心怀大义，诚信为本的代言人。

申文堂说："申家有两样不能丢，一个是老父亲，一个是饸饹床子。"所以他希望将"申家饸饹面"办成"孝道饸饹面"，每个月的农历初九作为申家榆面饸饹的孝亲敬老日，邀请老人们来申家饸饹园里免费吃饸饹面。用这种身体力行的方式，来更好地诠释申家"百善孝为先"的家风。

一碗饸饹面，成了孝道的载体。那些按摩椅、养生保健品等产品看似体现"孝"的作用，实则只是想达到让人掏钱的目的。而申家的"孝道"饸饹面则更具人情味，在尊老、爱老的方面尽己所能，显得更真诚动人。尽孝，不只是说说而已，免费送一碗饸饹面，也能温暖很多人的心。

五、每个人心中都有一座属于自己的"桥"

从三十五岁接手父亲的技艺，到如今成立公司，申文堂忙忙碌碌许多年，也到了寻找传承人的时候了。申文堂的儿子申晓朋，现在是魏县申家榆面饸饹第十六代传承人。申文堂骄傲地说："儿子觉得自己是最好的榜样。"申晓朋也将继续传承和发展饸饹面事业，更好地实现自己的人生价值。申文堂希望儿子能比自己做得更好。

每次谈到正在服兵役的儿子申晓朋，申文堂都止不住地高兴。他说当时他正忙得不可开交，儿子申晓朋却意外地从学校赶了回来。儿子的归来对申文堂来说是个莫大的惊喜。他告诉儿子："申家榆面饸饹是为了传承而挣钱，不是为了挣钱而传承。"作为申家榆面饸饹第十六代传承人，申晓朋对于传承有着自己的理解：每个人心中都有一座自己的桥，把自己的桥建好就行。

申晓朋也很重视传承传统文化，在这点上申文堂对儿子很有信心。平常申文堂会手把手向儿子和侄子传授技艺。从选材到控制仪器，再到控制制作火候等，每一步都要求精益求精。所以申文堂先手把手带着他们做，之后让年轻人自己勤加练习。他说只有这样才能学到真正的技艺。

在传承之路上，不只有申文堂一个人。申家饸饹文化馆宣传弘扬饸饹文化得益于政府的大力支持，那么要想让申家榆面饸饹更加广泛地被广大消费者知道，还需要通过政府、社会团体、研究机构等多方参与。

此外，收徒也是一种必要的手段。在收徒传艺过程中，申文堂遇到过困难，也发现过优势。第一，前些年申文堂收的徒弟都了解过、参与过从备材到制作的全过程，学习速度很快，但是现在的徒弟大都只学过制作过程，不太了解备材、选材知识，所以学习速度较慢还费力；第二，有的年轻人做事静不下心，虎头蛇尾，有始无终；第三，大部分年轻人都外出打工挣钱了，留老人和孩子独守空巢。这些情况十分不利于饸饹制作技艺的传承。不过，年轻人也有年轻人的优势，他们脑子灵活、学东西快，而且想法多、懂得创新。申文堂觉得，现在收的徒弟与以前收的徒弟在学习制作方面有很大的区别，非遗文化传承，主要还是得靠年轻人。申文堂希望有更多的年轻人愿意来认识申家榆面饸饹，所以现在的要务是要让年轻人意识到在家也可以有发展，也可以做出一番事业，这样也能有利于非物质文化遗产的传承和弘扬。河北科技大学外国语学院的学子深知传承不易，广为传承更是困难重重。但是他们会尽己之力，努力将这项传统文化弘扬出去，用文字展开一场中华文化的饕餮盛宴。

传承，人们看见的是古老的技艺经历千百年仍不褪色；看不见的是一个个家族围着一门技艺苦心孤诣地坚守，不让这些宝贵的文化湮没于历史长河中。名留青史不是目的，"申家饸饹"四个字作为最简洁的符号，只要一被提起，就让人们想到魏县的饸饹制作技艺，借名声之名行传承之实，才是其真正的内涵。

第十一章　唇齿留香，流淌的印记
——朱记扣碗口述史

【走近朱记扣碗】

"七大碟八大碗"总是过年前妇人们津津乐道的话题，杀年猪，宴宾客，婚丧嫁娶，智慧的劳动人民总能把美食与生活紧密连在一起。勤劳淳朴的盐山人也是如此。盐山县位于华北滨海平原，处在冀鲁要冲，是京津的东南门户，也是东北、华北以及华东的衔接点，北靠京津，东临渤海，南接齐鲁，西望太行，公路通达四方，交通很是便利。盐山常年温和湿润的环境适合动植物生存，地方人口约五十万。近些年来，由于自身的天然条件，工商农贸等行业迅速发展了起来，使得盐山成为一个十分重要的商品集散地。随之而来的便是流动人口的增加，而这也让餐饮服务业发展成为盐山县重点产业之一，朱记扣碗便是这众多餐饮店铺中的一员。与其他店铺不同的是，此店不仅传承着悠久历史的老味道，也充盈着时代的新气息。

家在沧州本地的张海成同学今年考研成功上岸，目前在河北科技大学外国语学院深造。听闻学校要开展有关探访非遗的项目，张海成同学立马想到了家乡的朱记扣碗，心知宣传家乡的机会来了。2021年8月3日，张海成同学来到盐山县，见到了朱记扣碗的传承人朱铁刚，展开了一次深入的访谈。

一、扣碗的缘起

朱红色的牌匾悬挂在店铺门上，与周围老旧的居民瓦房形成鲜明的对比。那一抹红格外醒目，也深深烙印在盐山人的心头上。八方来客，络绎不绝，传承人朱铁钢就在这一隅厨房里，打拼出了自己的天下。只见他在转瞬之间，就做出了热气腾空、香气穿墙的扣碗。食客们大快朵颐，赞不绝口，便有了后来朱记扣碗这个响当当的名号。

扣碗在盐山地区又被叫作老席，是流行于盐山本地，由民间发明并制作的一类地方特有菜品。据传，本地的扣碗起源于公元1849年，在那个年代，社会生产力较为低下，食材种类和数量都十分有限，很多现在作为家常便饭的食材在当时都是人们不容易吃到的，只有在逢年过节或一些特定场合，比如婚丧嫁娶等招待客人的时候才能吃到。扣碗售价实惠，口味纯正，让人吃起来很有满足感，所以当地的人们特别喜欢吃扣碗，每次村里有红白事，都会制作扣碗招待亲朋好友，扣碗在盐山县的村子里面广受欢迎，因此可以说扣碗是一种特别正宗的老字号美食。而在各种样式的扣碗里面，盐山县西三里村的朱记扣碗尤其受欢迎，后来朱记扣碗经历了四代人的经营与传承，成了当地的扣碗代表之一，不知不觉朱记扣碗已走过了百年。

二、扣碗的特色

行走在店铺林立的商业街，到了饭点，闻着香气便能寻觅到这香喷喷的朱记扣碗。这扣碗历经百年沧桑，富有浓厚的历史底蕴，其本源可以追溯到清朝时期。

　　早些年间，一户普通的农民家里，没有余粮，每逢喜事，甚至需要邻里之间拼凑食物，东拼点豆腐，西凑些鸡蛋，才能勉强举办好这件喜事。朱记扣碗的开山之人——朱之光是盐山县西三里村人，他出生在清朝时期，在总结了前人扣碗制作技艺的基础上，对扣碗进行了潜心的研究。他刻苦钻研，最终在不断地努力下，自成一派，朱之光研制出了经典的盐山民间老席——扣碗，又被当地人叫作"八大碗"（这包括第一碗白肉扣碗、第二碗红肉扣碗、第三碗喇嘛扣碗、第四碗鹅脖扣碗、第五碗卷煎扣碗、第六碗藕夹扣碗、第七碗丸子扣碗、第八碗凉拌菜）。

　　最初的老席扣碗只有八大碗，这八大碗看起来只是普普通通的八道菜，实则制作技艺十分地讲究，其制作工序有 20 道左右。并且扣碗里所备用的食材都需制作者亲自挑选采购，这是因为不同种类的扣碗对食材有不同的要求，这也是几代人出于对扣碗这种美食的敬畏。制作红肉扣碗需要用带皮的五花肉，制作白肉扣碗则要用肥一点的不带皮的肉，而做丸子扣碗需要用猪腱子肉。

　　此外，同样是肉馅，用来做松肉、藕夹、卷煎的肉馅却不尽相同。由此可见，食材的选择需要有一定的经验，更需要有一颗不怕麻烦的心。还有一点需要说明，费心费力选购好食材仅是做扣碗一个开端。扣碗制作技艺特别复杂，需要煎炸蒸煮等多道工序，制作步骤包括剁馅儿、切块儿、过油，之后上蒸笼蒸一个半小时左右，蒸好后需要将其放置十几个小时，等到第二天的时候再蒸两个小时，这样才只是成功了一半，一桌子扣碗从刚开始选料到最后上席通常要两至三天的时间。朱铁钢说："蒸扣碗之所以需要较长时间，是因为要把肉里的油给蒸出去，这样制作出来的扣碗才会肥而不腻，入口即化。"

　　扣碗的口味讲究的是素食肉味，这一桌扣碗通常用三两肉，虽然扣碗用了许多蔬菜，但制作出来的成品大都是肉味。制作扣碗的原料主要包括鸡肉、猪肉、蔬菜、鸡蛋和面粉等；制作扣碗所需要的垫碗原料有豆腐、粉条和蔬菜等。相关配料则包含花椒、八角、茴香籽、桂皮和肉蔻等；制作扣碗还需要各种形状的扣碗料子，之后通过煎、炸、蒸和煮等几项操作，把半成品搞好。然后将不同的材料分别放进八个小碗里，在碗里放置垫碗料，之后送入蒸笼里进行加热，等碗里的菜蒸熟后等待使用。说到制作扣碗的关键一步"蒸"就有必要提一下，蒸扣碗须得蒸到八成熟，拿出之后再回笼继续蒸；不能直接蒸到十成熟，不然拿出之后再回笼蒸就会把扣碗蒸过头，难以保证肉的鲜嫩度。上述步骤完成后再将装满了蒸熟食材的小碗轻轻倒扣在大碗里，然后浇上提前做好的汤水，这便是扣碗的制作过程。

第四代传承人朱铁钢谈及每一道工序都马虎不得，最后浇上的汤水，是用新鲜的猪棒骨和老母鸡连续熬制几个小时熬成的，火候、原料都不能差，有一项不到位便熬不出食材的鲜味。

朱记扣碗开山人朱之光将自家扣碗做出名堂之后，很多人纷纷慕名前来学习制作扣碗，就这样朱氏扣碗的名气便随着学习者的增加在四方邻里之间逐渐传播开来，在当地种类繁多的扣碗之中朱记扣碗最有名气，味道也是最好的。

三、历史的积淀

北方旧时寒冷的冬季，正是处在蔬菜等其他食材都匮乏的时令，但这个时候也正处在农户人家办婚宴的高峰时期。如何用有限的几两肉做出一桌丰盛的宴席，让并不富裕的农家完成娶媳妇嫁女儿的人生大事，成了摆在乡村厨师们面前的一大难题。不过富有智慧的盐山人，总是可以将好吃丰盛的美味建立在有限的材料之上，这便是发明扣碗的初心。扣碗在一代又一代乡村厨师的不断传承中形成，并渐渐成了盐山传统婚宴上不可缺少的大席正餐。乡村宴席上，蒸笼的热气不断往外冒，灶台里的柴火噼里啪啦地响着，乡邻用木板托盘把八大碗送上桌，一声吆喝打破了乡村的沉寂，给平淡的生活增添了无限生机。

在农家成席设宴的隆重时刻，热气腾腾的"八大碗"被依次摆开，制作这些菜品靠的是一个个心灵手巧的厨师。盐山县西三里村的朱之光，就是这样一位乡村厨师，他在前人制作经验的基础上，潜心研制出典型的民间老席扣碗，后来他做的扣碗在当地小有名气。第二三代传承人分别是朱金地和朱文光，到他们继承老一辈技艺的时候，大众的口味已经发生了很大的变化。大众对饮食口感的要求在不断提高，对菜品种类的要求也在不断提高，这使得第二三代传承人在继承了师父制作技艺的基础之上，对制作扣碗的食材、配料，以及制作工艺等方面进行更新和改进，推出了二十多个新品种的扣碗。由于新出的扣碗不仅种类繁多，而且味道也十分鲜美，因此朱记扣碗在当时算得上是名震乡里。

如今朱记扣碗的老板朱铁刚是盐山县西三里村人，在他小时候，村子里要是有人办红白事的话，他的父亲总是被叫去做老席，也就是人们经常提到的扣碗。渐渐地朱记扣碗的口碑就伴着父亲十里八乡的老席在乡镇上县城里传播开来，如果有人在县里的婚席上吃到令人回味无穷的扣碗，那大概率就是老朱家的杰出作品，慢慢地，朱记扣碗在盐山县变得越来越有名气，父亲因此备受周围父老乡亲们的尊重。不过到了第四代传承人朱铁刚接手家里传统扣碗技艺的时候，大众对美食的要求变得更多了，餐饮业市场的竞争也变得更激烈了。

面对日益变化的大环境，朱铁刚说："只有创新求变，才能符合时代的要求。"人们物质生活水平的提高促进了餐饮行业的蓬勃发展，为了能在餐饮业激烈的竞争中取得优势的地位，新一代传承人朱铁钢在对前几任传承人的技艺经验总结的基础上，推陈出新，大胆实验，从菜品原料的选择、扣碗加工制作，到烹饪等各个过程进行了全方位的创新，积极地吸纳南北方菜肴的烹饪方法，以满足现代人的口味要求，在前人已有的扣碗种类的基础上推出了三十多个种类不同的风味扣碗，使得朱记扣碗越来越受食客的青睐。

　　如今，西三里的朱记扣碗已俨然发展成了本地的一大菜品，朱铁钢所经营的扣碗店面，每天几乎要迎接上百位来客，可以说是生意兴隆，座无虚位。由此可见朱记扣碗在他的经营下变得更有名气。

　　美食的发展反映着时代的发展，美食的变化更是体现了时代的变化，盐山扣碗从几百年前一直到现在始终保持着极强的生命力，反映了盐山的历史变迁，也反映了大众对扣碗口味要求的不断变化。从朱之光集前人之大成到朱铁钢的与时俱进，扣碗又经历了从八大碗，到几十个品种的变化，再到后来朱记扣碗迎合时代发展推出礼盒装。朱记扣碗一直在跟随时代的脚步，与时俱进。

四、朱记的顺与不顺

　　朱记扣碗的现任掌门人朱铁钢在盐山已经开了两家扣碗大酒店，但是平时，他更喜欢亲自动手制作扣碗。说起原因其实很简单，因为在他看来，从老一辈传承下来的老技艺，不能在他的手里弄丢了，每一代传承人都必须把技艺领会在头脑中践行于实践中。在继承传统技艺的过程中朱铁钢除了十分顺利地继承父辈衣钵外也遇到过许多的坎坷。受到家庭环境的影响，朱铁钢十几岁的时候就开始给父亲打下手，不久之后便可以自己独自掌勺了。后来又继续跟着父亲学技艺，他经过不断努力学习逐渐掌握了扣碗的精髓，做的扣碗也因香而不腻的口味有了一定的口碑，因此众人纷纷向其讨教其中的秘诀，不善于言语的他总是微微一笑。在朱铁刚看来，制作扣碗没有秘诀，"其实就是爱琢磨，心热爱"。虽说朱铁钢的琢磨以及热爱让他顺利继承父辈的衣钵，但是他还是受困于时代提出的新要求。随着时间的推移，朱记扣碗店面受到了其他餐饮行业美食的影响，在当时的一段时间朱记扣碗店面一度门可罗雀。人们对于饮食提出了新的要求，老一辈人制作的扣碗已经不能满足新时代人们的需要，面对这种现状，朱铁钢尝试用其他食材，推出新式扣碗与其他菜品，在不断努力下，他终于推出了适合新时期大众口味的扣碗。同时，他又顺应新时代需要，推出了扣碗套餐，这种套餐老少皆宜，后来店里又增添了四干四鲜，还有压桌碟，经过这样一番变化，人们不仅吃出了曾经的感觉而且对新推出的菜品也十分满意。在第一次申请非物质文化遗产的过程中，由于老店店面较旧，设备落后，卫生环境达不到申请标准，申遗失败。朱铁钢认真倾听了考察人员的建议，并外出对其他优秀同行进行考察学习，之后便对店面进行了加工和改造升级，经过一番努力，终于在 2009 年成功申请朱记扣碗为沧州市市级非遗，又在 2013 成功申请为省级非遗。在经营扣碗的过程中朱铁钢还面临一个问题，那就是怎么让不想堂食的顾客更方便打包扣碗，这其实也是源于顾客的需求。比如来店里吃扣碗的顾客感觉意犹未尽，想带些回家；还有些顾客是想买扣碗送人，让别人尝尝家乡的特色。渐渐地，由于顾客的需求还有推广扣碗愿望的推动，他开始考虑如何才能制作出便利扣碗，速食扣碗。在进行相关知识的学习后，他和店里的厨师开始研究如何才能制造出礼盒装便利版，在和店里厨师一块试验了许多次之后，终于推出了朱记扣碗便利版。这八大碗的黑碗装在箱子里面，然后塑封；需要食用的时候，先打开包装，蒸后浇上汤水，扣过来还是这正宗味。这便利版的扣碗一经推出便受到大众的热烈欢迎，老板还有一个愿望就是将店铺开到其他省份，加快扣碗走出去的步伐，让更多的人享受到美味的扣碗，他的努力让人相信扣碗一定可以传播得更远。

从古至今，一日三餐一直是人们赖以生存的根本，没有人可以离得开。这是因为食物可以使得我们有饱腹感，从而有精力去干其他工作，这是食物的基本作用，即维持人们的基本生存，为人类其他活动提供基础。俗话说："靠山吃山，靠水吃水。"不同地方有着不一样的气候以及地形地貌，相应的，不同的地方会衍生出不同的饭菜以及口味，例如南方人以米制品为主，北方人以面食为主，四川人偏爱吃辣椒，广东人口味清淡等。盐山地区处在华北的近海平原，为温带季风气候，特点是四季分明，光热充足而且雨热共季，受气候影响，本地出产小麦、玉米、大豆、白菜等，因此相应的菜品便应运而生，这扣碗便是这些菜品的代表之一。不过和其他当地家常炒菜不同的是，最初扣碗只能在一些特定场合才能吃到，这是因为当时食物相对匮乏，有肉制品的菜品更稀少。

其实当特定的菜品运用于特定场合的时候，食物的功能就开始发生变化，不仅限于满足人们的饱腹需求，还增加了其服务于特定时间、特定场合的社会功能。盐山的扣碗在一开始形成时，就兼具食物的基本功能和社会功能，从这时起，食物不仅代表食物本身，还代表其背后的文化内涵。一日三餐本来就受到许多因素的影响，就比如四川人偏爱吃辣椒，因为四川是盆地，地势低，阴天多，气候潮湿，下雨时候尤为阴冷。而辣椒里面含有的辣椒素可以使人心跳加快、皮肤中的毛细血管扩张变粗、血液循环加速、毛孔扩大、汗腺张开、全身出汗，这就使得身体内的寒气、湿气被驱赶出去，身体就会有热乎乎的感觉。再加上四川古代的道路崎岖不利于交通运输，盐不容易被运进来，使得饭菜因缺少盐调味而难以下咽。当辣椒传入四川后，深受当地人的喜爱，所以就用辣椒调味，渐渐地，辣就成了四川食物的一种特色，并演化成为四川的代名词。四川辣火锅的文化内涵：它不仅是一种美食，更代表着四川人数年来因地理气候、历史因素形成的饮食习惯。与四川火锅相似的是盐山的扣碗也特别受当地人的青睐，不同的是盐山的扣碗深深地印上了盐山自己的印记，它积淀着世世代代盐山的历史温度。

现如今，随着生活水平的提高，人们在平时也能够吃到许许多多的美味，婚丧嫁娶的宴席之上也有了更多的选择，可扣碗作为一代又一代盐山人的美好回忆并没有消失。特别是以朱记扣碗技艺为代表的传承人，秉持祖训，在坚守传统加工工艺的同时，继续推陈出新，使扣碗成为宴席上不可或缺的特色美食，深深烙印在人们的记忆里，更融进老百姓对美好生活的向往之中。所以，扣碗不仅是一种美味，一种回忆，更是一种对传统老席的敬意。

传统的食物制作技艺需要有人来继承，因为这是人们数年来养成的饮食习惯，人们离不开这些美食，还有就是食物背后含有地方特色的美食文化。每一位在外拼搏的游子最怀念的就是那印刻在记忆里的家乡美食的味道，那味道不仅是对家乡最深刻的想念，也是对传统美食文化深层次的理解与回忆。那些承载着一方人一方回忆的美食，需要人们大力将其沿袭。在留住老技艺老味道的同时，将新一代偏爱的味道融合进去，推动传统美食文化不断发扬光大。尤其那些被列为非遗的美食文化更加值得传承，因为它们背后有着更深刻的文化背景，需要我们纪念与承继。继承发扬传统的美食文化，既是对传统文化的尊重，也是对传统生活的敬意。

根据联合国教科文组织的《保护非物质文化遗产公约》定义，"非物质文化遗产"指被各群体、团体或有时个人视为其文化遗产的各种实践、表演、表现形式、知识、技能及有关的工具、实物、工艺品和文化场所。这些非物质文化遗产代代相传，在各社区及群体适应周围环境的过程中，被持续再创造，并为这些社区及群体提供持久认同感，进而使人们增强对文化多样性和人类创造力的尊重。非遗传承保护的提出本就是对传统文化遗产的维护，因此朱记扣碗成功申报成为省级非物质文化遗产，就是对扣碗的认可以及保护。其实，扣碗只是中华美食的一个缩影，不管是哪里的美食、什么样的美食、是不是非遗美食，都需要我们将其留于胃、存于心。

如今扣碗这项非遗已经威名远扬，不仅有食客的口口相传，还有官方媒体的报道和自媒体的推广，使得这项非遗文化进入到更多年轻人的视野中。同时盐山县文化局还将朱记扣碗技艺拍成了纪录片，让更多的食客知道了盐山朱记扣碗。而今，美食节目的兴起使人们对美食文化了解了很多，对其包含的温馨的故事和蕴含情感有了深深感悟。时代车轮滚滚向前不曾停滞，但人们对美食的热衷，对美好生活的追忆与向往却从未改变。

　　正是朱记扣碗传承人朱铁钢几十年如一日的坚守，才将这一份独特的滋味流传至今。一方水土养一方人，不同区域虽有着不同的饮食习惯和味觉倾向，但都是将精妙的制作技艺发展成了一种习俗，转化成了人类社会与历史的积淀。厨房内，砧板、蒸笼、锅碗瓢盆撞击声交织在一起，米面、蔬菜、鸡鸭鱼肉五味俱全，氤氲烟气里，朱铁钢闪转移动在那方寸灶台间，迎接来自四面八方食客们的光临。

　　一缕新阳的金色光芒扑面而来，拥入怀中。远近食客，纷至沓来，朱记扣碗大厅里的吆喝声回荡在街头巷尾，久久不能消散。

第十二章 千锤百炼磨一剑，赤子丹心铁匠魂
——传统工艺剑锻制技艺口述史

【走近百炼花纹钢】

"剑气纵横三万里，一剑光寒十九洲。"古龙笔下，刀光剑影恩怨情仇，无论英雄匹夫；俯饮浊酒一杯，不负半生逍遥。刀剑，是武者身份的标志，是将士保家卫国的忠实伙伴，见证着江湖侠客的雄心壮志与儿女情长。一把好剑，要通过千锤百炼才能铸就。百炼花纹钢的传统锻造技艺在烈火熊熊的熔炉中诞生，在千万次锤炼中锻造出河北行唐人的铮铮铁骨。

曾经游侠剑客遍地，游走于庙堂与江湖之间；如今新武侠风重燃，在一部武侠小说里，侠客行走江湖、行侠仗义时，身上总佩戴着一件不同凡响的武器。古龙的《天涯明月刀》，金庸的《倚天屠龙记》，梁羽生《七剑下天山》等知名武侠小说作家笔下都有以刀剑为记忆符号的代表作。那些痴迷武侠小说的读者，定然对小说中名声响亮的刀剑充满了好奇与探究之心，他们或许也曾幻想过亲手抚摸一下小说中的神兵利器，仗剑走天涯。

翻阅王侯将相的传奇故事可以发现，都有稀有的兵器陪伴他们走过金戈

铁马的峥嵘岁月。三国时期的曹操驰骋沙场，排兵布阵有"百炼利器"五件；孙权安定江东，开疆拓土有宝刀三把，其中一把名为"百炼"；刘备夺取两川，建立蜀汉，曾令蒲元造宝刀五千，上均刻有"七十二炼"字样。古人是以锻造技艺为兵器命名的，由此可知"百炼成钢"于武器而言的意义非同一般。

行唐县，坐落于河北省西南部，隶属石家庄市。在这座矿产资源丰富的县城中，有一个以"铁匠"命名的村庄——铁匠庄村。这里的人们世世代代以打铁为生。打铁庄村土生土长的李住军，是一名出色的铁匠，和祖辈父辈一样，他也有一个关于锻造的梦想。这位如"扫地僧"般的能工巧匠，用自己的双手，通过一次次锻打，让百炼花纹钢的技艺重现人间，为大家揭开百炼花纹钢的奥秘。

铭记文化乡愁，传递非遗名片。为了能够更好地传递这张名片，2021年7月14日，河北科技大学外国语学院的赵旺同学只身前往河北省石家庄市行唐县上碑镇铁匠庄村，拜访河北省非遗项目传统工艺剑锻制技艺代表性传承人李住军，近距离接触非遗传承人，追寻工匠精神，体味匠心匠魂。

一、百炼留青史，花纹余韵长

"百炼成钢"从不只是挂在嘴边的一句口号。东汉末年，"建安七子"之一的陈琳在《武军赋》中写道："铠则东胡阙巩，百炼精刚。"意思是：铠甲是东胡和阙巩国所产，为百炼精钢打造而成。成语"百炼成钢"便出自此赋，说的是中国古代的一项独特的炼钢技艺。

中国铁制兵器的历史源远流长。"百炼钢"，因其工艺超群，效用出众，在历史资料中广留名篇：曹操、曹丕、曹植都曾咏赋赞叹其技艺的高超；《梦溪笔谈》《天工开物》也有关于百炼钢的记载。用百炼钢打造的兵器深受历代兵家、收藏家的喜爱，其中还有一个重要原因——这些兵器上常常带有美丽的花纹。这些花纹是钢材被反复加热折叠锻打而形成的，纹路变化丰富，自然流畅，或似水波，或如流云，或层叠若菊花，或绵长如木纹。鬼斧神工处，非巧尽人工所能及也。因此，百炼钢又有"百炼花纹钢"的美称。百炼，是锻造的精髓；花纹，是淬炼的神韵。

春秋时期已有炼钢技艺的身影，块状的海绵铁在炉中受热渗碳，到一定温度后拿出来煅打，就炼出了最早的钢。后来人们在冶炼中发现，加热锻打的次数越多，钢件质地就越硬。故而在以后的生产过程中，铁匠们都有意地增加锻打加热的次数，并将其作为一种固定的技艺流传下来，这便是百炼钢技艺的起源。

西汉时期，我国的百炼钢技艺处于萌芽阶段。出土的文物与相关史料，记录了百炼钢初具雏形的过程。

东汉时期，百炼钢技艺已趋于成熟。当时炼钢的技艺分为三十炼、五十炼、百炼等，炼钢技艺日趋精湛。永初六年的三十炼环首钢刀、建初二年的五十炼钢剑、日本奈良县出土的中平年间的百炼大钢刀，就是最好的证明。

三国时期，开启了百炼钢技艺繁荣的序幕。曹操下令铸造宝刀五把，耗时三年，可见技艺之复杂；曹丕寻佳料、派能工，铸就三刀三剑，两把匕首和一把露陌刀，并亲自为五种兵器命名；刘备让蒲元造五千把宝刀，上刻"七十二炼"字样，打算以炼钢次数取胜。百炼钢技艺为三国群雄争霸增添了浓厚的色彩。

魏晋南北朝时期，百炼钢技艺步入到了鼎盛阶段。其他炼钢方法渐渐退出历史舞台，百炼钢技艺一时风头无两。对于百炼钢技艺，古文献中最详细的记载是沈括的《梦溪笔谈》，其中卷三云："予出使至磁州，锻坊观炼铁，方识真钢。凡铁之有钢者，如面中有筋，濯尽柔面，则面筋乃见，炼钢亦然。但取精铁锻之百余火，每锻称之，一锻一轻，至累锻而斤两不减，则纯钢也，虽百炼，不耗矣。此乃铁之精纯者，其色清明，磨莹之，则黯然青且黑，与常铁迥异。亦有炼之至尽而全无钢者，皆系地之所产。"中国古代钢铁冶炼技艺比欧洲领先了一千多年，在世界范围内都是首屈一指的。

二、十年磨一剑，不灭赤子心

现代工业的马车风驰电掣，踏平了传统工艺的安乐窝。商人眼中是大产量带来的大利润，传统刀剑锻造技艺被忽视，蒙尘生灰。随着军事现代化结束了冷兵器时代，传统刀剑锻制技艺面临后继无人的境地，百炼花纹钢技艺也面临失传。恰逢此时，铁匠庄村的李住军却凭借着对传统技艺的满腔热爱，经过十余载艰难探索，最终成功掌握了百炼花纹钢的锻制技艺，在挽救这一传统锻造技艺方面作出了巨大的贡献。

李住军，河北行唐县铁匠庄村人，1973 年 8 月出生，是铁匠庄百炼锻造技艺第三十二代传承人，师承父亲李小月，深得打铁技艺的精髓。现查明的传承谱系有：晚清第二十九代李梅子等；民国初期第三十代李虎十等；民国到中华人民共和国成立前后第三十一代李小月等。

在行唐县上碑镇西北方向两公里处，大片玉米地被一条乡间小路分开，顺着这条路走，先穿过下滋洋村，然后就来到一个村民刚过百户的小村庄——铁匠庄村。据传这个小村庄自明朝嘉靖年间就以"铁匠庄"的名字存在，庄内人世代以打铁为生，创造出了灿烂的铁匠文化。铁匠庄村还有一座"铁老君庙"，供奉着打铁祖师老子。李住军的小院就在这个小村庄最不起眼的角落，被菜地和庄稼地包围着。走进门映入眼帘的是一系列打铁工具，几乎占据了整个院子。村角落的三寸之地为他提供了一些便利，能够尽量减少对村民生活的干扰，他说："我只在白天打铁。虽然我们村打铁历史比较久远，乡亲们也都逐渐习惯了，但还是生怕打扰到他们。"就是在这种环境氛围中，李住军炼出了"百炼花纹钢"，中国冷兵器史上的华彩乐章得以重现。

　　1988 年，李住军就跟随祖辈父辈打铁，经常做一些打杂的手头活。从他记事起，爷爷、父亲、大伯和叔叔就在院子里打铁。他的父亲时常感叹："你爷爷锻打出的百炼花纹钢，可真好看呀！"李住军还听父亲说，家里曾藏有一把百炼花纹钢制造的良刀，只可惜在行唐县被日军占领的时候被抢走了。

　　李住军的父亲打了快一辈子的铁，却从来没有打出过百炼花纹钢。为此，他感觉家族血脉像是断了一样，心中深感遗憾。鲜有人记得这项传统技艺，更别说打造出百炼花纹钢了。常有人说，这刀剑上的花纹未经雕刻、未经涂绘，在铁的表面能"打"出花纹，不是在做梦吗？李住军不信邪，偏要让不可思议的事成为现实。

　　他从小看祖父辈在铁砧熔炉旁打铁造剑，父亲常常念叨的百炼花纹钢早已在他幼小的心灵里埋下了种子。技艺与造物之间的神秘关系，令他一生向往。他决意要恢复这项传统技艺，将其继续传承下去，还要让中国铁匠、中国工匠的精神再次于华夏大地熠熠生辉。

　　李柱军能够成功，他的家人功不可没。李住军的执着、坚定和无畏精神深深地打动了家人，获得家人的理解和支持后，他更加笃定自己一定能够恢复百炼花纹钢技艺。

　　父亲对锻打出的百炼花纹钢念念不忘，却一辈子没有尝试过自己锻打。后来，他将从父辈口中听说的、牢记于心的折叠锻打百炼花纹钢的技艺，毫无保留地传授给了儿子。

　　为了探寻这项古老的技艺，李住军辗转于山西省、定州市、曲阳县，打听关于这项传统技艺的下落，却毫无收获。尽管父亲已经尽力帮助，但他还是一知半解，实际操作过程中遇到了诸多难题，让他叫苦不迭。李住军失败了一次又一次，失落了一回又一回，一桶一桶的废铁渣和满地残坯尽显他的几分苦涩。锻制百炼花纹钢，真的没有那么简单。有人说他平地不走爬大坡——自讨苦吃，烧了一批又一批"废铁"，不值得费尽周折地恢复已经失传了的技艺。但是李住军觉得困难与挫折就是一把打向坯料的铁锤，被打掉的是脆弱的铁屑，锻成的将是锋利的钢刀。

李住军并没有因为困难而停滞不前，勤劳的双手也从未停歇。他巧妙地利用现代设备并融入了传统技艺。他说，古代人没有空气锤等现代工具，好工匠一年能够打出两把好刀剑，也是正常的。虽然现代工具的普及使用提高了锻打效率，但是要想恢复这项技艺，还是困难重重的。

凡事有轻重缓急之分，炼钢也有轻重之异。当问到李住军觉得在锻制百炼花纹钢的过程中哪一步最重要时，他沉思片刻说，百炼花纹钢的淬火（也称"蘸火"，即将烧红的铁条在恰当的火候和时间放到水里蘸一下）很关键，也是最容易失败的环节。在这个环节上他有过失败、失落、惆怅、无奈甚至怀疑。紧接着李住军谈到了如何淬火。淬火分为两个步骤：第一步，先在机油中降温；第二步，入凉水急淬。两个步骤的火候和时间，有一处掌握不好，百炼花纹钢就锻制不出来。

淬火之后的铁要呈现亮黄色，就像下午的日头，能旁观却不能直视。如果铁芯发白，变成上午的日头，那就是温度过了——剑一入水，很快就会折断；如果打出来颜色呈现枣红、暗红，那就是温度过低，这样锻制出的剑，又缺乏韧性，受力后回弹无力，只是徒有其表，华而不实。

李住军在摸索的过程中，有时因为手感突现，打出不错的纹路，便会满心欢喜，激动得睡不着觉；有时又功亏一篑，留下满院子的废铁残渣，便会为此辗转反侧、难以入眠。李住军始终在欢喜与失落中交替彷徨着。

苦炼十余载，李住军终于炼成了百炼花纹钢。

一块不起眼的钢板，100 厘米长、30 厘米宽，李住军将它切割成巴掌大小的预备料，每小块钢板的尺寸仅为 10 厘米 ×5 厘米，再根据刀剑长短投放钢料。一把 80 厘米长的汉制长剑，大约需要八块钢板。一块块银白色的钢板叠放在一起，入炉后以 1100 摄氏度左右温度炼制，出炉后在空气锤上砸成长条钢坯。之后再将钢坯剪成小块，仍旧叠放在一起，入炉炼制，再出炉锻打，剪成小块……如此周而复始。最终经过千锤百炼的钢，周身覆满纹路，铸成一把寒光闪露，集坚韧与美丽并存的惊世宝剑。

盯着铁块锻打的时间久了，李住军的眼睛看不清了，耳朵也听不清了。手握钢铁的日子早已不计其数，他张开双手，上面布满厚厚的老茧，与覆满美丽纹路的刀剑形成鲜明的对比。他还打趣地讲到那段时间正好在考驾照，因为指纹的部分都被烧焦了所以都没法录上。那被刀剑割破的上衣，打铁迸溅火花留下的伤痕等都见证了他在锤打中走过的岁月。那岁月停驻在李住军的身上，印刻在李住军的心里。

三、宝剑引风波，府衙生疑云

此时的李住军仍在侃侃而谈，他云淡风轻的话语中不知包含了多少的刚强与韧劲。李住军，这个铁匠身上也有一股钢铁般的直率与豪爽劲，他为人坦诚谦逊，宛若古代武侠之士，让人想到《水浒传》里的武松，武艺高超，急侠好义，刚猛不屈，敢做敢当。比起武松，李住军更多了几分稳重和坚毅。

纵使前路布满荆棘，困难重重，李铁匠靠着满腔热血，笃定必能将其跨过，满载而归。正值艰难的日子又出现了一场风波，2010年警察登上了李住军的家门。到底发生了什么事，让这个谦逊本分的铁匠，陷入了备受猜疑的旋涡？

当年有一位喜欢剑的人买了他的剑以后，因在集市上胡吹神侃、行事张扬被警察发现，之后警察顺藤摸瓜找到了李住军。到了李住军家，警察一眼看到院子中有一些刀样物件，心想家里还能生产刀剑，顿时产生警觉，不断盘问具体情况。由于当时他还没有申请非物质文化遗产，因此李住军费尽口舌才向警察解释清楚。

警察问他做点小铁匠生意不好吗？为什么生产这些容易伤人的刀剑呢？李住军说，他想打出一种现代社会中不曾造出、又兼具硬度与韧性的钢材。用这种钢材，复原中国古代传统的百炼花纹钢刀剑，借此告诉世人，古代诗人笔下的雄健豪迈之风，并非只是文人臆想，而是真实存在的。明明是珍贵的传统技艺，却因籍籍无名而惹人非议，此事是李住军心底不能言说的痛。

后来，李住军听闻可以寻求当地有关传统技艺传承方面的保护，这提醒了李住军，同时也挽救了一项珍贵的传统技艺，之后百炼花纹钢便顺利地申请了非物质文化遗产。看着百炼花纹钢被正名，李住军脸上露出了欣慰的笑容。

四、现代百炼钢，赓续见传奇

即使科技发达的今天，想要锻造出百炼花纹钢刀剑也绝非易事。铸剑前需要做很多准备工作。首先是设计造剑的图样；其次是准备原料，检查空气锤、切割机等工具；最后是反复折叠、锻打、淬火、打磨，如此循环操作一个月，才能得到百炼花纹钢剑。

用现代技艺锻造百炼花纹钢，取材有讲究。首先选用中碳钢和高碳钢，将其有机组合焊接到一块，放在炉中高温炼制，把控炉火及钢材的温度，按比例分布不同钢材，打造成长条，便可以做基本原料了。其次，再对钢条折叠锻打，每次折叠三下，反复锻打。折叠锻打后锋刃会形成很多层，剑的威力从而得到增强，最多可折叠十多次，便能达到千余层。锻打过程中，冷锻热锻交替进行。再次，进行热处理，依次经过淬火、退火、回火三个步骤。最后，还需要打磨和安装装具。每一次叠压锻打，钢材里的杂质和表面氧化层都不断被挤压、脱落，钢的性质也愈加质密和纯粹。钢块发生的变化过程被保留下来，形成通体花纹。

钢材在锻造过程中通过不断折叠锻打，形成层层叠叠的蚕丝纹、流水纹等独一无二的天然纹路，美得令人心醉。身披"纹衣"的百炼刀，锋口暗藏锯齿，其刃锋利无比，削铁如泥。生熟铁与钢的碰撞熔合，是刚与柔的结合。

李住军说，刀剑上的美丽花纹是折叠锻打形成的产物，并非刻意为之，如今很多人收藏百炼花纹钢剑是出于其观赏性，这与古人的初衷大相径庭。古人发明百炼钢，是为了达到材料硬度和韧性的最佳平衡，造出既有威力又耐用的兵器，不会轻易折断或卷刃。因此，既能博人欢喜又能用以征战的好物，怎能不受青睐呢？

百炼花纹钢虽然威力大，形制美，甚至被视作中国顶级兵器的标志，但遗憾的是，它却没有什么出土文物和技艺传承方面的资料，展现出与其名气相当的演进之路。这可能与其费时费力费料、烦琐的技艺有关。曹植《宝刀赋序》记载："建安中，家父魏王，乃命有司造宝刀五枚，三年乃就，以龙、虎、熊、马、雀为识，太子得一，余及余弟饶阳侯各得一焉，其余二枚，家王自仗之。"以曹操挟天子以令诸侯的实力，三年才打造五把百炼花纹钢刀，效率确实堪忧。

现代百炼钢技艺缩短了锻造时长，但这仍是个既费工、又费料的活。李住军说他锻制一把宝剑大概需要一个月时间，普通刀剑花费三五千，精品刀剑则要花费上万元。李住军也讲到，每次折叠锻打钢块都能减少斤两，直至把五斤钢炼成一斤好钢，而后再折叠锻打就斤两不减了。多亏现代钢料材质优于古代才实现了"五斤炼两斤"的跨越式发展，但是忽略古今计量差异，百炼花纹钢锻造依旧费料。

百炼花纹钢是只存在于历史和传说中的技艺，为什么一定要恢复它呢？李住军说他不想让老祖宗的技艺失传，还想继续将这门技艺发扬光大。

刀光剑影的时代早已远去，随之而来的是高科技的迅猛发展。为什么还要锻制刀剑呢？李住军深情地说："它是一种传统符号，是老祖宗的根脉，值得我们传承，收藏和纪念。"

登门求剑的人，拜师学艺的人，闻名造访的人……络绎不绝，纷至沓来。李住军家里四处摆着剑匣，有的早已空空如也。询问才知道剑打出来还没放几天就被朋友或客户抢购了。

李住军苦心孤诣锻制刀剑，他原以为人们买刀剑只是为了祈福、镇宅，后来接触到各式各样的客户之后，他才明白和自己打了一辈子交道的钢铁，竟然蕴藏着如此丰富的文化内涵。传承百炼花纹钢锻造技艺，既是古老兵器的重现，也是历史与文化的赓续，人们得以从中窥见历史的厚重与辉煌。

话说荆《荆轲刺秦王》中记载："秦王惊，自引而起，绝袖。拔剑，剑长，操其室。"秦王不能拔剑，为何？人说秦剑长，历史上的秦剑，到底有多长？东汉末年长剑退出战场，环首刀兴起，逐渐成为继佩剑之后，文武百官的又一次尚武尊崇，这基于怎样的技艺变革和社会需要？人说李白斗酒诗百篇，潇洒一生酒中仙。他还敢写下"愿将腰下剑，直为斩楼兰"的不羁诗句，"仗剑走天涯"究竟是他的浪漫想象，还是豪迈人生？

从钢铸成剑，要经历复杂的过程；匠人成为艺匠也是如此。李住军打的是钢，造的是剑，练的是手和眼，沉淀的是心，升华的是匠人精神。一部厚重的刀剑文化史，慢慢被他炼入骨髓，而他手下锻造的兵器，也越来越散发着传统技艺之光。与百炼钢结缘，李住军人生也充满了奇幻的色彩，也许有一天，他所经历的故事，也会成为历史中的传奇。

他曾与上门求剑的客户畅谈交流关于传统兵器和技艺传承的知识；感受手工爱好者亲自动手打磨刀柄、装配刀鞘的热忱之情；体会冷兵器迷带着图样寻找马槊、虎头钩、畅谈历史的豁达之情。这些交流打开了李住军的眼界。

曾有一位客户闻名而来，他抡起三十多斤的方天画戟向李住军展示了颇见功底的武艺，原来，这是一位武学世家的后人。在李住军接触打铁的年纪，这位武者接触到中国武术，并经历了完整严格的师徒传承学习，如今在石家庄长安公园里教太极拳。

战火纷飞千载事，刀光剑影五洲行。在众多的冷兵器中，剑备受习武人士的喜爱，它锋芒毕露，寒气内敛，是冷兵器发展史中的骄傲，更是弥留在天地间的一道亮光。这位武者学习武术近六十年，却一直苦恼于没有一把好剑。他熟悉铁艺，习武多年，一把刀剑好坏，弹指即可判断。为了找到一把好剑，自己曾经一路骑行寻访，转遍了河北有名的刀剑出产地，却屡屡落空。

机缘巧合之下，一位随他学拳的徒弟听说了李住军，陪他到铁匠庄村探访。就这样武术高手与良工巧匠相见，夙愿终于可以实现。这位徒弟就曾花费不菲价格，买过好几把剑。但是剑的重心和用料总华而不实，徒增一些稀奇古怪的装饰。他说，这样的"奢侈品"对追求武学的人而言，毫无意义。还好他们找到了李住军，终于能够随心打造一把属于自己的武器。守艺之道，惟在求真。锻剑和习武，坚守者的追求如此相似。

传统工艺剑锻制技艺，这是李住军每天都要干的铁匠活，从 2016 年开始，百炼花纹钢锻制技艺先后成为行唐县、石家庄市以及河北省级别的非物质文化遗产项目，得到政府支持保护。

铁匠庄村现在大概还有六户仍在坚持传承打铁技艺，当问到李住军：如果你的孩子不想继承你挖掘和恢复起来的传统技艺，该怎么办？李住军自信地说道："我当然也想让儿子继续传承，同时我也尊重孩子的想法和选择。不过我觉得，这技艺既然能留住，就断不了。"李住军的儿子虽然是一名普通上班族，但父子两人常坐在院子里，探讨有关唐代陌刀的历史，儿子如数家珍，了然于怀。以前打造不熟悉的传统兵器，李住军还需要找县里的老师画图；现在，许多刀样的设计和精绘工作，都由学设计的儿子一手承包。

而今学习传统工艺剑锻制技艺的年轻人少之又少，锻造百炼花纹钢这项技艺是否会再次断绝？李住军有理有据地反驳道："其实并不少呀，前不久就有北京一所学校带七名学生前来学习锻制技艺，在这里学习了一周。"本以为打铁这种活只有男孩才能做，可李住军拿出的照片将这种思维定式打破，真是巾帼不让须眉啊！他指着一段女孩打铁的视频，说道："来了七名学生，其中五名是女孩，你看她们打得有模有样的，多好！"

以前，在被庄稼地包围的小院里，只有李住军自己一个人挥汗如雨，一个人反复锤炼，一个人默默传承这项传统技艺，一个人在孤寂中保护一颗炽热的心；现在，一群人在他的小院里忙碌，一派热火朝天的景象。李住军乐呵呵地说："你看，我做的事还是有意义的。"

慕名而来、登门求购的人纷至沓来，前来参观、拜师学艺的人也络绎不绝。李住军的刀剑已成为展览装饰、收藏馈赠的佳品，成了行唐乃至河北省一张独特的文化名片。李住军深谙铸剑之道，用心传承工匠精神。提到未来规划，李住军说自己相信艺无止境。相信不久的将来，也会有更多来自河北科技大学的学子想要了解这门技艺，传播家乡文化。随着加入这个行列的人越来越多，相信百炼花纹钢锻制技艺的传承定会流传千古，闻名于世。

第十三章　一人系，二鬼戏
——满族"二贵摔跤"口述史

【走近满族"二贵摔跤"】

周有天子乃命将帅讲武，习射御角力；秦汉有蚩尤氏耳鬓如剑戟，头有角，与轩辕斗，以角抵人，人不能向；而今冀州有乐名蚩尤戏，其民两两三三，头戴牛角相抵。摔跤技艺逐渐从战场上的竞技，演化为走入寻常百姓家的民间娱乐，从角力到角戏，从战场到戏场，从战火纷飞到歌舞升平，见证了中华上下五千年文明的王朝更替，荣辱兴衰。今天在隆化县，有这样一种艺术，它仍延续着传统文化的脉搏，汲取着现代文明的智慧，将体育和艺术表演相结合，并历经长久的文化积淀，它就是被誉为塞上艺术奇葩的国家级非物质文化遗产——隆化满族"二贵摔跤"。

"一人系，二鬼戏。"只需一个表演者系上两个连在一起的人偶进行表演，再通过模仿摔跤的步法，便可见两个人偶进行摔跤戏耍的表演。一进一退，一翻一转，手足并用，在腾挪翻滚间，摔跤竞技的激烈就被演绎得活灵活现。

"二贵摔跤"项目所在的隆化县，地处河北省北部燕山东段，毗邻多个少数民族自治区。这里的少数民族历史悠久，据史料记载和已出土的文物表明，早在三千多年前，这里就是少数民族聚居的地方。到了清朝初期，满、蒙古、汉三大民族已成为隆化县的主体民族，^①而摔跤运动在满族又有着悠久的历史，也是满族人民最为喜爱的体育运动之一。后来满族人民将传统的摔跤运动和舞蹈表演融合，逐渐演变为"二贵摔跤"。

2021年4月30日，河北科技大学外国语学院的梁子硕同学前往承德市隆化县，对国家级非遗"二贵摔跤"代表性传承人王大中进行了专访，从而领略了这一古老技艺的传承与创新。

王大中，满族人，1953年出生，从事文化工作四十三年，从事满族"二贵摔跤"挖掘、整理、表演、传承三十余年，曾历任隆化县文化馆副馆长，隆化县博物馆馆长，隆化县民族民间艺术培训中心主任，河北省舞蹈家协会会员，承德满族经济文化发展促进会理事，是国家非物质文化遗产满族"二贵摔跤"省级传承人。2006年6月，"二贵摔跤"入选河北省政府公布的首批省级非物质文化遗产代表作名录。2008年6月14日入选国家级非物质文化遗产名录。

一、"二贵摔跤"的前世今生

关于"二贵摔跤"有这样一个传说：三百多年前，在康熙十五六岁时，辅政大臣鳌拜把持议政王大臣会议和六部实权，任意横行、欺君擅权，对康熙的皇权构成了严重威胁，于是康熙决意铲除鳌拜。此时鳌拜党羽已经遍布朝廷内外，行动稍有不慎，必将打草惊蛇，酿成大祸。康熙决定不露声色，挑选一批身强力壮的亲贵子弟，在宫内整日以练习布库为乐。鳌拜见了，以为是皇帝年少，沉迷嬉乐，不仅不以为意，反而心中暗自高兴。待时机成熟，

① 谷井林，靳国旺，王国喜.隆化县少数民族历史与现状［J］.满族研究，1993（2）：4.

康熙便召鳌拜入宫觐见，趁其不备，康熙一声令下，少年勇士们一拥而上，将其摔倒在地，擒住鳌拜。后来，民间为歌颂康熙皇帝的圣明，将其衍化为"二贵摔跤"的表演形式。

此外，还流传着另外一种说法：皇帝在去木兰围场途中，要经过隆化县的六处行宫驻地，每到一处都要举行骑马、摔跤、射箭等传统娱乐活动，这些娱乐活动被称为"燕塞四式"。于是当地民众就把其中最传统、典型的摔跤演变为一个人背负着两个道具人的假摔跤艺术表演形式。

二、从"二鬼"到"二贵"

"二贵"就是指两个道具人，是两个贵族子弟在摔跤。过去的民间花会都是民间自己创作的，把摔跤表演放在花会上会更受欢迎，由于两个道具人的脸被画得很丑，因此在过去也被称作"二鬼摔跤"。随着社会发展，民众的文明审美观念不断改变，道具人的脸也越来越俊俏，这两个道具人都是满族的贵族形象，所以叫作"二贵"。

时间追溯到 20 世纪 60 年代，在隆化县的一次集会上，许多看客们正围着一处表演大声喝彩，往里一看，只见两个人偶正打得难舍难分，忽地两个人偶抓着对方的臂膀翻转了起来，衣角翻飞，好不精彩，此时的两个人偶也借势摔倒在地，继续缠斗，路人的喝彩一声高过一声，突然看见一小伙站起身来，大伙才恍然大悟，原来是一个人操纵的两个人偶，霎时间掌声雷动，纷纷吆喝着要小伙再来一场表演。而此时人群中的王大中却被催促着回家，但沉浸在表演中的他，意犹未尽，仍停留在此看了下一场表演。这次经历在王大中心里埋下了学习"二贵摔跤"的火种，从少年到弱冠之年，这一念头从未改变。他深感研究这一独特的文化形式对传承和弘扬我国民族文化具有十分重要的意义。

三、生命不息，传承不止

20 世纪 80 年代初期，王大中到文化馆工作，任务就是搜集整理隆化县的民间舞蹈艺术形式，用文字记录动作，再用图画描绘出来，最后编辑成册。当时，很多老艺人相继去世，许多民间艺术面临失传的风险，为了能够抢救性地整理这些传统艺术，王大中与时间赛跑，做了许多抢救性记录工作。特别是对隆化县最具地方特色的"二贵摔跤"，他更是倾注了大量的心血，进行了不计其数的采访、学习、记录，进而全面继承了"二贵摔跤"这一民间文化瑰宝。

要做好"二贵摔跤"的记录整理工作，不仅要将动作用文字写下来，还要向民间艺人学习，从一个动作、一个节拍开始学起，如何运用道具，如何能够跟上音乐伴奏，全部都要掌握。1985 年，王大中参加河北省音乐之春闭幕式，以"二贵摔跤"为素材，创编了一段舞蹈，把"二贵摔跤"从民间花会搬到舞台上，获得了广泛好评，并在承德市获奖。之后他学习创新"二贵摔跤"的积极性更加高涨了。

1986 年，王大中参加了全国第三届少数民族传统体育运动会，"二贵摔跤"一举成名，在全国家喻户晓，自此各种比赛、演出邀请纷至沓来，这标志着"二贵摔跤"已由一个简单的民间花会节目演变成为一个响当当的民族文化品牌。直到 2008 年，二十二年里王大中坚持表演"二贵摔跤"，突破千余场次。这期间他付出了大量的心血，对"二贵摔跤"进行再挖掘、整理、创新、发展。回顾往昔，王大中感慨万千，"二贵摔跤"就如同他的孩子一般，亲眼见证了它的一步步发展，知道的人也越来越多，想到这些他的心中总能升腾起莫名的振奋与激动，如今"二贵摔跤"已经成为王大中生命中不可分割的一部分。

作为传承人，王大中始终肩负着传承、发扬"二贵摔跤"的责任。退休之后他仍然想再为"二贵摔跤"表演做些什么，让更多的人去了解它、喜爱它。王大中言传身教，在他的影响下，其外孙从小就表现出了对"二贵摔跤"的兴趣，每当他外出锻炼，总会带上外孙，在广场上教授其"二贵摔跤"的基本功：抢、转、滚、扫、磕、举、绊，一招一式、一丝不苟、精益求精。在王大中的严格训练下，其外孙的技艺日益精进，在河北省非物质文化遗产调研展演活动中，将"二贵摔跤"演得出神入化，受到观众一致好评。

"宝剑锋自磨砺出，梅花香自苦寒来。"王大中精湛的"二贵摔跤"技艺，是与他平时艰苦训练分不开的，加之"二贵摔跤"是一项剧烈的运动项目，一人一套表演道具，不能中途歇息，一场下来十分耗费体力。随着王大中年纪越来越大，他的家人十分担心其身体会吃不消，但王大中却始终坚持日常训练和外出表演，他常对人讲：表演"二贵摔跤"就如同战士上战场，背上"二贵摔跤"的道具就像战士拿起武器，拼死也要坚持演下来，不能随便放弃，这是一种精神，也是一种责任，称之为"二贵摔跤精神"。

近年来，"二贵摔跤"不断被发扬光大，通过比赛、文化表演、纪录片等多种形式走出国门。中央新闻电影制片厂拍摄的"二贵摔跤"专题纪录片，已在国际频道面向世界播出，王大中的徒弟们也曾前往美国、韩国等多个国家和地区演出，使这项充满民族特色的民间艺术享誉海外。"二贵摔跤"让外国人更多地了解了中国，更深地爱上了中华文化，王大中的心愿已了。

四、手足并，乾坤定

"一人顶两人，难解又难分。自己摔自己，底下定乾坤。""二贵摔跤"就是将技巧、动作有机地结合在一起，比如说，抢看起来就像两个人抱在一起，其实就是应用了戏曲中扫腿的动作，要抬起一条腿和一条胳膊，腿和胳膊抬起摆动好似两个人在互相较量。表演者背负道具蹲在地上，两条胳膊配合两条腿摆动做互摔的动作，并手挂薄靴扮作另一个人的两条腿，这样在观众看来就像是两个人在表演。"二贵摔跤"主要通过腿弓步，颤抖以表现力量，而胳膊扮演的虚拟的腿一般在道具中不易被观众发现，轮转，滚扫，磕绊，推拉等动作都是实际的技巧。

"二贵摔跤"是一项道具舞蹈，道具矮小，表演者两手倒穿薄底布靴直接挂地是"二贵摔跤"的原始特色。原始道具的头是用纸糊的，身子是用木架做的，比较矮小，高度不超过六十厘米，既沉重又粗糙，后来传承人在制作材料等方面做出了许多改革，如今的道具总体轻便了很多，只剩下十几斤，是两个扎着辫子身着鲜艳满族服饰的满族人形象，形象逼真，表情丰富。

"二贵摔跤"的表演不受语言限制，无论国内还是国外，抑或哪个民族，一看就能明白。同时，参加"二贵摔跤"的表演者上至六七十岁的老人，下至十几岁的少年，不受年龄限制，项目受众却十分广泛，具有强大的群众基础。

另外，"二贵摔跤"的感染性很强，又十分滑稽，动作神秘，在翻滚腾挪间，摔跤的激烈性被活灵活现地演绎出来，在鼓乐的烘托下，更是热闹喜庆，无论看多少遍都十分喜欢。看着道具来回"较量"，让观众仿佛可以听到表演者的内心独白，既有摔跤的特点，又有虚拟表演的艺术性。将带有节奏性的动作放在集体表演中，带有技巧性的动作放在个人表演中，集体表演和个人技巧有机结合，烘托起整个场面，令观众回味无穷。

五、台上一分钟，台下十年功

"二贵摔跤"的表演看似简单却极有内涵，动作灵活敏捷，表演形象逼真，有独具一格的艺术魅力和舞台效果。从初学者到经验丰富的高手，需要的是坚持不断的努力和持之以恒的耐心。俗话说："台上一分钟，台下十年功。"为了向观众呈现出一场精彩的表演，他们不知要流下多少汗水。

　　首先，学员要有良好的身体素质，肢体灵活具有爆发力。"二贵摔跤"是一项纯体力的活动，表演虽然只有三到五分钟，但非常耗费体力，一场下来演员们都是上气不接下气，若身体素质差，是撑不住一场表演的。其实这样设置一场三到五分钟的表演，也不只是出于体力因素，还考虑到了观看的效果，当观众看得正起劲时，表演戛然而止，给人以意犹未尽的感觉，吸引观众继续看下一场表演。

　　其次，表演者身高不能太高也不能太矮，因为道具是统一制定的，一般来说要求成年学员的身高在 1.65 ～ 1.75 米之间，身高过高或过矮在表演时可能会有所不便。

　　最后，要求学员们平时要坚持练习基本功，比如压腿、蹲起等，最主要的就是练习腿部力量和臂部力量，这样在表演时才会更有力量、爆发力更强，才可以完整地呈现出一场精彩的表演。王大中训练学员时会让他们先跑五公里，然后做俯卧撑、蹲起等高强度的训练。这些训练虽然很辛苦，但是只有在平时多进行这样的体能训练，表演时才会更加得心应手，呈现更好的效果。训练时为了增加表演的真实性和动作灵活性，有时候也需要将腿真实地摔在地上，这可能会把腿磕青或磕破。还有就是训练强度大，在练习初期会感到胳膊疼腿疼，这些都算是正常现象，在习惯一段时间后就不会再出现这种情况。

　　在讲述中，王大中分享了他印象最深刻的一次表演。那是在新疆第三届全国少数民族传统体育运动会的开幕式上，他第一次背上道具参加全国少数民族传统体育运动会，表演前没有向任何人透露表演的内容。当时他在河北省队伍的最后，直到走到主席台前时才开始施展表演动作，会场的氛围便一下子沸腾起来，所有人的目光都集中在这场从未见过的表演上，最后亮相时观众才发现表演的竟只有一个人，他们非常热情地呼喊着再表演一场。在半圈的跑道里王大中摔了七次，最后演完下场躺在地上休息时，他的气管都是干的，但是心里十分激动，最后"二贵摔跤"在新疆名声大噪。

"我认为我摔过的最精彩的一场就是在那次主席台前的表演。"王大中讲到这里时十分激动。也是从那次之后新华社等许多媒体开始对"二贵摔跤"进行报道宣传，他也多次受邀前往新疆、云南、广西、上海、宁夏等许多地区演出，"二贵摔跤"表演受到各地民众的一致欢迎与好评。

六、传承"二贵摔跤"——留住我们的精神风貌

最直观地看，作为传统艺术，"二贵摔跤"有着很大的文化艺术价值。作为一种民间舞蹈，"二贵摔跤"技艺高超，有着独具一格的魅力，十分受欢迎，是一种艺术精品。"二贵摔跤"可以算作河北省的一张文化名片，提高了我们河北省承德市隆化县的知名度。另外，"二贵摔跤"是国家级非物质文化遗产，也是满族传统文化的代表，它展现了满族人民的精神风貌，承载着深厚的民族情感。"二贵摔跤"走向各地可以弘扬这种文化，促进各地区各民族之间的交流，保护传承好这项非物质文化遗产可以促进民族团结，增强自豪感和凝聚力。

"二贵摔跤"还具有一定的教育价值。为推进非物质文化遗产的传承与发展，增强全民对非物质文化遗产保护传承意识，近年来，隆化县积极开展"非遗进校园"活动，将国家级非物质文化遗产"二贵摔跤"等特色非遗项目引入隆化县第一小学、隆化县职教中心、河北民族师范学院等学校课堂，定期邀请非遗传承人走进校园，进行传统文化授课和培训，使学生亲身感受非物质文化遗产的无穷魅力和特有的文化价值，并在潜移默化中增强学生传承保护非遗的意识，使传统文化能够薪火相传。等到学生毕业走向各地，"二贵摔跤"也随之在各地生根开花。

七、"丹心未泯创新愿"——锲而不舍的老顽童

如今"二贵摔跤"已经成为国家级非物质文化遗产，成为隆化县的文化名片。作为传承人，王大中的大部分时间和精力都用在"二贵摔跤"的学习、表演和传承上，这已成为他生命中不可或缺的一部分，并创造出了一种真正意义的精神生活——深厚的民族情感。王大中是满族人，"二贵摔跤"又是满族的传统艺术，通过表演"二贵摔跤"让他有机会参加了许多活动，到过许多地方，不仅开阔了眼界，也丰富了人生阅历，尤其是能成为"二贵摔跤"省级传承人，使他感到无比自豪。王大中常常感慨，从一名普通的群众文化辅导员，到如今成为远近闻名的"二贵摔跤"传承人，是"二贵摔跤"成就了自己，自己的生命已与"二贵摔跤"融为一体。王大中认为作为"二贵摔跤"的传承人，传承并发展"二贵摔跤"是他的责任与使命，哪怕现在已经不能继续背上道具去表演了，但他还可以用其他方式做好传承工作，坚持把"二贵摔跤"一代代传承下去，为非遗的保护传承贡献出自己力量。最让王大中感到欣慰的是，如今在隆化县已经有七个"二贵摔跤"的非遗项目培训基地，有二十余支表演队伍，逢年过节，隆化县的各个乡镇都能看到"二贵摔跤"的表演。不可否认，"二贵摔跤"的传承与发展离不开我们每个人的努力，需要我们携手为它撑起一片发展的蓝天。

在早先时候，"二贵摔跤"的老一辈艺人认为，"二贵摔跤"是隆化县特产，不愿将其传授外人，随着老艺人们的相继离世，会表演"二贵摔跤"的人越来越少，想学技艺的年轻人也越来越少，这使得"二贵摔跤"一度遭遇传承困境。王大中退休以后，摒弃了这一老传统，努力将"二贵摔跤"向外推广，无论是哪里人，只要愿意学习技艺，他都不会拒绝，倾囊相授。随着"二贵摔跤"的名气越来越大，全国各地也出现了许多类似"二贵摔跤"的表演形式，这非常有利于宣传发扬"二贵摔跤"。现在，作为国家级非物质文化

遗产，政府非常支持对"二贵摔跤"的保护，很多学校也将"二贵摔跤"引进校园，想学技艺的人越来越多，逐渐走出了后继无人的窘境，避免了技艺失传的风险。

但现在"二贵摔跤"还面临着一个严峻问题，就是经费短缺。因为"二贵摔跤"属于非营利性表演，即所有表演者都是自愿参与的，属于义务演出，没有任何的收入，无法让表演者将演出"二贵摔跤"当作正经职业。可培训学员、制作道具、外出表演等都需要经费支持。后来王大中找到隆化县非物质文化遗产保护中心，申请资金支持。此问题受到隆化县非物质文化遗产保护中心高度重视，立即向上级打报告申请经费，作为推广宣传"二鬼摔跤"的专项资金。隆化县政府还在县里的第一小学和职教中心成立了培训基地，多次组织开展培训活动，这些工作无疑对"二贵摔跤"的传承保护起到了很好的保障作用。

解决了资金问题，王大中便开始思考关于"二贵摔跤"的改革与创新。曾经有人向他提出过非遗继承要保持原汁原味，不可随便创新。但经过长时间的深思熟虑，王大中认为，坚持非遗传承的原汁原味并非与过去一模一样，也不是把几十年前的"二贵摔跤"继承下来不作任何改变，一味守旧不与时俱进，会使得艺术的生命力弱化，表演层次受限，永远无法向前发展。原汁原味的"二贵摔跤"最大的特点就是道具矮小、双手倒穿一双薄底布靴直接拄地、双腿全蹲三点，这些是必须要保持的。但道具的造型可以创新，单调的动作可以丰富，"二贵摔跤"更贴近人们现在的生活。

有了明确的创新方向，王大中立马着手对"二贵摔跤"的道具材料和动作以及伴奏音乐进行改革创新，经过反复尝试，改良后的道具很轻便，行动起来灵活省力；在动作上面加入了一些新元素，使得观赏性更强；音乐方面更有节奏感，渲染得更加激昂有力，能使动作协调划一。改革后的"二贵摔跤"非但没有失去它的特色反而使得它更加美观，实用耐看，此项表演也登上了许许多多的舞台。其实不只是"二贵摔跤"在改革创新，凡是有生命力的艺术都需要经过持续改进，以满足观众对美好生活的需要以及不断提高的审美能力。因此不管是什么非遗，在保留原汁原味的基础上都要有所创新，这样艺术的生命力才会经久不衰。

关于如何延续"二贵摔跤"的生命力，王大中还有一些自己的想法。一是要扩大推广范围，无论是哪里的人，只要想学习技艺，都要毫无保留地传授，这是传承人的职责，要打破"二贵摔跤"发展的地域局限。二是要海纳百川，促进交流学习，成立"二贵摔跤"研究会。在其他许多地区也有类似隆化县满族"二贵摔跤"的表演形式，各有各的特色和风格，都有其可借鉴之处，可以在研究会上互相交流，取长补短，共同进步。三是要借助互联网进行推广宣传。现在网络十分发达，借助网络媒体扩大宣传范围，可以让更多的人对"二贵摔跤"产生兴趣。王大中曾经在河北民族师范学院开过网课，效果很好，如果能借助更多互联网媒体增加一些类似的宣传授课，争取登上更大的舞台，比如像央视的纪录片或者文娱节目，"二贵摔跤"就能传播到更多地方去，让更多人喜欢上"二贵摔跤"。四是要继续开展非遗进校园活动，加强非遗教育，只有让学生自觉地对非遗产生兴趣，才有可能去传承和发扬。五是希望可以多一些经费支持，"二贵摔跤"如今最大的困难还是在于经费上，如果能多一些经费用于制作道具和训练，那么就更有利于向外推广。六是希望可以成立"二贵摔跤"队伍，与旅游经济结合起来，这样各地的游客都能观看到"二贵摔跤"表演，从而扩大知名度，进而还可以带领"二贵摔跤"队伍出国演出，在世界各地进行巡演，向世界人民展示中国传统文化的魅力。

2018年1月13日19:30，隆化县文化馆和职教中心的姑娘小伙们共同表演的《欢乐满乡》，在央视《我要上春晚》综艺节目中亮相。这个节目在保留传统风格的基础上，其表演形式、舞蹈编排、服装道具、绝活动作等都进行了大胆创新，参演人数也由传统的单人表演，变为多人群体表演，场地也从舞台换到广场，获得了现场嘉宾老师的一致称赞："太神奇了，一个人活灵活现地表演两个满族武士摔跤的场面，真是不可思议！"王大中回忆起这次演出，激动之情溢于言表，这群孩子们非常棒，让全国各地的观众朋友们了解到了注入新鲜生命力的非遗项目"二贵摔跤"。

"问渠那得清如许，为有源头活水来。"为了让"二贵摔跤"这项古老的技艺继续传承下去，还需要不断创新。近年来，"二贵摔跤"的技术动作，表演形式都有所发展进步，表现力更加丰富，渲染力更强，演出更加科学并具观赏性。但传承路上仍有许多阻力，如何继续将它发扬光大依然值得我们深思。

八、科大外院与"二贵摔跤"

河北科技大学外国语学院（简称科大外院）于 2007 年暑期，以社会实践为着力点，深入河北省承德市隆化县学习"二贵摔跤"表演技艺。当时带队的老师们和同学们冒着酷暑，住在当地学校简陋的教室里，从一招一式、一点一滴开始练起。功夫不负有心人，经过一个暑期的刻苦训练，科大外院学生终于成功将"二贵摔跤"带进校园，又经过十五年的薪火传承，科大外院的"二贵摔跤"成了学校非遗项目的靓丽名片，凡有重大文化类活动，如一年一度的迎新晚会、樱花节、非遗展演等，都能见到科大外院的"二贵摔跤"的身影。且通过练习"二贵摔跤"，参与的同学们都收获颇丰，既锻炼出了强健的体魄，又磨炼出了坚毅的品质，无论身处何处，都积累成了一笔宝贵的精神财富。今后，科大外院学生会将"二贵摔跤"技艺一届又一届地传承下去，让更多科大外院学生了解这项非物质文化遗产，携手为它撑起一片更广阔的蓝天。

第十四章　吉星高照，燕赵古风
——正定高照口述史

【走近正定高照】

敲锣打鼓、人声鼎沸，一场非遗大展演正在正定南门热热闹闹地进行。为了重现古城昔日的热闹场景，有关部门便组织了这次非遗展演活动，以庆祝新年的到来。不用穿过拥挤的人群，施子怡同学便听到了澎湃激昂的战鼓声。但比起敲鼓，这个姑娘更喜欢观看刺激精彩的高照表演。说时迟那时快，只见耍高照的师傅们把高照竿轻轻地往上一扔，那高照竿便稳稳地落在了高照师傅们的脑门上，发出一声闷响。锣鼓伴奏，彩旗助阵，高照师傅们依次表演了托塔、盘肘、二踢脚、双武花、单武花、旱地拔葱、孙猴背剑、二郎担山等精彩绝伦的高难度动作。在为高照师傅们的安全担忧的同时，施子怡同学也被其高超的技巧所震撼，令她不禁发出疑问，练就这一身好本领到底需要多少年？

2021 年 5 月 19 日，施子怡代表河北科技大学外国语学院，来到了正定高照的发源地——石家庄市正定县新城铺，采访正定高照的传承人郭建兵。郭建兵，1976 年出生于河北省石家庄市正定县新城铺，是国家级非遗项目正定高照代表性传承人。三十多年来郭建兵认真练习耍高照的每招每式，复刻出老虎大掰牙、断梁等多种高难度动作，使正定高照这一非物质文化遗产再一次走进了观众视线。郭建兵于 1992 年正月率队参加北京"龙潭杯"民间艺术表演赛，获优秀表演奖；同年正月十五获得县级民间艺术节表演特等奖；2008 年 4 月，高照被列为国家级非物质文化遗产名录，郭建兵被命名为省级非物质文化遗产的传承人。2008 年 9 月，郭建兵参加了北京房山区中幡文化艺术节，同年 10 月参加了河北省非物质文化遗产展演。2010 年他又参加了古城正定高峰论坛的开幕式表演。迄今为止，高照已经有了三十余人的队伍，使正定高照重新回到大众视野。

正定高照是河北省正定县民间杂技，属于正定县的民间花会艺术。正定县新城铺在春秋时期是鲜虞国国都，也就是现在的石家庄机场所在地。新城铺最开始叫新市，在唐朝时叫府城驿，后来因为离正定县城四十里，所以又被叫作四十里铺。清乾隆十九年（1754）把这三个名字各取一个字，就得到"新城铺"这个名字。新城铺当地人盛行耍高照，高照是正定现存的两个国家级非物质文化遗产之一。逢年过节，农闲时节，耍高照的艺人要把高两层楼甚至三层楼的竹竿拿出来耍一耍，让乡亲们一饱眼福。竹竿最上面罩着古代皇帝出行用的遮阳伞，一般是三层的，也有五层的。遮阳伞上面是金鸡的尾翎，现在也有用一面小旗代替的。遮阳伞下面是一面长长的、带有龙凤呈祥图样的、金灿灿的长方形旗帜，现在也有在窄长的旗帜上面绣字的，如"常山第一幡"。综上可知，高照明显是皇族旗帜，威风凛凛，高不可攀。高照的竹竿上挂的旗帜是金黄色，在古代这可是只有皇家才能使用的颜色，普通老百姓使用这种颜色，可能会有性命之忧。它和正定县隆兴寺里的黄色琉璃瓦一样，彰显皇族的尊贵。

一、概说高照

曾有文章写道："新城铺的颜氏子孙不拜关公，因为关公斩杀了他们的祖先颜良。"据新城铺一带老一辈人说，有个传说：三国时期，刘备差遣颜良为关公送信，信中内容大概是希望关公回来。颜良把刘备的亲笔信放在脑袋里，关公误斩颜良的首级后，在脑袋中发现了这封信。当然，这在《三国演义》中没有记载，但是后面关公的过五关，斩六将，誓死追随刘备的举动就不难理解了。现在，新城铺的颜氏家族中如有长辈去世时，都会给逝者子孙头上戴一个球，并且球没有垂下来，表示关公把自己的祖先颜良的头斩了。但也有极个别颜氏后代是拜关公的，毕竟时间过去太久了，心里早已释怀。

在中国农村地区，家中有老人去世出殡时，有长子或死者最亲近的人打幡送葬的习俗。这里提到的"幡"，就很像高照的那个幡。高照上有皇帝用的战旗，有皇帝出行用的遮阳伞，都是至尊的代表，因此民间对其情有独钟，并在重要的丧葬礼仪中举行这一仪式，但丧葬仪式中的幡要小得多、矮得多。

耍高照深受新城铺人喜爱并流传至今。在新城铺的中心广场南面有一个俗称为"门楼诊所"的地方，这就是高照传承人郭建兵的诊所。诊所前有一小块耍高照的场地，在新城铺中心广场的东南角。场地里面有两个大型不锈钢焊成的似三脚架结构的练习器材，每个至少有两层楼那么高，需要在一个不锈钢焊的大圆圈里面练习耍高照的手法。手上有劲才能举起高照，高照相当于一个两三岁孩子的体重，还要把着竹竿在手里旋转，旋转的同时高照又不能倒。万一竹竿倒了，有一个焊得严严实实的不锈钢圈围着，也不会砸到别人。

如果运气好，碰着逛庙会或举行重大庆典时，就能欣赏到高照师傅们精彩绝伦的表演。高照又名中幡，据《正定县志》有关高照的最早记载可追溯到唐宋年间。如今在正定地区流传的高照表演起源于民国以前，代代传承已有百余年历史，到郭建兵这一辈是第六代，他儿子那一辈是第七代。从国家开始重视非物质文化遗产，人们才追溯起高照的历史。高照上的旗子是古代行军打仗时的战旗，旗手们会在闲暇时摆弄旗杆。以前的旗杆都是大竹竿或者是长的大棍子，底下飘着帐，战旗上会写着某某战队。军队行军时途经正定，老百姓看到旗手们耍高照耍得很精彩，就一起商量着把旗手们耍高照的动作记录下来。到了和平年代，老百姓又把这个旗加工了，就有了后来的正定高照。为什么叫高照呢？这是因为高照代表着吉祥喜庆，每逢传统节日、喜庆、农闲之时，用来表达农民在太平年间庆祝丰收纳福的喜悦之情，有吉星高照之意。结合当地的风俗习惯，在高照顶部加了十根雉鸡翎，代表十全十美；高照下面是五彭丹，也寓意着五谷丰登、龙凤朝阳。耍高照一般由几个汉子轮流表演类似杂技的各种动作，招式灵活多变，紧张又博人眼球。主要套路动作有托塔、盘肘、二踢脚、双武花、单武花、旱地拔葱、孙猴背剑、二郎担山、老虎大撅尾、跨篮等。表演时，有鼓、乐、锣伴奏，还有彩旗、竹幡助威。

二、练好高照，从一个朴实的梦想开始

高照传承人郭建兵从八九岁就开始学习耍高照了。那时候看村里的老艺人们（指高照老一辈传承人）耍高照，郭建兵就特别喜欢，于是便跟着老艺人们学习耍高照。他喜欢耍高照还因为想改善伙食。那时候农村的经济条件普遍较差，当逢年过节或者哪里有庙会时，去演出都会有人负责伙食，能吃好吃饱。因为当时是20世纪七八十年代，百姓家里穷，有时甚至连玉米面粥和饼子都吃不上。郭建兵家中弟兄五个，全都靠着其父母在生产队里工作挣工分，以维持家庭生计挣的工分多，年底才有分红，才能分粮食。张嘴吃饭的多，干活的少，在生产队辛苦工作一年，不要说分红分东西了，还要还生产队的钱，于是郭建兵家就成了缺粮户。那时候每年过节郭建兵就会跟着老

艺人们去地方表演，负责人会准备一锅大杂炖，里面有肉有菜，对于那时的郭建兵来说就是山珍海味了，不像现在的孩子，不愁吃不愁穿。据郭建兵讲，那时候家里一天三顿都保障不了，心里想着要是能跟着老艺人们学习耍高照，就能吃饱穿暖了。

过年过节的时候，敲锣打鼓非常热闹。那时候没有什么宣传媒介，宣传高照主要通过大家聚在一起口头传播。郭建兵十分喜爱运动，也喜欢跟着老艺人们耍高照。这些老艺人们看着郭建兵很有天赋，也愿意多带他。学习耍高照很辛苦，还需要练臂力，练倒立。和其他花会表演不同，耍高照的练习需要持之以恒，隔三差五就得练功，算得上冬练三九，夏练三伏。为了能吃饱穿暖这个朴实无华的梦想，郭建兵一直坚持到了现在。如今郭建兵家里的经济条件好了，便花了 3 万多元买了一套高照表演装备，包括竹竿、鼓、钹、花伞、雉鸡翎等，收拾好了，便放在自家院子里，一有空闲就练习，一方面可以练习基本功，另一方面也可以锻炼身体。

郭建兵第一次正式参加表演是十七八岁逛当地的庙会的时候，那次上台表演地址是在正定黄庄，台下人山人海，都是来看高照队耍高照的。最令郭建兵记忆犹新的事是那时候大家为了能看到表演，甚至爬到了喂牲口的棚子上，把棚子都压塌了，还伤到了人。因为从小跟着老艺人们学习耍高照，经常跟着师父们到处演出，所以郭建兵和老艺人们的感情特别深厚。老艺人们为了让耍高照的技艺传承下去，也愿意悉心教育，传授他技艺，希望他学的比老一辈更好，后浪推前浪，这大概就是传承的魅力吧。起初学习耍高照的弟子比较多，一个师父要负责带二三十个人，后来大多数人都不愿继续学习耍高照，只有三四个关系走得比较近的弟子一起把正定高照传承了下来。1986 年郭建兵当兵离开家乡，一直到 1992 年回来才又把正定高照弄起来，这中间都几乎没人接触高照了。

三、险象环生练就"铁头、铁牙、铁鼻子"

耍高照的动作花样丰富，要求师傅们的技艺必须精湛。其中高照中最简单的动作就是浪子回头，但是危险系数也很高，需要用脚踢起四五十斤的高照，再用头顶起高照竿。郭建兵练这一个动作用了好几年。如果想练头顶高照的话，脑袋必须能够承重 120~130 斤的高照竿。高照下落时是以 1:3 的质量砸到头上的，郭建兵解释道，1:3 是高照竿质量与高照掉落用头接住所需承受质量的比例。比如一根筷子，碰一下可能不会有什么感觉，但如果从高处掉下来碰到就会感到疼痛，更何况是高照了，所以这些动作很危险。当施子怡同学第一次见到郭建兵时，便察觉到郭建兵的脑门上凸出来一块，他解释说这是高照墩的。郭建兵的头顶已经练得相当硬了，他说他的脑袋现在砸都砸不疼了，已经麻木了，连头皮都厚了。一次郭建兵去医院做 CT 检查时发现，他的颅骨跟别人完全不一样。

耍高照不是一两天就能练好的，有的动作甚至需要两三年时间来打磨技巧，每天都要进行练习。练习高照对脊椎伤害很大，因为脊椎骨要承受高照的质量。耍高照也可能会伤害艺人最脆弱的颈椎，没经验的人耍高照，高照砸下来可能会使脊椎偏移错位，甚至造成下半身瘫痪。高照中有一个动作需要用脚踢起高照，然后用牙接，牙必须能承受住 200 斤的重量，否则可能会把下巴墩裂，这个动作叫作老虎大掰牙。还有断梁，是用鼻梁骨承重。我们都知道人的鼻梁骨很脆弱，如果不是特意训练鼻梁骨，很可能会把鼻梁骨砸断，造成鼻梁骨粉碎性骨折。

早年间农村里没有电视、电脑，也没有丰富的娱乐活动，孩子们平时放学回家背上筐子就去地里拔草，回到家里喂兔子，放假了孩子们就聚到一起玩斗鸡捉迷藏，不像现在人们坐在家里刷手机玩电脑。以前唯一的娱乐活动就是过年过节时街上的一些活动，如舞狮子的，耍高照的，以及高桥灯会之类的。新城铺村子比较大，总共有三十个生产队，为了方便管理，便将三十个生产队分成了四组。一个组七八个生产队统称为一个站，再选出一个站长来，这样管理起来就方便多了。郭建兵所在的生产队属于二站，二站耍高照和打少林拳的人比较多；三站耍权和跑龙的人居多；四站唱河北梆子和秧歌戏的人多。郭建兵七八岁时就在二站打少林拳。当地流行大洪拳小洪拳，他便常常跟着老师傅们练打拳。一次打拳时不小心把胳膊摔断了，养好之后家里长辈都怕再出事，就不愿意让他继续打拳了。后来家里人说耍高照也是一种锻炼身体的方式，于是郭建兵就开始练习耍高照。耍高照相比于打少林拳来说，不用蹦蹦跳跳，耍高照练的是技巧，是一种竞技，像现在杂技的大部分动作都是借鉴耍高照延续下来的。

四、齐心协力为高照

1992 年，郭建兵将高照申报为县级和市级的非遗，到了 1997 年 6 月 5 日，成功申报为国家级非遗。正定高照表演属于团体表演，大家全是因为个人爱好才练习耍高照。郭建兵当兵回来后在新城铺开了个诊所，慢慢地有了一定的经济条件，家里不怎么缺钱了，他又开始琢磨把高照再耍起来。郭建兵自己出资买器械买材料，本以为大家伙凑一块过年过节时能热热闹闹的就行了，可后来高照成了国家级非遗，村里县里都重视起来。比如诊所外边的场地，就是他跟村委会申请练习耍高照的地方，还有训练的围挡，村委会认为旧的不安全，就拆了重新建了新的铁围挡。此外，为了方便高照队练习，村委会又斥资硬化了地面。其中最令郭建兵感到欣慰的是，当政府了解到正定高照技艺传承有困难后，当即立项，在正定四中设立了一个高照技艺传承基地。高照师傅们先教会体育老师，然后再让老师教学生，还把高照的技艺和基本动作写进教材和课本。高照队曾经前往河北体育学院进行表演，表演结束后，学校领导提出能不能把这些动作教给老师，再让老师教给学生，当时郭建兵虽然心动，但思索再三后还是拒绝了。原因是三四年的时间学生只能练个一招半式，然后就要毕业找工作，郭建兵担心这样会让高照技艺的传承再次出现断层。而且考虑到大学生要以学习为主，紧张的生活节奏未必能有时间练习耍高照，耍高照反而会成为学生的负担，这就适得其反了。

市级非物质文化遗产传承经费一年能补助3000元，省级非物质文化遗产传承经费一年能补助6000元，国家级非物质文化遗产传承经费一年能补助20000元。郭建兵说："国家给我们这么多资助，就是为了让我们好好把高照技艺传承下去。如果缺少物资或者经费，向政府申请，政府都会酌情批准，国家现在的扶持力度是相当大的。"从地方到国家，各部门都在重视非遗的传承，这让郭建兵的心里热乎极了。

经历了四十多年的改革开放，家家户户都在忙着做生意挣钱，下海经商的、去参加工作的，大家都在为了生活奔波忙碌，唯有痴心于耍高照的郭建兵仍在摆弄他的高照，家里人都在质疑他为什么不去好好挣钱好好养家。但是内心的冲动是按捺不住的，没有病人时，他还是会偷偷跑出去耍高照。后来家里条件逐步好转，家里人见郭建兵耍得开心，组织的高照队也不错，慢慢地也就接受了。后来就连郭建兵的妻子没事时也会跟着练习，他的儿子已成为下一代高照技艺传承人。家里人跟着郭建兵练习既锻炼了身体，也找到了一个共同的爱好。不过耍高照还是比较消耗钱财的，制作一套完整的高照下来需要两三万元，刚开始全都是郭建兵自掏腰包，后来国家关注到了非物质文化遗产的传承问题，拨专款对其进行了补助，这才让郭建兵身上的担子减轻了许多。

五、走呀，去看高照

一个完整的高照队需要唢呐和小鼓，唢呐是一个人吹，两个小鼓分别由两个人来敲。唢呐吹出来的声音是滴答滴答滴滴答，意思就是高照高照倒了吧。要是吹出来滴滴答答滴滴答，意思就是砸到人了说好话呢。以前，耍高照经常会砸到人，那时候如果砸到了人，买几个烧饼说点好话赔个不是也就没事了。

根据高照的数量，可以推断出一个完整的高照队需要多少人。郭建兵的高照队现在有三十二个人，每次活动都会带去六个高照，两个人耍一个。而敲鼓的鼓手得需要两个，敲钹的人数是不一定的，一般是三个敲钹的配合一个敲鼓的。还有吹唢呐的、敲小钹的、敲锣的、敲铜板锣的各需一人，此外还要有举旗的仪仗队……因为现在耍高照的人越来越少，基本上都是郭建兵的家里人在玩，所以他现在出去表演一般带两个高照。现在会耍正定高照的就他自己了，自己儿子和他带的几个徒弟只是会一些基本的动作。

每年一进腊月，到各地表演的时间基本就排满了。公益性的表演比如政府组织的，郭建兵也会无条件地参与，基本一年表演两场，哪怕自己倒贴钱，他也想让更多的人看见高照，认识高照。

高照大部分都是郭建兵自己做的。他们从南方买来一卡车新鲜的竹子，这些竹子几乎长十一二米。北方天气干燥，竹子刚到的时候可能有六七十斤，等晾干了就剩二三十斤了，接着再把竹子剪裁出所需要的竹节。因为竹子在晾干的过程中还可能会出现崩裂的情况，崩裂的竹子是不能用的，所以买回来的十几根竹竿可能只能加工出一根高照。老师傅们的办法是，等竹竿快晾干时先用水煮一遍，再晾干就不会崩裂了。现在国家统一规定用火烤竹竿，把水分烤出来，竹子油也会跟着烤出来，那层竹子油会让竹竿看着特别亮，这样它也不容易崩裂。崩裂的竹竿就会放到广场上去，便于让大家用这些竹竿练习耍高照的基本动作。以前出去演出都需要雇一辆货车拉高照，一根高照长好几米，小车根本装不下。现在郭建兵对高照进行了创新改良，请人专门用铝合金做成可以伸缩的高照，运输起来就方便多了。这样的铝合金高照竿，郭建兵有七八根，一般场合他都省着用，因为加工铝合金高照竿得需要将近两千元。但是这种竿没有竹子做的好用，因为竹子有韧性弹性。高照的旗子和帐子也都是郭建兵自己做的，先把图样想出来并画下来；然后交给妻子让其在家用缝纫机赶制出来。

从郭建兵接手高照开始，不管去哪演出，都会受到一群人的欢迎。只要他们一开始敲鼓，不一会就会有很多人驻足观看，特别热闹。电台只要一听说高照队来表演了，马上就会派人来给他们录节目。正定不仅有正定高照，还有常山战鼓，正定高照与常山战鼓同一年入选国家级非物质文化遗产名录，那为什么常山战鼓能流行起来，而高照却后继乏人呢？这是因为敲战鼓好学，只需要一张鼓一张鼓谱，也许自己就能学着敲了，但是要高照不一样，必须要十年如一日地练习技艺，才能达到炉火纯青的地步。

六、不得不提的传承困难

正定高照的传承现在面临着以下两大困难。

一是，自发性传承的困难。现有传承人队伍高龄化现象突出，传承断层现象愈发严重。想了解的人很多，真正想学的人并不多。郭建兵表示，每年来采访他的人特别多，他也会给每一个采访者认认真真地讲解高照的历史传承、制作技艺。大家都在想各种各样的办法把高照的一些特点记录下来，但大部分人对高照的认知只是处于浅层状态，因为高照技术性强，危险系数大，又得吃苦，所以大部分人都望而却步了。耍高照用的旗杆很重，要一脚踢起来再落到脑门上，没有真功夫，真的会砸破头。要用沙袋练臂力，练牙的咬合力；还要练倒立，头顶到地上，开始可以用棉花垫着，再一层层逐渐减少，直到头能顶到硬地上。不仅如此，还要练木板敲脑门，从二十多斤的木板开始练习一直到六十多斤的，一点点试着增加，直到练到肉皮能与颅骨分开，真正演出时才不会把骨头打破。除了辛苦之外，耍高照的练习还特别讲究技巧性，必须有人指导，否则很容易受伤。曾经有个人因为没有得到专业指导，刚学没几天就把手腕掰坏了。现在的孩子不缺吃穿，再也不用为了挣口饭吃辛苦练功，家长们则更担心孩子练功时出现意外，看到要高照这么高难的动作立刻摇摇头不让孩子继续学了，所以传承自然而然也就变难了。

二是，年轻人需要养家糊口，没时间练功夫。郭建兵目前带了包括自己儿子在内的三个徒弟，其中一个徒弟要高照特别有天赋，但他平时都在外地上班，只有过年回来时才能练上几天，也没办法学会全套技艺。现如今政府十分重视非物质文化遗产，为了改变正定高照传承断层的现状，2014年正定县文化局确定正定第四中学作为国家级非物质文化遗产正定高照技艺传承基地。在这之后，新城铺一带的村子里也进行了传承方面的动员。现今在正定第四中学，要高照已列入体育课程，一些孩子已经能进行简单地练习了。但是因为文化课程的学习任务较重，孩子也不能经常练习，所以距离真正可以独立要高照还有段距离，校园传承仍任重而道远。

当现代汽车驶入乡间小路时，冯骥才再也没有了写作的冲动。往日阡陌交通、鸡犬相闻的桃源景观出现了西洋式的尖顶和闪着异光的马赛克。炊烟袅袅，水流潺潺成了回忆中难忘的过去，冯骥才开始四处奔波，大声疾呼：救救我们的文化遗产。

中国文化博大而精深，它无处不在。或融于书本，或存于小道，或盘旋于峭壁。遗忘历史即是背叛，遗忘历史何等悲哀。一位国学大师曾说过，"几千年的中国传统文化就是'精神的氧气'，毕竟树的影子拉得再长，也离不开树根；我走得再远，也走不出妈妈的心。"文化遗产是历史见证，我们的祖先举着火把从远古走到了现代，铸就了宽广、不屈、向上的民族之魂，这些文化遗产是我们祖先智慧的结晶，也是我们中国人民的根。

第十五章　灼灼中幡，穿越千年
——安头屯中幡口述史

【走近安头屯中幡】

朱自清笔下秦淮河的桨声灯影留下了浓重的江南韵味。北运河上，那飘过的白帆点点，迎风鼓动千百，虽少些许柔美，却多了慷慨浩荡的隋唐雄风。每每忆起北运河上的霭霭白雾，不禁想起《百戏竹枝词》中，"幡为四五尺高，上悬铃锋，健儿数辈舞之，指挥甚如意，佐以金鼓声，观者如堵墙焉。"点点白帆，穿越千年，满载着人们的希冀和期盼。一旗一人，以其高难度的动作和精湛的演技诉说中国人民的舞勇与智慧。安头屯中幡同时也寄托了安头屯人民的历史情怀。

一、锣鼓齐动舞中幡

中幡是我国古老的民间艺术，主要分布在河北省香河县、正定县和福建省建瓯市。它源于唐宋时期，至今已有一千多年的历史。清乾隆年间，中幡在原来的龙旗杆上加上伞，使得中幡耍起来更是好看。加伞的大旗杆被皇宫用作迎接外交使者的仪仗队，显得更加威武庄重，故又名大执事。后来耍中幡、舞中幡逐渐演变成了民间庙会中的表演节目，成了一项传统项目。

"幡"字，从字义上讲是"用竹竿等挑起来直着挂的长条形旗子（《新华字典》）"。当代戏曲舞台上，"龙套（俗称'打旗的'）"象征着千军万马，手中所执即"幡"也。其形状极似中幡，只是大小尺寸不同罢了。幡楼上的伞状楼圈，即古代执事旗锣伞扇中的伞盖也，应称之为"幢"。关于中幡的"中"字，据山东画报社出版的《老北京人的生活》一书中"耍中幡"一节讲："幡分大、中、小三种。大者，称'大式制幡（简称大幡）'，高可达二十米，由一人撑幡杆，四角各有一人拉住晃绳，以保持幡杆的稳定。这种大幡无法耍练，只是为烘托场面气氛。'小幡'，高四米多，耍起来灵巧，多用于'走会'时沿途的表演，因其便于在通过城门或街头牌楼时不中断表演。唯有'中幡'是正式在场子中表演的。"幡其实就是旗的一种，按尺寸大小之别分为硕幡、中幡和小幡三种。多数表演者选用的都是中幡，所以耍中幡这一叫法也就传开了。

从技艺角度来说，中幡包括手法（挑端云开垂）和腿法（踢抽盘跪过），不仅练的是人的胆量、力量和技巧，还需要文武兼备，此外中国式摔跤、气功等技艺也是练习中幡的基础。中幡分为单练、双人对练和集体练，动作有五十多个。表演者或顶幡上额，或伸臂托塔，惊险动作连连不断，但始终幡不离身，竿不落地。十余米高、几十斤重的中幡在表演者的手中、肩上、脑门、下巴、项背等处上下飞舞、交替腾挪。

中幡表演要求稳、准、快，手眼配合一致。在表演时，表演者用手掌、手背、肩膀、额头、下颚等部位分别完成举、顶、牙剑、脑剑、单山等动作，不断晃动、抛起、落下。中幡表演，以扔得高，立得稳为准则。表演中，幡面彩绸迎风招展，幡顶铜铃叮咚作响。

从伴奏乐器来看，也不难看出中幡会有队伍行进的特点。中幡会伴奏乐器与众不同，有八面大鼓，四架吊锣，小钹多副。大鼓面阔帮矮，由鼓手挎着单手打，都是适合行进表演的。揣击小钹的有八至十六人，表演时队形不断变换花样，有单打、俩人互打、四人联打等技艺，给中幡会增添了不少光彩。

现在纳入国家级非物质文化遗产名录的中幡有四个项目。分别是河北的安头屯中幡，正定高照，北京天桥中幡和福建的挑幡。河北省廊坊市香河县的安头屯中幡是我们今天要介绍的。安头屯，是香河县一个名不见经传的小镇，在那里却孕育了一种独树一帜的民间艺术——安头屯中幡，它在历史上受到了乾隆皇帝、咸丰皇帝两位皇帝的御封，这也是安头屯中幡与别处不一样的地方，别处的中幡可没有享受过这等待遇。

2021 年 7 月 8 日，河北科技大学外国语学院的李成媛同学前往河北省廊坊市香河县安头屯寻访中幡传承人。夏风阵阵中，中幡在空中飞舞。表演者气势如虹，令人震撼。这时，一位鹤发童颜的老人走了过来，说："这就是中幡的魅力。"他，就是安头屯中幡第九代传承人——刘怀伶。

二、穿越千年的河畔绝技

京杭大运河是中国古代劳动人民创造的一项伟大工程，是中国文化的重要象征之一，更是宝贵的世界文化遗产。自古以来，香河县就与京杭大运河息息相关，"东南民力由今达，西北军储自此供""锦缆轻抛星斗横，西河鼙鼓夜来鸣"。伴随着京杭大运河舳舻相接、帆樯林立的千余年历史进程，香河县广大劳动人民创造出了大量宝贵的文化财富，中幡就是其中的一个。

安头屯中幡起源于隋唐，张刘二船（船工张刘二）在运河驶船，就在回家的途中，一阵大风刮断了船的桅杆，几个船工就抱住这个桅杆，防止它倒下来，他们最后借着风力强撑着回到家。回到家后把船修理好，换上新桅杆，换下来的旧桅杆则被人们耍着玩，耍着耍着就耍出了花样，这就是安头屯中幡的雏形。

据政协北京市宣武区文史资料委员会编的《宣武文史》记载："中幡是我国古老的文体项目。溯其源，据说与古代军队中的旌旗有关。古代军队出征或出城演习，为庆祝胜利或成功，还城的路上旌旗手们沿途舞弄自己所举的幡幢旌旗等物，跟随着乐队的伴奏，煞是壮观。这种仪式渐渐演变成幡旗演练的文体活动，清朝初年已流行于京都。"援引这段文字，不难看出中幡会起始于安头屯是十分可信的。安头屯地区自古为兵家必争之地、屯兵之所，习武之人众多。从周围的村名村史可以看出，隋唐时代这里就常有军队驻扎了。例如，韩营庄、杨营庄、孙营庄、赵营庄、庞营、孙小营、马房、头百户、二百户……均为驻军百户所驻地。特别是安头屯的村名的由来，据说该村是晚唐护国勇南公李存孝的出生地。他的出生留下了一段传奇色彩很浓的故事：《石头人招亲》。这个故事流传地域很广，早被演绎成曲艺、评剧、京剧等文艺形式。现在经常演出的京剧《飞虎山》，演的是沙陀国（部落）国王李克用收李存孝为义子，封为十三太保的故事，就是出自这个传说。李存孝于唐僖宗光启元年（公元 885 年），奉命领兵巡察河北，途经安头屯曾回家祭祖。临别时，乡民舞幡鼓乐欢送。李存孝心存感激，高兴之余赐名此番乐舞为中幡会。

打开安头屯中幡的传承谱系，细细读来，才发现中幡的霸气大有来头。安头屯中幡经过代代传承，不断演习、改进，清朝达到鼎盛时期。清乾隆十六年，也就是公元 1751 年的正月十三，乾隆皇帝在紫禁城过完热闹的春节后，带着皇后嫔妃、随从大臣及两千多名护卫，浩浩荡荡地乘着龙舟，沿着大运河开始了他第一次"南巡"之旅。其间，乾隆皇帝视河工、阅军威、住姑苏、游杭州，几个月后，心满意足的乾隆皇帝启程回京，很快就到达京师附近的北运河段，途径河畔的香河县，停靠北运河码头的龙舟上。根据《香河县志》记载，香河县令带着一群人等候在码头，迎接龙舟的到来，其中就有来自香河安头屯村的中幡表演者，领头人名叫刘清。乾隆皇帝看到中幡被耍得虎虎生风，赞叹不已，一高兴赏了他不少东西。御赐黄包头十六个、虎头靴子八双、黄马褂八件、大鼓八面，更值得一提的是两幅乾隆皇帝御笔亲题的幡面，一面题字"龙翔凤舞"，另一面题字"人神共悦"，从此，安头屯中幡会名声大振。

其实表演期间还发生了一件令人津津乐道的事情。安头屯中幡动作中最经典的还要数老虎大撅尾，它要直接用后腰接住中幡并保持平衡。通常应该是从手传递到头，一次在金门闸给乾隆皇帝表演过程中，突然有一人没接住幡，从头顶滑向后背，这术语叫"溜幡"。当时把在场的官民都吓傻了，这要是惊了皇帝圣驾，惊驾的罪名谁担当得起？！此时，但见失误那人唰地一低头，顺势一猫腰双手着地，紧扭几下腰把中幡颠到屁股处停住。左右两旁的会友见状，赶紧跪爬到他近前，他两腿用力往上一颠，竟把中幡平稳地颠到一位会友头上。观众见此败中取胜的一招，无不拍手叫好！会友急中生智，忙向乾隆皇帝高声喊道这招叫"老虎大撅尾！"乾隆皇帝龙心大悦御赐幡面两幅，一题"天下太平"，另一题"五谷丰登"，上款是"御赐安头屯首创优异精幡大会"，下款是"大清乾隆十六年九月赐"。

一百年以后，也就是1851年，咸丰皇帝登基，刘家奉诏进京给咸丰皇帝表演中幡。咸丰皇帝又御赐了"风调雨顺"和"国泰民安"两幅幡面和不少东西，并两次敕封为皇家老会，咸丰皇帝赐名为重兴老会。中幡受过两代皇帝的亲笔御封在全中国都是独一家的，而现在剩下的只有咸丰皇帝赏赐的"国泰民安"，经过岁月的洗礼，早已褪色发黄，上边的字迹也变得模糊不清，现在的字是后人按原来的笔迹裱上去的。其他物件都去哪了呢？根据记载，民国时期土匪流窜，抢走乾隆皇帝御赐幡面两件；20世纪三四十年代，中国领土惨遭日寇铁蹄蹂躏，咸丰皇帝御赐的"风调雨顺"幡面又被掠走，只剩下之前提到的"国泰民安"幡面，仍然见证着中幡曾经的荣耀。而其他大大小小的物件也在不同时期被掠夺，唯一幸存的"国泰民安"幡面现已交由河北省香河县非物质文化遗产展示中心收藏保护，供慕名前来的游客欣赏。

中幡分筒、面、楼三部分，筒长六米，控制幡速减轻下垂惯力，幡面衬风，使幡的重心稳固平衡，仗杆衬幡面，飘带美妆幡容。中幡由幡杆、伞、旗子、幡面和铃铛等组成，幡面上的字大部分都是自己想的，有时候邀请中幡演员表演的主办方要求他们在幡上写什么字，他们就会按照主办方的要求来。旗的正面会根据所需场合有祝福语句和吉祥图案，反面，有时会绣上表演团体的名称。耍幡虽然好看，但耍起来时加上风的阻力，得有五十公斤的分量。十几个套路，五十百多种动作，集造型、亮相等各种高难度技巧于一身，具有一定的娱乐性。

当代，安头屯中幡经常参加国内举办的各种花会表演大赛，深受领导和观众的欢迎，并不断受邀参加国内各种大型活动的庆贺。多年来，经过代代中幡传承人的不断摸索、改进、丰富和完善，中幡表演越来越成为受群众欢迎和喜爱的娱乐项目，不断吸引着越来越多的年轻人投身于中幡技艺的学习、表演、传承之中，为发展和繁荣中华优秀传统文化贡献出自己的力量。安头屯中幡不仅对凝聚人心、促进邻里和睦、活跃群众文化生活、推动新农村建设和构建社会主义和谐社会发挥着越来越重要的作用，还在促进农村精神文明建设、发展农村先进文化和构建和谐社会中发挥着越来越重要的作用。

安头屯中幡以其功夫过硬、技艺超群、动作惊险、演技精湛、观赏性强在民间花会中独树一帜，是当地群众喜闻乐见的民俗娱乐项目。如今，安头屯中幡经过代代传承人的不断探索，并加以改进和完善，已经成为一个集惊险和壮观于一身的系统性娱乐项目，深受广大群众喜爱并得到不断发展。为使这项民间艺术能够持续发展，香河县对这一特色项目申报第二批国家级非物质文化遗产名录项目，并于 2008 年入选第二批国家级非物质文化遗产名录。"罗汉撞钟""老虎大撅尾""秦王倒立碑"，安头屯中幡表演中的这些精妙招式，令人叫绝。安头屯中幡以其高难度的动作、精湛的演技成为香河县民间花会的一枝奇葩，受到社会各界的好评。

安头屯中幡于 1992 年参加文化部、河北省及廊坊市文化部门举办的中幡表演，受到各级领导和观众的欢迎。2000 年参加河北省曲艺艺术节荣获二等奖。连续参加了六届"一城杯"花会表演大赛，获得观众一致好评。2012 年，"中国中幡文化之乡""中国中幡文化研究基地"落户香河县。2015 年 11 月又被中国文联、中国民协授予第十二届中国民间文艺"山花奖"。2016 年，香河中幡被评为"河北省美丽乡村特色体育品牌项目"。2019 年 11 月，《国家级非物质文化遗产代表性项目保护单位名单》公布，河北省香河县文化馆获得"安头屯中幡"项目保护单位资格。

三、始于热爱，忠于传承

刘怀伶，男，河北省廊坊市香河县安头屯人，国家非遗项目安头屯中幡第九代传承人，持中国民间文艺家协会会员证书。荣获"中国国际民间术览会山花奖"，首届河北文艺贡献奖·突出贡献奖，县级特色人才等几十个奖项。

据刘怀伶本人介绍，他在十八岁左右开始学习耍中幡，没有师父这一说，因为祖祖辈辈都会耍中幡，自然而然也就会了。当问及他练了多久才能练到像现在这般炉火纯青的地步时，他谦虚地回答道："耍中幡这个东西是推陈出新的，其中的奥妙有很多，没有人可以说已经把中幡耍到了最好。"他认为学习耍中幡的诀窍在于坚持。做事最怕中途而废，只有坚持不懈地花费时间练习，才能够越来越娴熟。

由于中幡身形巨大且质量不轻，还要配合各种花样，刘怀伶曾经在练习的时候自然也吃了不少苦头，身上留下了大大小小的伤疤，他的头、肩、脚都曾受过伤，头顶尤为严重。内练丹田气，外操筋骨皮。师父告诉我们，耍中幡要用额头去接抛来的中幡，表演用的中幡基本有三十多斤，平时练习时用的中幡则达六十斤。额头上只有皮没有肉，这一下砸下来就得破皮，而且越害怕被砸越容易被砸。为了练出可以接住中幡的铁头功，他经常用竹柳反复敲打额头，打到中间起个大包，过几天消肿下去接着再打，直到头上长出厚厚的茧子才算过关。

刘怀伶原本是个木匠，业余时间耍中幡。而现在由于上了年纪，加上前段时间得了脑血栓的缘故，现在腿脚也不是很方便，他已经退居幕后，但每天的生活和工作都与中幡有关。总有人慕名邀请他前去表演，想要一睹安头屯中幡的风采。如有人邀请他们去外地表演，他就去和主办方商讨签协议，签完协议后，他派他的徒弟上台表演。南边有人邀请演出的话，他就找南边的徒弟去；西边有人邀请，他就找北京那边的徒弟去；东边有人邀请，他就找天津那边的徒弟去；北边有人邀请去演出，他就带着张家口这边的徒弟直接过去。如今全国各地都有慕名邀请刘怀伶前去演出的。国家重大庆祝活动也会邀请他们上台表演，比如说河北省运动会，唐山世界园艺博览会，在张家口的河北省文化节。与此同时，刘怀伶已经受邀去山东表演好多次了，无论是在山东的春晚上，还是在山东"五一"文艺表演会上，都有刘怀伶安头屯中幡的精彩表演。观众还是比较认可刘怀伶的，因为刘怀伶的技艺是他人不可匹敌的。中央电视台有活动的话也会给刘怀伶打电话发微信说："老爷子，咱们最近有个活动……"他就会积极地回应："弄啊。"刘怀伶骄傲地说："一般都不是我们主动要去的，而是别人来邀请我们，我们才去。"

当问到他是否有演砸的情况出现的时候，他自信满满地回答："没有，一次都没有。出来表演只能演好，不能演砸。在香河县表演，我们代表的是安头屯；在廊坊市表演，我们代表的是香河县；在全国表演，我们代表的就是整个河北省。而且去表演的一般都是比较熟练的演员了，表演的也都是一些拿手的项目。练得不好的要在家里接着练，不让出去表演的。"

刘怀伶面带微笑地向我们说："中幡这个东西像是有魔力，不练中幡的人不知道其中的奥妙，中幡一练上手就容易让人上瘾。"他的父亲对此就十分痴迷。他的母亲在刘怀伶小时候和他提起过，他父亲年轻时，有人给他介绍对象（他的母亲），又有人喊他去耍中幡。他的父亲心里是想去耍中幡的，但又不好回绝女方，于是让朋友冒充他去相亲，他自己则去耍中幡了。以前的婚姻，在结婚之前只会见这一面。他的母亲在结婚当天被掀开盖头时才发现不是那天见面的人，不过为时已晚。可能是随了父亲，刘怀伶本人对此也十分痴迷，他的老丈母娘常常训斥他："练它做什么，头顶砸得肿老高！"不过家里人在行动上却很配合，常常帮他一起做中幡。

刘怀伶对于中幡的传承非常有信心，当问到他认为如果有一天中幡没能够传承下去的原因会是什么，他信心满满地说："不会有那么一天的，一千多年都传承下来了，不会断的。"

四、安头屯中幡名声远扬

与其他一些濒临失传的非物质文化遗产相比，安头屯中幡是比较幸运的，比如直到现在，天桥中幡还依据旧传统培养着传承人，虽然人数不多，但与之前相比已经有了好转趋势。安头屯中幡大会由安一、安二、安三、安四四个村共同组织，有会员六十多人。目前，安头屯中幡已积累了中幡技巧动作一百多个。其中前把幡变换手法包括：起幡托塔、摘肩托塔、晃肋托塔、托塔盘肘等三十多个动作；后把幡变换手法包括：插剑脑件、插花脑件、左插剑、灌耳、蹲裆、牙件等几十个动作。大挎鼓表演内容包括大鼓三十调，每调均有鼓谱，分连打和摘打两类。花钹既可与铛铛、大鼓齐奏，也可单打，还可与铛铛穿插对打。花钹又有单人打与双人打、四人合打、六人合打、八人合打等表演样式。

目前学习中幡的人有很多，安头屯就有百十人在学习中幡，其主要学习者都是中小学的孩子。据介绍，中幡文化课堂的开设是由刘怀伶牵头与地方学校共同组织的。"几年前，我发现，中幡队里的成员都在40岁以上，呈现了青黄不接的状况，便有了非遗进校园的想法，地方学校也很支持。通过沟通，最终以通过特色课堂、兴趣班、演出交流等形式，让孩子们感受非遗的魅力，促进传统文化的保护和传承。"刘怀伶说。在传承的过程中，刘怀伶也遇到了很多问题，考虑到孩子比较小，他耗时两个月，做了一批小型中幡，高七米，重十五斤，以供孩子使用。

现在已分别在香河县安头屯中心小学、香河县第十中学开设了中幡课堂。每年在学校会挑选二十个身强力壮的孩子做徒弟，很多都是体育老师帮忙挑选好的，挑选徒弟的要求，首先要对中幡有兴趣，其次要身体强壮有力气。刘怀伶表示他一般不会耽误学生的学习时间，只有自由活动的时间才用来给孩子们练习中幡，不会有学生或者家长觉得花费时间练习中幡会耽误学习从而放弃练习中幡。中幡队的人中考的时候会给加四十分，所以有很多学生想加入中幡队。有好几个师父在给学生上课，但各有分工，刘怀伶会派专门的人去教。小学是每星期二去教，中学则是每星期五的下午去教。

午后，阳光洒满绿茵场，香河县第十中学的操场上分外热闹，三五成群的小青年、膀大腰圆的小伙子，抬出一筒筒中幡，你挂幡旗、我系幡铃，一会儿的工夫，一面面幡旗已在空中飘舞起来。随着刘怀伶的一声声口令，转眼间，孩子们已将阻力近百斤的中幡耍了起来，他们灵活地变换着不同的姿势，动作精湛巧妙，却始终保持杆直立不倒，游走于肩、头、手臂……高超的表演技巧令同学们纷纷拍手叫好。看着孩子们精彩的表演，刘怀伶自豪地说，自2014年开设中幡文化课堂以来，新一代的中幡传承人先后参加了央视一套《中国影像方志香河篇》，央视七套的《乡村大世界》《全国普法片》

《小胖子学艺》《全国农民春晚》的节目录制，2018 年 9 月 14 日，还录制了 CCTV-7《乡村大世界》节目。"孩子们很争气，基本动作都能掌握，他们年龄最小的仅八岁，还有几个女孩子表现也不错，传承状态也越来越好。希望通过中幡课堂，吸引更多的年轻力量加入我们。"

由于安头屯中幡声名远扬，总有人邀请中幡演员去各地表演，加上现在的交通很发达，可以到世界各地去耍中幡，在能够补贴家用的同时，还可以靠旅游放松身心。有时候收到电视台的邀请，刘怀伶就会和在练习的学生说，练得好的就可以在全国观众面前露脸。等到节目播出的那一天，他们也十分开心，会向家里人骄傲地宣布自己上电视的消息。孩子的家长看了也非常高兴，所以十分支持。

刘怀伶表示自己的孩子也都在学习耍中幡，孙子五六岁就开始耍小的中幡了，在小时候就训练他耍中幡，培养他对耍中幡的兴趣，方便以后将技艺传承下去。孙女也在练习耍中幡，从来不觉得累，有少儿活动她就会上台表演，每次给她拍照片也神气得很。不过在练习时受伤是谁都无法避免的，受伤了就找医生帮忙看看，但从没有谁受过什么非常严重的伤，都是一些刮蹭的小伤。

现在的演员用身体上各个部位都能接住幡，像手、头、腿、肩膀、鼻子、耳朵和用牙咬着也可以。能站着耍，也能躺着耍。可以在桌子上耍，桌子上放一个凳子也能耍，其实就是杂技性质的。观众喜欢看什么节目，我们就表演什么节目。这些花样都有自己的名字，有一百多种。比如正反背花，不但要双手交替保持中幡的平衡，还要耍出高速旋转的花样，这是最简单的动作，每个师父都会。就地十八滚，一蹲一起时最难保持平衡。

安头屯中幡会除了每年春节在当地表演外，每年农历四月初八，都要到平谷县丫髻山朝顶酬神，在京东一带是久负盛名的。在数十档各县进山朝顶的花会中，中幡会总是头会，走在最前头。原因有三：首先，民间花会里有约定俗成的说法，中幡会象征着庙门外的旗杆，走在最前；硬腰（有一根木杠做脊梁）狮子会象征庙门外的一对石狮，排在第二；软腰（没有木杠做脊梁）狮子会象征庙门内大殿前的一对石狮，排在第三；龙灯会象征神龛后面屏风上的龙，排在第四……随后各档花会也是排列有序的。其次，中幡会幡面较高，在众多花会中如鹤立鸡群，从远处就能看见花会队伍来了，所以放在会首；最后，也符合中国古代军队行进、官员出行、平民婚丧嫁娶"执事（旗锣伞扇等）"前导的习俗。更重要的是安头屯中幡会受过两次皇封，被称为"皇会"，所以才放在众会之首。

如今，伴随着京津冀协同发展，伴随着安头屯那铿锵的锣鼓，在孩子们手上翻飞舞动的中幡里，代表着一个个美好的梦想，跳跃着一阵阵文化的音符。民间艺人手中的中幡从香河县的田间地头，舞到廊坊市，舞进北京市，登上了面向全国观众的大舞台。安头屯人还带着这象征北运河精神的中幡，走出国门，走向世界，让那些想目睹世界文化遗产的人们，从那多彩华丽的中幡，震耳欲聋的锣鼓声中，来领略中华文化之美。

第十六章　轻灵活泼求懂劲，阴阳既济无滞病
——遵化姚式太极拳口述史

【走近姚式太极拳】

"太极者，无极而生，动静之机，阴阳之母也。动之则分，静之则合。"王宗岳在《太极拳论》中开宗明义地指出了阴阳相融、动静结合乃是太极拳的要义。太极拳是中国武术中极具生命力的一支。不同于西方武术，太极拳融合了中国传统文化的精粹，一招一式、一呼一吸、一进一退之间皆显示其刚柔并济、动中求静的智慧。太极拳流派甚多，其中杨式、陈式、武式等流派流传较广，而姚式太极拳作为传承一百多年的流派，只有在河北地区知名度较高，其价值尚未得到充分发掘。

遵化，位于河北燕山南麓，毗邻京津承秦地区，属京津唐承秦腹地，被联合国地名专家组评定为"千年古县"，素有"畿东第一城"之称。遵化有两大宝：一是旅游之宝，清东陵旅游景区；二是武术之宝，姚式太极拳。姚式太极拳有自身独特习练方法和技击、养生特点。它是由遵化市著名民间武术家姚馥春所创。姚馥春生于 1879 年，是河北省唐山市遵化市东旧寨镇姚家峪

村人。他是河北省形意名家张兆东的高足弟子，精通绵掌、太极拳、形意拳和八卦拳。1928 年，姚馥春经李景林的邀请赴沪成立了"中华国技武术学会"，后与其师弟姜容樵等人成立了"上海尚武进德会"，并担任原中央国术馆教员。其间，姚馥春通过习练太极拳、八卦拳、形意拳等拳法和经过长时间的揣摩、实战，创立了一套独特的太极拳体系，即姚氏太极拳。2021 年 7 月 14 日，带着好奇和疑问，河北科技大学外国语学院张艺苧同学利用暑假，在父亲的带领下，走进了"姚馥春内家拳法研究会"，对研究会会长、姚式太极拳第三代代表性传承人张劲芳进行了专访。

一百多年来，姚氏太极拳主要流传在唐山地区的遵化及周边各县。另外，国内的江西、山西、台湾地区等地也有继承和传授，日本、新加坡也还有所传承。姚式太极拳有长、短拳之分。短拳分为三节，共八十七式，突出掌法技巧。最为独特的是太极长拳，共四节一百四十八式，注重腿功。此拳法融汇了太极拳、形意拳、八卦拳三种拳法的精髓，正所谓"形意拳的胳膊，八卦拳的腿，太极拳的腰"。近几年，遵化市大力发展全民健身事业，不断加大对"姚式太极拳"等非物质文化遗产的保护力度，使"姚式太极拳"这一传承了一百余年的非物质文化遗产得以继续传承并发扬光大。

一、"严冬松更劲，数九梅更芳"，张劲芳的习练太极拳之路

说到姚氏太极拳，就不得不提到它的当代传承者——张劲芳。

张劲芳，遵化市姚馥春内家拳法研究会副会长兼秘书长，1976 年出生于河北省唐山市遵化市苏家洼镇大刘庄的武术世家，其父张利民是一位技法全面、德艺双馨的著名民间武术家，也是遵化市武术协会副主席。张劲芳出生时正值迎春腊月，父亲便为她取名"劲芳"。张劲芳八岁开始习练软硬功夫、学习跆拳道、了解拳击和散打技术等，深得其父真传。1995 年，从北京体育

大学武术系毕业后，本已在学校和全国比赛中取得不俗成绩的张劲芳义无反顾地回到了故乡遵化市。在其父创建的"京东武馆"里，张劲芳担任主教练并带领学员们在各类武术比赛中不断取得优异成绩。

刚从北京回到家乡的时候，张劲芳听从父亲的叮嘱："武术源于民间。"于是她便开始认真研究学习当地的传统武术文化。1995年下半年，她专门拜访了遵化市当地姚式太极拳的老师戴麟和孙德永，初步接触了姚式太极拳。1996年，姚式太极拳第二代传承人孙德永开始教她习练姚式太极拳及器械。2009年，她正式拜孙德永为师，承蒙师父口传心授，深得其真传，精通姚氏太极拳长拳、短拳及器械。2010年，张劲芳参与组织成立遵化市姚馥春内家拳法研究会并任副会长兼秘书长。从此，便开始从事收集、传承、挖掘、整理、传授姚式太极拳的工作。2015年12月，她被命名为唐山市姚式太极拳代表性传承人。她意识到，竞技体育只是青少年的梦想，社会体育才是大众的文化，全民健身才应该成为主流。她将自己的培训中心分为青少年和成人健身两部分。成人健身培训工作主要以健身养生为主，与遵化市老年协会合作，为中老年健身提供方法指导，把太极拳、太极剑、养生功等项目向大众推广。2017年张劲芳当选姚馥春内家拳法第二届研究会会长和遵化市武术协会主席。自此，她深感肩上的担子更重了。一方面她以身作则，练功和传承两不耽误；另一方面带领新一届班子成员整章建制。从此，姚式内家拳法，尤其是姚式太极拳的传承走上了正规的快速发展的道路。

二、传承非遗，谱写新篇

成立组织，精编教材，培训骨干，大力推广，让习练姚式太极拳在遵化市本地蔚然成风。

姚式太极拳在遵化市本地已经流传了近百年。社会环境和地域的限制使它保持了姚氏太极拳的原汁原味，但这也是拳友们相对联系比较少的原因。为了能够更好地传承姚氏太极拳，遵化市本地的一批常年习练姚式太极拳的老拳师，决定申请成立"遵化市姚馥春内家拳法研究会"，主要研习姚馥春传授姚式太极拳、形意拳、八卦拳及器械的秘传习练功法。张劲芳主动请缨，积极筹备。2010年8月份，遵化市体育局正式批准成立了"遵化市姚馥春内家拳法研究会"，张劲芳担任副会长兼秘书长。

在老拳师们的指导下，张劲芳研编了姚式三十二式简化太极拳。通过公益课堂、全民健身日、非遗宣传日、培训骨干、发展会员、社会体育指导员培训、武术进校园、进机关、进企业这些形式来进行姚式太极拳的传播和推广，从而使姚式太极拳这一优秀的武术文化瑰宝开始走向健康有序的发展道路，并焕发出新的生机。在大家的不懈努力下，2013年姚式太极拳入选唐山市第三批市级非物质文化遗产保护名录。为扩大姚氏太极拳在省内及全国范围内的影响，需要通过参加各种比赛展演，让姚式太极拳走出去。

近年来，姚式太极拳的个人短拳、长拳、器械以及团体比赛连续几年在唐山武术节均取得了金奖和一等奖等优异成绩。2017年5月，张劲芳带领遵化市姚式太极拳参加"河北省美丽乡村特色体育品牌项目表演"活动，被河北省农业厅、体育局和农民体育协会联合评定为"河北省美丽乡村特色体育品牌项目"。同年9月，她带领的遵化市姚馥春内家拳法研究会作为河北北部城市唯一的一支参赛代表队，受邀参加在香港举办的"盛世中国梦——2017香港回归祖国20周年庆典演出大赛"并荣获金奖。这一次演出真正让姚式太极拳走出了遵化市，扩大了姚式太极拳的知名度。

新冠疫情期间，张劲芳带头在线上开展公益课堂传播太极养生知识。通过举办抖音、快手和喜马拉雅等平台的免费直播活动，把姚氏太极拳教学示范给广大百姓，让遵化市更多的群众受益，为居家抗疫工作作出了自己特殊的贡献。在她的带动下，研究会的成员们都在尽自己最大的努力，充分利用自己的业余时间为遵化市的全民健身事业和文明城市的创建贡献力量。

三、喜忧参半的姚式太极拳传承现状

目前姚式太极拳已传承到第五代人。随着成功入选河北省第七批省级非物质文化遗产保护名录，姚式太极拳特有的历史价值、文化价值、健身价值和社会价值逐渐被社会认可，政府部门对姚式太极拳也越来越关注。这对传承与发展姚式太极拳是十分有利的。

大形势之下，姚式太极拳从 2017 年开始在机关、企业、学校等地举行了多场次骨干师资培训、群众性培训、社区指导等。2020 年，中国太极拳进入了世界文化遗产保护名录，习练太极拳的人越来越多，这对整个姚式太极拳的存续情况和环境的改善是非常有利的。

"姚式太极拳"目前通过以下几种渠道传承：一是门内传统的师父带徒弟，主要是传授桩功和秘传功法；二是发展会员，进行传统套路的教授，从中培养骨干力量；三是利用十个辅导站，敞开门口教学，让广大的太极拳爱好者可以近距离接触传统武术；四是开展"太极拳进机关、进企业、进校园活动"。

2021 年 3 月，研究会完成了市直机关干部的太极拳精要十八式的培训。另外，在遵化市委市政府的领导和市教育局的大力支持下，研究会在全市中小学重点进行了"姚式太极拳进校园"的推广活动。"姚式太极拳进校园"活动是当时张劲芳作为政协委员的提案规划。前期从 2020 年 10 月到 2021 年 1 月，她首先调研了姚式太极拳的教材教法及其学生的接受程度；其次在遵化市第二中学做了一个试点；最后向全市推广姚氏太极拳。

推广活动共分为以下三个阶段。

第一，教师培训阶段。各试点选派一至三名教师进行姚式太极拳精要十八式的一级培训，培训结束之后到自己的学校和场地进行二级培训。

第二，全员学习阶段。将姚式十八式纳入体育课的教学内容，并且利用大课间和课外时间进行强化培训，确保活动能够扎实高效的开展。全市在校的组织阶段，每所学校都举行了太极拳的展演，充分调动了师生的积极性，并且把这个比赛纳入了学校百分制管理。

第三，验收阶段。全市学生进行太极拳比赛，并聘请姚馥春内家拳法研究会的专家进行打分，评出一、二、三等奖并颁发相应的证书。

这期间张劲芳带领研究会的老师到遵化市二实小、六实小、西下铺营中学、东新庄中心小学等各地进行了实地指导并且参加了他们展演赛的裁判工作。到 2021 年 6 月，全市三百多所小学和二十九所中学，大约七百多个班级、五万多名中小学生基本完成了姚式太极拳精要十八式的套路的初步培训。这种历时三个月的集中活动，得到了市政府和社会人士的一致好评。

由于姚式太极拳习练时需抻筋拔骨，大开大展，缺乏坚强意志者不能习练成功，缺乏良好身体素质和较高悟性者不能得其要领，再加上传播渠道较为单一，以至于 2010 年以前习练此拳者还不是很多。据张劲芳介绍，姚式太极拳是姚馥春经过四十多年的纯功，勤学苦练，又经过诸多名家的指点之后，将太极拳、形意拳和八卦拳熔于一炉的上乘功夫。习练的时候感觉特别容易入门，但是想练好还是非常难的，短时间之内很难见到成效。姚式太极拳的爱好者数不胜数，但是能坚持下来的却屈指可数，能够领悟先生武功精髓的人，更是凤毛麟角。再加上人们受影视剧的影响，加之现代社会节奏加快，大多数人对学得快、实战性强的技击术，比如散打、搏击更感兴趣，而不能够沉静下来吸取传统武术深处的精华，从而忽略了传统武术的价值。

虽然地方政府比较重视保护和发展姚氏太极拳，但是这项传统武术的传承还存在着很多问题——一是研究会是由社会人士自发组成的公益活动，训练经费和场地都受到了一定限制；二是姚式太极拳的拳谱，包括文字资料、音频、视频，这些资料还要存档归档，都需要有专人进行专业的保护和整理；三是姚馥春故居的重新修缮、陈列馆和太极训练基地的筹建等都需要我们继续努力；四是传承人的传承方式也很重要，要特别注重保存，要传承其原真性，姚式太极拳练功的功法、技法、它的展示方式、养生方式和要诀都是需要重点保护的；五是在传承传统武学精髓的基础上，姚氏太极拳的练习者还要做到不断的创新和发展。

尽管在推广和发展姚式太极拳的过程中遇到了重重阻碍，但是大家总能排除万难，使得姚式太极拳得以传承和发展。刚开始时，资金不足，张劲芳就和班子成员们带头，由大家共同集资成立了研究会。缺少场地，作为会长，张劲芳就在自己经营的武校挤出一块场地来作为研究会的办公室，平时没有训练课的时候，研究会就在这里活动。没有固定的室外场地，市内的公园、河边、社区的角落、城市的公共区域就成了大家活动的地方。当时研究会成立了十个辅导站，由各位老拳师们坐镇，同门师兄弟们担任各辅导站的站长。他们分别在遵化市的各个人员比较密集的室外公共活动场所教授会员和太极爱好者练拳。教拳者没有工资，但他们任劳任怨，乐意把自己的业余时间奉献出来；学拳者也不用缴纳费用，除了大风大雨的天气，基本在习练太极拳。

说起免费教授太极拳，张劲芳专门提到她的师父孙德永，孙德永曾任遵化市公安局局长，从六十岁退休后便开始在市内沙河北岸辅导站免费传授姚氏太极拳，一年三百六十五天风雨无阻。

姚家峪村虽然是姚式太极拳的发源地，但是现在几乎没有能够习练姚式太极拳的人了。为了让姚式太极拳回归姚家峪村，研究会的副会长张志均和夫人李燕从 2019 年 3 月份开始，一到周末就开着车去村里免费教一些小学生习练姚式太极拳，风雨无阻。有时候当孩子们偷懒不想练功时，他们就自己买些小零食给孩子们，鼓励大家坚持下去。通过两年的不懈努力，研究会在姚家峪村播撒下了姚式太极拳的种子。

姚家峪村的"姚氏故居"重建的过程中遇到了很多困难，涉及项目立项、建设用地审批和资金匮乏等。目前前期的基础工程已经竣工，后期的资金还没到位。

四、展望未来，发展与传承任重而道远

2019 年申报省级非遗项目是一件大事，研究会在这前期做了大量的准备工作。首先，他们精心准备了所有申报材料和辅助资料。申遗材料一旦确定了下来，继承者们就要据此传承下去，因此他们必须慎之又慎。当时，遵化市境内的老一辈拳师参与了定稿会。与此同时，他们还先后召开了三次申报材料的认证会，一遍遍地校正申报材料，力求申报材料既真实又精准。随后，就是拍摄申报片的工作了。研究会邀请了专业的拍摄团队，因为没有得到经费支持，所以只好靠研究会里有经济实力的会员赞助完成了拍摄工作。每次提起这件事情，张劲芳都感慨万分，说道："大家有钱的出钱，有力的出力，要永远感谢为申遗工作作出贡献的人们。"在申报的过程中，遵化市文化广播电视新闻出版局（简称文广新局），给予了大家极大的支持和有力的指导。其次，省专家组对姚式太极拳进行了实地调研。专家组先到姚家峪村看了当时的"姚氏故居"并听取了遵化市所有第二代姚氏太极拳的传承人和老拳师们的调研汇报。调研过程中和专家们的讨论非常激烈，关于姚氏太极拳的技艺特点，专家们问得特别仔细。通过调研，省专家组对姚式太极拳的起源、姚式太极拳在遵化市发展的现状、姚式太极拳的传承保护情况的整体调研都非常清楚。一些不太清晰、不太精准的关于时间和数据的词汇，也都被矫正了过来。最后，老拳师们现场为专家展示拳法单练、推手对练、粘手及独门器械日月阴阳贴芭蕉扇的使用，得到了专家的充分肯定。2019 年 12 月，姚式太极拳成功入选了河北省第七批省级非物质文化遗产保护名录。

张劲芳说，他们今后的目标是国家级非物质文化遗产保护项目，让姚式太极拳成为遵化市的地方特色，成为遵化市的地方名片，让姚式太极拳走遍河北省，让这颗太极明珠，能够散发出璀璨的光彩，甚至让全国乃至全世界的人认识和习练姚式太极拳，让它作为国家级非物质文化遗产保护项目继续传承下去。

目前，认识和习练姚式太极拳的人数为六万多人。今后需要做的就是加大力度宣传姚式太极拳，以"以武育德、以武育智、以武养性、以武强智、以武展美、以武养武"的方式，以遵化市某地区为训练基地中心，掀起姚氏太极拳的学习热潮。

"姚式太极拳进校园"的活动，将会作为研究会下一步的主要工作内容继续推进。目前全市五万多名中小学生已经完整地习练过姚式太极拳精要十八式了。下一阶段要进行师资的再培训，纠正教练员的动作，提升教练员的水平，争取让全市中小学三至八年级的学生能习练到规范的姚式太极拳。张劲芳讲到，自己是修习武术教育出身，所以对这个青少年武术教育这一项目相对来说比较得心应手，她将继续以"姚式太极拳进校园"的活动作为一个突破口，通过学生带动家长的这个形式，让更多人了解姚式太极拳，让姚氏太极拳的习练活动走进遵化市的家庭、机关单位、企业、社区等。她说，这是他们十年内要完成的基础目标，可能需要的时间会更久一点。

研究会也会进行社会体育指导员培训，培训更多的师资力量到企业，还有基层单位进行这种二级的培训，然后通过组织姚式太极拳的交流赛、观摩赛等竞赛，来检验学习成果和分享学习经验。

张劲芳说，姚式太极拳还有很多事情要做，包括姚式太极拳推广教材的编写、姚馥春内家拳法研究会及"姚氏故居"的完善等一系列工作。

她呼吁，全社会都要关心和保护非遗项目，传承和保护工作的时间是漫长的，未来会遇到各方面困难。一门技艺的传承，绝对不是某一个人的责任，而是需要一群有共同目标的人一起走下去，这样我们中华优秀传统文化才可以发出璀璨的光芒。只有大家齐心协力，才能为遵化市的精神文明建设和全民健康以及本市体育发展作出贡献。所以把姚式太极拳打造成唐山市乃至河北省人民以健康与运动作为文化底蕴的名片，它的继承和发展任重而道远。

第十七章　新时代赋予"老拳法"新活力
——店上大青拳口述史

【走近店上大青拳】

古老的拳法既是中华优秀传统文化的缩影，也是一种载体。它们不仅承载着古人保家卫国、创造幸福的美好愿景，也蕴涵着古人对天地、对自身的深刻思考。在店上村，大青拳这一古老的拳种，不仅帮助店上村人强健体魄、保家护村，也塑造了店上村人淡泊清修、行为内敛、不事张扬的性格特点。但就是这样一种古老的拳种，曾面临着失传的风险。如今，幸而有了国家政策的扶持和当地政府的帮助，店上大青拳又重新焕发了生机与活力。不只是店上大青拳，越来越多像它一样的中华优秀传统文化正被赋予新的活力。

店上村，地处河北省石家庄市长安区东北部的西兆通镇，依偎着源自北方的古老的滹沱河。

刘一鸣同学是河北科技大学外国语学院的学生。2021 年 7 月 6 日，她走进这座傍水而建的村庄。夏风吹乱了她的发丝，但她来不及理会，因为眼前虎虎生风的拳法让她眼花缭乱、应接不暇。年纪轻轻的她暗叹一声："果然高手在民间！"

正在施展拳脚的苏计新见"小记者"到了，立马停了下来，从容地走过来接受采访。面对这位店上大青拳的第五代传承人，刘一鸣同学心中充满了敬意。

一、源远流长的"老拳法"

明建文元年发生的"靖难之役"，使生产力遭到严重破坏，滹沱河也因长久无人治理而洪涝频发，疫病开始蔓延。偏又祸不单行，兵患、匪患随之迭起，民不聊生。为了保家护村，店上村的村民放下犁地的锄头，开始施展拳脚，凭着一双拳头和一身勇武为店上村撑起了一片天。到了明末，店上大青拳便在店上村广为流传。清道光年间，村民李允兰考中了武秀才，在他的影响和带领下，店上村村民开始习练大青拳，习武之风一日盛过一日。

在店上村，大青拳有着广泛的群众基础，且男女老幼都可习练。大青拳分为单拳十二式、二十四式、大八式等。虽然名为拳，却不只有拳法，还会用到器械，比如刀、枪、棍、锏。店上村还常设有业余的武术学校，训练过程有组织、有纪律、有教程。教学秘笈确实存在，但平常不轻易公开示人。2017年，店上大青拳被列为石家庄市第七批非物质文化遗产保护名录。

苏计新，1958年出生在西兆通镇店上村。自幼酷爱武术的他，在小时候刚一接触到大青拳，就爱上了这门古老的功夫。父母得知后也非常支持他去学习。后来，他拜本村人李顺义、王连、李晋元为师习练大青拳，又拜李黑为师习练六合大枪。无论草长莺飞还是月落乌啼，苏计新都有大青拳陪伴。

二、我的传奇师父

在苏计新的印象中，几位老师都是刻苦勤奋的人，真正做到了"冬练三九，夏练三伏"，并且为人刚直，好打抱不平，尤其是李晋元，也就是李瑞清的爷爷，给苏计新留下了深刻的印象。苏计新习练大青拳和在性格上受其影响最深。

大青拳中的"无化接手"拳法，数李晋元最为精通。他身负传奇色彩，在抗日战争时期，日本人在店上村一带让当地老百姓挖战壕。有一天，一个日本兵站在壕沟边监工，让挖战壕的老百姓把他往壕沟里推。这个日本兵生得五大三粗，他自认为中国老百姓都是"东亚病夫"，觉得中国人饭都吃不饱，还要每天干重活，肯定没人能推得动他。这时，只见一个汉子迫于无奈，走上前来，结果只用了一掌就把这个日本兵推入壕沟，这个日本兵摔了个灰头土脸，从壕沟里翻起身子赶紧跑了，留下一个灰溜溜的背影。那个汉子，正是李晋元。后来，李晋元被迫在当时的"石门"给日本人做饭喂马。有一天，一个日本军官让李晋元为其炒菜温酒。几杯热酒下肚，日本军官便喝醉了。他嫌李晋元上菜慢，一听见厨房门响，猜到是李晋元来上菜了，就立刻拔出佩刀，隔着厨房门就刺了过去。说时迟那时快，李晋元见门外刀光闪过，心道不好，恐怕是躲不掉了。但习武之人的机敏让他迅速做出反应，立马收腹后蹲，刀尖刚刚挨到胸口的皮肤便止住了。在冰冷的刀锋之下，李晋元幸而脱险，若不是习武之人恐怕难逃此劫。这个机敏、勇敢的男人，正是苏计新可亲可敬的师父。战火纷飞的岁月已然过去，传统文化在和平年代得以留存与延续。你看那人似是一身铜皮铁骨，多少次千钧一发之际得以逢凶化吉，靠的就是这点拳法功底。

三、融会贯通，终成一代宗师

习武之人，受伤是常事。多亏师父教导有方，练拳时苏计新遵照套路，先打好基本功再习练拳法，等到一招一式烂熟于心，再耍刀枪。苏计新告诉我们，小时候刚习练大青拳，他经常会跟着师父照猫画虎地瞎做。他清楚地记得当时有一个动作是肩膀着地，他以为是脑袋着地，结果一下磕破了脑袋，从此便长了记性，记住了这个动作要领，不会再犯同样的错。虽然小伤常有，但是伤筋断骨的事还真没在他身上发生过，这也是他最为骄傲的一点。当然，训练的时候除了俩人对打，习练时大家都会隔得很远，以免发生意外。

有一次看大青拳的表演，当时是俩人对打，场面十分激烈。突然，攻手一下子把防手踹下了表演台，这是极少出现的事故。但是防手没有叫停，而是立刻翻身上台，继续表演。看到这一幕，苏计新突然明白了习武之人的精神，这种坚持不懈、永不服输的劲头让苏计新大为震撼，也让他坚定了一定要将每次表演都进行到底的决心，让他觉得"除了有生命危险的伤，其他都是小伤"，想要表演好大青拳就一定要坚持。当时村里有一位五保户也是大青拳的忠实爱好者，家里的四间房贡献出了三间给他们练拳，这种无私奉献、不求回报的精神深深地感动了苏计新。他说，记得当时那三间房总是人满为患，想去训练的人都需要排队，大师父在屋中指导，小孩子在院子里练习，等练熟了以后，大师兄会叫小孩子进到屋里来请大师父纠正指导。

就是在这种有限的条件下，苏计新因自幼爱好武术，与大青拳结缘，现在传承中华优秀传统文化成了他的责任，传承大青拳也成了他一生的事业。

1978 年，苏计新应征入伍，被分配到河北省沧州军分区武警大队。入伍后，凭着扎实的武术功底和超群的武术天赋，部队中的擒拿格斗技巧他一看就会，且练习得十分娴熟，很快他就被评为武警大队中的武术专业标兵，后来被军队首长任命为沧州军分区武警大队总教官。在这期间，苏计新遍访沧州各地名师，向他们习练八极拳、八卦掌、白猿通臂拳、形意拳等多种拳法。博采众长后，他逐渐形成了自己的竞技风格。

苏计新认为习练大青拳可以起到强身健体、增强意志、提高胆量的作用，可以让调皮爱打架的孩子在习练过程中了解到自己与别人的差距，明白"人外有人，天外有天"的道理，自然就会变得成熟稳重；同样也可以让一个胆小的孩子变得强壮勇敢，成为一个积极乐观、充满活力的人。于是，苏计新复员后回到家乡，在自己的家乡开办了武术学校，传授自己多年来所学的武功。他不仅传授武术技巧，还教育学员练武要讲究武德，拳法可以用来强身健体，但绝不能争强斗狠，匡扶正义才是武术的真谛。

苏计新说，自己第一次演出是在正定县成立革命委员会的时候。他们受邀参加"庆功宴"，给大家助兴。当时还没有现在开演唱会的那种大型舞台，他们就只是沿街表演，从操场一路踢着正步走到规定的场地，之后便开始进行表演。表演结束后再走到大佛寺停止、落场。当时的场面十分热闹，大家都兴高采烈的，心中的骄傲脸上都藏不住，个个都努力把自己的实力发挥到极致，特别希望大青拳能够得到正定县老百姓的肯定。

苏计新跟随第四代传承人习练店上大青拳，已经过去四十多年了。农闲之时，他积极组织村内成员到各处表演，并将店上大青拳技巧无偿传授给每一位愿意学习的人。2017 年，店上大青拳通过石家庄市非物质文化遗产领导小组办公室审查，列为石家庄市第七批非物质文化遗产保护名录，苏计新也于 2019 年正式成为店上大青拳的第五代传承人。

四、"原汁原味"，不改青拳本色

店上大青拳动作繁多，虽历经百年，但原本的动作并无多少变化，也正是苏计新、李晋元等传承人的存在，才让这些原汁原味的拳法动作得以保留。

　　别看拳法动作多、招式复杂，但大青拳却十分接地气，对表演场地并无过多要求。大青拳讲究"拳打卧牛之地"，意思就是在卧牛大小的圈中便可以打完一整套大青拳，所以说不论多小的地方，大青拳表演者都施展得开。

　　在过去很长一段时间内，店上村曾是滹沱河沿岸的码头，村民习练大青拳是因为当时走船运输的需要，需要一直跟随船只将物资通过水上运输到达天津港口。这一工作过程需要极大的体力支持，因此村民们通过习练大青拳保持强健体魄。而现在，交通越来越发达，有了高速公路和火车，再也不需要村民走船运输了，大青拳也因此由传统的防身健体术演变为现在的一种表演艺术。

　　目前，大青拳的表演类型有很多，比如十二式、二十四式、无化接手、十三趟腿、跑套等。苏计新和李芳向我们展示了跑套，即大青拳的俩人对打，苏计新为攻手，李芳为防手，防手一方还要在防御过程中抓准时机进行反击；苏国贞向我们表演了金鸡独立和鹞子翻身；李瑞清向我们表演了无化接手和五子登科，其中鹞子翻身是一个十分灵活的动作，表演时的身体动作就像一只鹞子在天空中翻身一样，是大青拳中一种败中取胜的拳法。而五子登科是指踢五下脚，是一种攻击对手的手段，具体分为以下五个动作：第一，叫"金刀出鞘"，踢向对手的腿部；第二，右脚抬起，踢向对手的腹部；第三，"倒踢紫巾冠"，用后勾脚踢对手的头部；第四，是"二起脚"，腿又翻上去向对手的脑门踢去；第五，叫作"旋风脚"，也是朝对手的头部踢去。

　　在大青拳的传承过程中，几位老师也强调大青拳不能随意加动作更不能删动作，他们希望的是将老一辈的智慧结晶永远地传承下去，如果改了套路、换了拳法，就失去了独特性，就不能被称作是店上大青拳了。不论是老一辈还是现在这一代，在实际传承中也都是这么做的，大青拳从明末传承至今，从未更改过套路、变换过拳法。现在的训练，苏计新以及其他老师也依旧使用老办法，使用和以前一样的教学方法，在避免受伤的情况下教授给大家练习技巧，也正是他们的坚持将"原汁原味"的店上大青拳传承至今。

五、尽心尽力，只为传承经典

在苏计新成为传承人之后，他的爱人和孩子都十分开心，只是现在与以前不同的是，目前教学的老师比较少，加上他只有三位老师。平时老师们还需忙农活，所以有时候会忙不过来。但即使在最忙的时候，只要有人愿意学，他们就会抽出时间去教，老师们都希望能够尽力让店上大青拳传承下去。

店上大青拳成为非遗项目以后，外出的表演次数逐渐多了起来。虽然有的时候会比较忙，但是为了宣传店上大青拳，只要别人邀请他们去表演，他们一般都会去。西兆通小学偶尔会邀请他们去表演，而且还希望他们教四年级以上的学生习练大青拳。比较远的地方，如正定县、石家庄市里都邀请过他们。不久前他们刚刚参加了市里举办的中华非遗精粹表演，这个表演基本年年有，一般是表演拳法，有时也会用到器械。每次有外出表演，几个传承人和教练都会去，有时候还会带上他们的学员。这些学员拳打得很好，尤其是一个叫何思源的孩子，是几位老师的得意弟子之一。有时候几位老师的老师父也会去观看他们的表演，给台上的他们加油打气。每一次演出大概三五分钟，但正所谓"台上一分钟，台下十年功"，每一次上台展示，背后都是老师们在台下辛苦付出和努力习练的结果。

2019 年的冬天，一场突如其来的新冠疫情打破了冬日的祥和，整个世界笼罩在阴霾之中。国内疫情暴发之际，大青拳的习练活动被迫暂停。2021 年2 月到 4 月，又因石家庄市疫情反弹，大青拳习练活动再度被搁置。那段时间，大家都积极响应政府号召，居家隔离。苏计新说，居家隔离的这段日子里，老师们也闲不住，自己时不时还会在家中练习一些动作，而且有的时候还会用手机视频功能"隔空切磋"。疫情缓和后，苏计新、苏国贞、李瑞清、王新果等几位老师意识到强身健体的重要性，所以他们动员店上村村民们一起习练大青拳，活动筋骨，提高身体素质。

后来，几位老师考虑到现在孩子们的实际情况，在传授大青拳的过程中同时教授军体拳，但他们认为这两个拳种是不一样的，不能混为一谈。军体拳的招式简单易懂，一个动作衔接一个动作，都有固定的模式，特点是猛和刚。相较于军体拳，大青拳的招式变化更多，每一招动作都可以有很多种变化，其特点是柔中有刚、刚柔并济。每一招动作衔接连贯，学习起来要比军体拳困难一些。而在教授大青拳的同时教授军体拳，目的只是让孩子们强身健体，为习练大青拳打好基本功。

在几位老师的弟子中，苏计新最得意的弟子便是王新果和李瑞清两人，他们也对大青拳极度热爱，为习练好大青拳而克服了重重困难。当时他们就在村里个人组织的民办武术学校中习练，那时候条件不好，他们有时候在屋里习练，有时候在别人家的大院子里习练，有的时候就跑到村里的街道上习练。在那个年代，家里没有电视消磨时光，晚上他们就点着柴油灯在地下室习练大青拳，真正做到了能在哪练就在哪练，从来没有间断过。所以苏计新等几位老师对这些优秀的弟子们都悉心培养，希望他们能够在未来将店上大青拳这个古老的拳种继续传承下去。

六、新时代，老拳法焕发新活力

大青拳从明末兴起传承至今，随着和平年代的到来，人们忙于生产，习武的风气自然逐渐减弱。中华人民共和国成立以来，随着物流业的不断发展，交通方式不断革新，店上村原始的走船运输时代一去不复返，曾被店上村村民广泛习练以强身健体的大青拳也因此逐渐没落，尤其是改革开放之后，这种情况愈发严峻，大青拳甚至陷入了无人可传的地步。

苏计新说，自己家里有两个孩子，一儿一女。女儿在小时候还会跟随苏计新习练大青拳，但是上了大学之后就没有继续习练了。而儿子则是从小就对大青拳没有兴趣，苏计新也就没有勉强他。

老师们习练大青拳大多出于个人喜爱，演出也从不收费，平时没事的时候就在家里忙农活，干好自己的事，碰到别人邀请，他们就去。一方面可以为人助兴，另一方面又可以宣传大青拳，何乐而不为呢。可是这样一来，大青拳演出几乎不会产生什么经济效益，反而还要倒贴钱。苏计新作为传承人和教练，为了生计曾在退伍复员后开办过针织厂、塑料厂，后来被选为村里的书记后才不开办厂子了。不仅是苏计新，还包括苏国贞、李瑞清、王新果等几位老师现在都在家中务农，靠天吃饭，收入不是很稳定。

但即使是在这样倒贴钱的情况下，几位老师也始终如一地坚持下来了，只为将大青拳传承下去。日常习练的过程中，一般先使用公费，不够就自己添钱。几位老师说，虽然习练过程中器械的破损率并不高，但如果有多人习练的话，就需要几位老师出钱增添器械，就连有些习练器械和表演用的统一服装也是学生自费购买的。

好在这种情况现在正在逐步改善，各级政府越来越重视非物质文化遗产的发掘和传承，渐渐地，店上村人又开始习练起大青拳了。政府对武术类非遗提供了很大的帮助和支持，申遗成功后，当地政府对店上大青拳给予了补助。

店上大青拳和别的非遗项目不同，出拳的力度和时机不是短时间就能培养出来的，需要长年累月的积累才能达到一个很高的境界，大家都很理解，所以对他们的关注度和支持度比较高。村里也十分支持他们开展大青拳习练等武术活动，还专门为习练大青拳安排了一个大办公室，作为教学和习练的场地。教授大青拳不收学费，外出表演都是老师们自费租车，甚至孩子们在练拳的时候衣服破了、裤子扯了，都是老师们自己掏钱买训练穿的衣服，为了保障孩子们在习练过程中的安全，还特意购置了地毯铺在瓷砖地上。

条件越来越好了，但是让几位老师发愁的事也变了。他们发现，现在的孩子们身体素质和心理素质不如以前，需要一遍又一遍有针对性地教导。几位老师说，以前他们小时候，肯吃苦，不怕脏不怕累。现在的部分孩子们，身体素质不行，不敢让这些孩子受伤，他们觉得这是在教学过程中考虑最多的事。现在，会先教他们一些基本功，比如扎马步、出拳、踢腿之类的动作。因为大青拳想要练得好，基本功必须要扎实，必须要有力度，出拳不能软弱无力、摇摇晃晃的，要做到"站如钉，走如风"。所以在教授大青拳之前，还得让他们先练习军体拳，这套拳法简单易懂、见效快，孩子们也愿意学，还可以强化基本功。通过练习军体拳激发孩子们的兴趣，再来习练大青拳就会觉得轻松一些。入门以后，老师们便开始教授十二式，等融会贯通以后再开始学习二十四式。不管是大青拳还是军体拳，练会一套拳的动作很容易，练精通却需要很多年，甚至是一生都要去领悟，其实这个过程才是最枯燥的，就和升学一样，从十二式到二十四式就是从小学升到大学。

店上大青拳申遗成功后，学员也越来越多，不光有本村的孩子和大人，还有外村甚至是外省慕名而来的人。苏计新说，这些人来到店上村，只要他们想练大青拳，这些老师都会尽心尽力、一视同仁地去教。现在在店上村，村里的男女老少都多少会一些招式，都能够打出来一两套拳，而且一些学生长大后，进入大学专门学习武术、研究武术。比如苏计新的两个外甥，从小就爱好武术，也特别乐意跟着苏计新一起习练大青拳，他们长大后，因为身体素质好又擅长体育，所以都选择了体育这条路，一个叫世平，另一个叫世光，他们都考入了体育学院。他们并没有因为考学而荒废练大青拳，不仅在大学学习、研究武术，还办了个大青拳的学习班，已有三百多人来此学习。

自从申请非遗成功后，大青拳不光获得了政府的支持，也获得了大家的支持，村里人引以为傲，可以说是新时代赋予了"老拳法"新的活力。

苏计新说，经过这四十多年的习练、传授，他觉得店上大青拳作为一种古老的拳种，作为中华民族优秀的传统文化，更作为店上村本土最具特色的传统项目，绝对不能被丢掉，要一代一代传承下去。他们作为教练偶尔会感到疲惫，有时候村里或者家里的琐事会让人忙得脚不沾地，但是这些老师还是愿意牺牲自己的时间去教学。对于一些基础比较差的学生，他们也极有耐心，一有时间便会来到非遗传习所，就是为了大青拳能够传承下去而贡献出自己的一份有限的力量。

这些大青拳的老师有一个共同的愿望，就是一定要把店上大青拳传承下去，不能在他们这一代人手里失传。也希望国家、政府能够对店上大青拳等中华民族的优秀传统文化更加重视。希望通过网络或者媒体的传播，能够让大青拳走出滹沱河，让大家都知道在滹沱河畔的店上村还存在着这样一种古老的拳种。这样他们才能够问心无愧，无愧于师父们和前辈们的教导。如果条件允许，更希望大青拳能够走出中国，走向世界。

苏计新强调，首先，大青拳的传承不仅要靠传承人，还要靠受传承人。受传承人要能够吃苦，更要有刻苦钻研的精神。而传承人则要尽心尽力，切实把本领传授给每一位求学的人，要一视同仁，有可能未来的传承人就会从中诞生。其次，传承的过程也需要资金的支持，现在学习的人多了，场地和器械远远跟不上需求，因此只能让他们分时段学习，这就需要有专门的训练场地去供大家训练使用，这样才能将大青拳的传承落到实处。这些老师的感悟和殷切的希望，正逐渐成为现实，在各方的努力下，相信会有越来越多的像店上大青拳这样的中国传统文化可以得到延续和弘扬。

尽管传承之路困难重重，但传承人凭借满腔热血使得这些即将消失的非物质文化遗产得以延续。一双赤手，可以用来农业生产，也可以用来保家护国。刚柔并济，动静相宜，店上大青拳，不仅是村民们强身健体的养生之法，还是店上村豪情铁血的铮铮傲骨。

第十八章　依依扇花情，盈盈碣阳韵
——昌黎地秧歌口述史

【走近昌黎地秧歌】

以舞悦心，以舞扬志，舞蹈见证着一时一地独特的哀乐与悸动。于昌黎，人们则将履险蹈难后的坚韧融为律动，将沐雨栉风后的希冀化为舞姿。一舞一扭，闲散嬉逸的秧歌是昌黎县人民历史与情怀的艺术，是特定文化时空中的昌黎县情韵。

秦皇岛市昌黎县坐落于渤海之滨，风景秀丽，物产富饶，与山海关相隔不远，属于古代经济贸易往来的集散地。在豪爽善良、不拘小节的淳朴民风下，随性嬉逸的昌黎秧歌孕育而生。作为河北省具有代表性的传统舞蹈与非物质文化遗产之一，昌黎地秧歌自元代以来历经近千年漫长深厚的历史积淀，已经成为当地人心中具有特色的一种表演艺术形式。它根植于乡土，用舞蹈这种表现形式展现着当地人的生活习俗以及历史，以自身的戏剧性、诙谐性吸引了一代又一代的观众。

昌黎地秧歌的地，也就是田间地头的含义，昌黎人民在劳作中借用舞蹈来表达自身的情感，祈求万事顺遂，生活幸福，慢慢地就形成了规模，形式也由最初的唱跳结合发展为如今昌黎地秧歌的纯舞蹈表演。

不同于其他秧歌类别，昌黎地秧歌以其自有的故事性与戏剧性为表演增添了无穷魅力。具体来说则主要是通过妞、丑、公子与㧟四种角色铺展开来。妞是指戏中年轻的女性，或者年轻的媳妇；丑是比较诙谐、幽默的角色，一般在戏中通常会扮演负面的形象；公子是戏中具有书生气质的青年男性；㧟这一角色则充分体现了昌黎的地域特色，据说在昌黎当地有一个姓蒯的老太太，善于保媒，又举止古怪糊涂，在说媒过程中经常会闹出不少笑话，于是人们将这种老年妇女称为"老蒯"，慢慢发展成为昌黎地秧歌中的一个角色。[①] 故事主要表现为㧟角糊里糊涂地保媒拉纤，丑角则从中作梗破坏妞与公子的结合。

作为一种群体性舞蹈，少则五六人多则几十人都能撑起昌黎地秧歌的一片舞台。在传递乐观热情心绪的宗旨之下，表演者以丰富的面部表情表现出极强的情绪感染力。表演的舞步没有特殊要求，大多是表演者随性而动，也正因如此，昌黎地秧歌在本地的群众基础极牢固。随着表演逐渐步入高潮，表演者通常还会拉路边的观众一起参与其中，因而在昌黎县，没有人在看完秧歌之后不是笑着离场的。

一、始于热爱

秦梦雨是昌黎地秧歌丑角代表性人物，他表演的丑角被当地人称为一绝。他还是昌黎舞蹈协会理事、地秧歌表演艺术家。他出生于河北省秦皇岛市昌黎县十里铺乡，昌黎地秧歌在此地有着悠久的历史。当时的人们没有什么娱乐活动，每当人们劳动累了的时候就会聚集到一起，聊天、跳舞。

---

① 崔琳.昌黎地秧歌艺术与当地民俗的渊源［J］.河北科技师范学院院报（社会科学版）,2009,8（3）:38–40.

以前秦梦雨的演出，通常集中在节庆假日或新年，当地村支部总会邀请一些秧歌队来进行表演，庆祝慰劳辛苦劳作的村民。又或者有其他庆祝活动，经常会请上个秧歌队，吹吹打打，舞舞扭扭，与众人一起庆祝这欢乐的时刻。那时候没有什么正规的舞台，随便一片平整的空地就能成为昌黎地秧歌表演的场合。即使如此，也浇不灭人们心中的热情。

受到当地风土人情的影响，昌黎地秧歌这种表演艺术形式在年幼的秦梦雨心中扎下了根。而浓厚的家庭氛围又让这棵扎下根的小幼苗开始向上生长。秦梦雨的太爷爷秦来在他小的时候就已经在当地小有名气了，他经常去各地演出，表演昌黎地秧歌，年幼的秦梦雨在这种氛围的影响下，也开始不自觉地跟着模仿那些舞步，慢慢地出于热爱秦梦雨主动找上秦来，向他拜师学艺，正式学习昌黎地秧歌。在他小的时候，昌黎地秧歌正处于巅峰时刻，各个流派百花齐放，各有所长，各位老前辈也在原来的基础上不断谋求新意，开拓创新，并不断在各种场合屡获殊荣。彼时的他年纪尚小，正是学习的大好时刻。他兼采众家所长，与多位老艺人合作，不断摸索属于自己的表演技法。学有所成后，开始跟着到处表演，在表演的过程中，他认真钻研，不断积累经验。在众多表演行当中，秦梦雨主要学习以及研究的是丑角。

秦梦雨说，午后在嬉笑中观看秧歌表演是当地人最惬意的生活方式，而"丑"这一角色作为整场秧歌表演中的灵魂，其肢体动作贯穿于整个故事情节之中，通过肢体上的缓急轻重、插科打诨，带动观众的情绪，不断将故事引向高潮，带给观众独特的审美体验。

"通过扮丑看到人们笑得前仰后合，是我整场演出下来获得最大的报酬；能够为人们带去欢声笑语，也是我能够坚持表演下去的主要动力。"没有人愿意成为他人心中的小丑，但秦梦雨为了人们的欢笑自愿成为戏中的小丑。因为热爱，他成为当地人心中最具代表性的"丑"。

二、成于勤奋

"养其根而俟其实，加其膏而希其光。根之茂者其实遂，膏之沃者其光晔。"

从十二岁到八十多岁，秦梦雨从未停止表演的步伐。从家乡出发，他在全国各地都留下了自己表演的身影。

"年龄大了，邀请我表演的人也变少了。"老先生这样向我们诉说他的遗憾。但老人的热情却丝毫不减，并表示自己十分愿意并享受昌黎地秧歌表演的氛围。他从不认为年龄是一个问题，只要一有机会就会扭上一扭，为大家奉献一段精彩的演出。"老树春深更著花"，正是这种热爱与勤奋，让秦梦雨在一众表演者当中脱颖而出，成为昌黎地秧歌丑角的代表性人物。

秦梦雨有着自己独具特色的艺术形式与风格。在表演时，他与其他表演者站于舞台中央，曲子一响，用不了多久就会有一层又一层的人群围成一个圈，构成表演的舞台，圈的大小也随着表演人数的多少而改变。在表演过程中，秦梦雨也会不时地和观众互动，拉观众入场，一来一回之间，人群中洋溢着欢乐的氛围。

昌黎地秧歌有很多经典的旧曲目，比如《傻柱子接媳妇儿》《瞎子摸杆》《锯缸》《跑驴》等，这些都是经常表演的。其中《跑驴》这一曲目还曾走上国际舞台，在匈牙利布达佩斯的舞台上斩获大奖。而秦梦雨在原来跑驴的基础上把原来赶驴的舞蹈动作又增加了急行步、跳踏步、小晃腰等，让小驴更加灵活与生动，表现出了驴本身的动态。因此，《跑驴》更贴近生活，大幅增加了表演的感染力。

除了对具体作品做出创新外，他还在丑角的肢体动作上精益求精。昌黎地秧歌肩膀的动作与蒙古舞有很大联系，他用肩膀上下摆动的幅度以及快慢表现角色在戏中的心情。在"调戏"妞的时候，他会用小碎肩表达挑逗的含义。为做好这一动作，他日日夜夜认真练习，埋头苦干，最终达到炉火纯青的地步。整体动作收放自如，干净利落，从不让人感到夸张或拘谨。

　　扇子与裘帽，这是除灵活的肢体外，对丑角来说同样重要的两样东西，能将这两件东西练好，也代表一种实力。不下百场的表演经历，让他练就了一身绝活。在表演过程中，他对使用扇子的手法以及旋转方式进行了创新，在扇花方面增加了一些花活，让扇子能够在手上灵活地摆动，随着手的舞动，扇子也在身上上下翻飞，看得人眼花缭乱，这增加了扇子表演的可看性与观赏性，引得观众阵阵惊呼。表演裘帽时，他借用脖子的力量将裘帽快速地甩动，并配合夸张的面部表情以及搞怪的肢体动作，将一顶小小的帽子玩出新花样，同时将传统旧曲艺表现出新的花活。

　　秦梦雨还提到，以前的秧歌表演大多是随性而动，表演者根据自己的经验，在鼓点的基础上临场发挥，没有什么规律或范式。后来为更好传承以及教授昌黎地秧歌，在县政府的帮助下，他录制了一些光盘，将一些随意的动作，进行了整理与归纳，随后成为一种规范，帮助后来的表演者更好地掌握了昌黎地秧歌的表演技巧。

　　虽说在实地表演的时候，他还是按鼓点自由发挥的情况比较多，但发挥的基础在于扎实的基本功，没有那么多年的打磨，又怎敢上台表演。多年的努力给了他自信的资本，无论面对什么样的情况都可以从容应对、信手拈来。

　　也正是这种勤学苦练使得秦梦雨从自己师父手里获得了四件宝贝：一是鞭子，这是在表演《跑驴》时所需要用到的道具；二是挑担和小板凳，用来表演《锯缸》；三是丑角所需要戴的裘帽；四是《跑驴》中的串铃。这些表演道具，是师父对他表演技艺的一种认可，更是他一生的骄傲，一直保存至今。

三、努力造就辉煌

　　秦梦雨为昌黎地秧歌贡献了自己的青春以及热血，在努力与勤奋中不断收获属于自己的荣耀。采访过程中，他自豪地谈到，有关昌黎地秧歌的奖章他已经积累了一大堆，全都放在家里，一些群体性奖章则放到了县级管理部门中。当提及具体有哪些获奖作品时，他列举了自己印象深刻的两个，分别是在沈阳参加沈阳国际秧歌节时获得最高奖《金玫瑰奖》，以及在全国中老年健身舞蹈大赛获得的最高奖《兰花奖》。他讲到，在沈阳参加比赛时，全国的秧歌队都到场了，自己所在的秧歌队能够获奖真的是无比的自豪。除此之外，秦梦雨还在中老年艺术节获得金奖和"个人风采"以及"最佳丑角奖"等一系列奖章。一枚枚奖章都是他过往经历的见证，为本就不平凡的人生增添了浓墨重彩的一笔。除了受邀参加各类比赛以外，秦梦雨还参加了不少电视台举办的节目以及活动，从河北电视台到北京电视台，他用自己的精彩表演，将昌黎地秧歌这一田间地头的舞蹈带到了更大更广阔的舞台，让更多的观众有机会看到了昌黎地秧歌这一表演形式。

四、陷入困境

如果秦梦雨以其精湛的表演于横向坐标中推动了昌黎地秧歌的传播，那么在当下，他更多思考的便是昌黎地秧歌在新时代的纵向传承问题。

现如今，大街小巷唢呐喧天，中、小钹齐声响的辉煌时刻已经成为历史。对于昌黎地秧歌来说，它牢牢扎根于当地的风土人情，当地民众的喜爱是昌黎地秧歌活力的来源。但现阶段昌黎地秧歌传承困难主要在于受众群体逐渐减少。

秦梦雨讲到，以前大家的娱乐方式有限，一场秧歌可能是一年下来少有的一场表演。大家都会趁着这个机会多看一看，乐一乐，用秧歌填充枯燥的田间生活。那时候，大家赶远路都要过来看，只为图个热闹。看秧歌的人在看他表演时热情极高，有的时候甚至把他团团围住，真可谓人山人海，里三层外三层。那时候人们不在乎舞台是不是精美，场合够不够庄重，一个村支部就是一个舞台。有时候淅淅沥沥的雨滴也不能消灭人们的热情，各种表演邀约也是不断，每当谈到过往的表演经历，老人总是不自觉地开心，谈到现在又忍不住地失落。

　　现在，昌黎地秧歌在当代年轻人中的受欢迎程度远不如前。秦梦雨说，现在的年轻人都喜欢看手机。游戏、综艺节目、电影、电视剧、短视频等应有尽有，像昌黎地秧歌这种传统表演节目很难吸引一些年轻的群众。他们对秧歌的兴趣远不如以前的人，就算来看表演，也都是一些老年人，喜欢看的人少了，自然来邀请表演的村支部也越来越少。年轻人不喜欢，这就意味着昌黎地秧歌未来的发展可能不容乐观，就像一个没有水流入的湖，迟早会干涸。还有一些年轻人对昌黎地秧歌了解不够深入，认为它总是以前的表演风格，也不够时髦，认识不到昌黎地秧歌的魅力。

　　此外，昌黎地秧歌还与其他非物质文化遗产一样，面临着传承人不足的问题。表演一场昌黎地秧歌并不会收到很多报酬。秦梦雨说，在他年轻的时候表演，大家都没多少钱，有时候能提供一顿饭钱就算是比较不错的了。他跟着一直表演也不是为了钱，凭借表演的钱肯定不足以支撑起整个家庭的开销，只能将昌黎地秧歌作为日常活动的消遣，娱乐自己的同时，也能使大家开心。学习地秧歌并能坚持下来的人并不多，更不用说像他一样在原来基础上不断精益求精的人了。

　　作为表演昌黎地秧歌的世家，秦梦雨家学习表演的氛围相较于一般家庭也要更为浓厚，从秦梦雨太爷爷算起，家族中学习或表演过昌黎地秧歌的人并不少。然而，老先生却颇感遗憾地提到，自己的许多孩子，在结婚之前，都跟着他学习过一些有关昌黎地秧歌的舞蹈，跟着一起表演过。结婚后，大家都忙于生活、孩子与家庭，工作压力增加，很难挤出时间与精力去表演，很难继续坚持下去，慢慢地对昌黎地秧歌的兴趣逐渐减退，对于动作也忘得差不多了。他的孙子孙女小的时候也曾跟着一起学习，小孩子正是爱动的年纪，乐意学习与接受新鲜事物。从小耳濡目染，在爷爷的带动下不自觉地也跟着学起了昌黎地秧歌。只可惜上学后作业增多，就没有时间再继续学下去了，少了接触，对昌黎地秧歌的兴趣也在不断减退，慢慢地也就不学了。学习昌黎地秧歌入门不难，难的是坚持不懈，永远保持下去的毅力。

五、打破桎梏

虽然现在传承非物质文化遗产面临着许多困境，但秦梦雨从未向这些困难屈服，一直认认真真地承担着自己作为非物质文化遗产传承人的责任，借助社会以及政府的力量，不断将非物质文化遗产推到人群中去，让大家更热爱这一表演。为了避免年轻人越来越不了解、不认可昌黎地秧歌，他主动与大浦河小学合作，以老师的身份，将这一非物质文化遗产作为一门课程，传播到当地小学中去。他不求任何报酬，只希望地秧歌能一直流传下去，保住当地的特色。就这样，每周一节课，一直带着学生学习。他以七八十岁的高龄进入小学校园，与六七岁的孩子一起舞动身体，扭出欢笑，让他们在繁忙的学业之外还能发展一项爱好，为昌黎地秧歌的传承与发展提供新的思路。他以缓慢的步伐，带领一群一二年级活泼的孩子，在课余时间，用扇子、手绢等秧歌用具舞出一片天。

"孩子们在跳秧歌时欢乐的笑脸要比任何丰厚的报酬都要来得实惠些。"而实际的教学效果却远远出乎他的意料，孩子们用自己诚恳的态度与稚嫩的步伐，为老人带来了新的希望。其实，他也知道，未来这些孩子可能并不会一直去扭秧歌，甚至到了高年级以后，就不再扭了。但这并不重要，重要的是他改变了年轻一代人的想法，向他们宣传推广了昌黎地秧歌这一非物质文化遗产，让孩子在小的时候就能够意识到，昌黎地秧歌是我们的宝藏，是我们当地独特的文化财富。已经成长为少年的他们，能以一种欣赏的态度去对待这一来自田间地头的文化，不至于让它成为无源之水就足够了。未来传承昌黎地秧歌的种子有可能就这样无意间播撒在了某位小传承人的身上，让他带领昌黎地秧歌走向另一个辉煌。现在的秦梦雨年事已高，实在不能再带着孩子们学习了。他的徒弟杨常青，接替他成为新一代教授昌黎地秧歌的老师，在十里铺小学继续发光发热。

对于传承昌黎地秧歌，他从来没有藏着掖着的时候。他表示任何时候、任何地点，只要你想学、愿意学就可以主动联系他，从不收取任何报酬。他对徒弟的要求也没有很高，对他来说，有一颗火热的心比什么都重要。如果天资聪颖，可能一年左右就可以学成；如果学着困难，哪怕三年五载他也愿意教下去，只要徒弟不放弃，他就永远不抛弃。心中有梦，脚下有力，学习起来才会顺风顺水。如果想真正学习昌黎地秧歌，那么他就是在徒弟们实现这个梦想的旅途中最坚定以及最负责任的引路人。现在他的徒弟已经遍布昌黎周边地区，有的已经能自己撑起一个舞台，打出自己的名号，这让他欣慰不已，每次提及此事他都是眼带笑意，希望他们能在昌黎地秧歌这条路上越走越远。此外他还在文化局每年一届的秧歌培训班培育了一大批学生，真正做到了诲人不倦。

虽然年事已高，但他从未停止过学习的步伐。21世纪是互联网时代，只要通过一只小小的手机人人就可以从手机上获取信息，参加各种娱乐活动。他也深谙这一点，在短视频流行的当今社会，他也紧跟时代潮流。虽然他自己不会使用智能手机，但其徒弟及周围观众通过短视频平台上传，他的秧歌作品也可以活跃在短视频的舞台上。作品一经发布总能获得较高关注，让喜爱昌黎地秧歌的观众能随时随地毫不费力地看到表演，其以另一种方式传播着这一非物质文化遗产。"顺势者昌，逆势者亡也"，互联网的普及虽然夺走了人们大部分的目光，但也为非遗传承者提供了一个新的思路与办法。善假于物的人总能在困境中找到新的生机，就如同秦梦雨一样。

除了收徒教小朋友以外，他还上过各个电视台、录制过教学的光盘，为的是把昌黎地秧歌以音像资料的形式流传下去。关于学术采访，他也已经司空见惯。无论是教授带领学生进行采访收集资料，还是学生自己主动上门求访，他总是以笑脸相迎，认真地回答提出的每一个问题。"只要能帮上忙，你随时找我，到时候随时联系"是他的口头禅，也是他对昌黎地秧歌传播与传承的一个承诺。他从来不怕麻烦，也不想让自己闲下来，仿佛天生就是为昌黎地秧歌而生的。有人因为秧歌来找他，对他来说就是一件幸福的事。他是一位闲不下来的人，心中有爱，脑中有事，行动必然迅速。年轻有智慧，老了有活力。片刻的清闲对他来说远不如登台表演来得惬意。年事已高，已经不能远行的他，就算是在家门口也要扭上一扭。将爱好转化为事业，与事业一起攀上高峰，这是多少人梦寐以求的事情。

秦梦雨虽然年纪较大，很多事情都已忘记，但只要是他知道的一定会知无不言，言无不尽。秦梦雨一直虚怀若谷，隐耀不长。在别人心中，他一直是和蔼可亲的一个形象，丝毫没有因为是国家级非物质文化遗产传承人而摆出任何架子。

正是这些真心的付出以及努力，昌黎地秧歌才能在这个信息快速发展的时代，仍然经久不衰。2015 年国家级非物质文化遗产代表性传承人抢救性记录工作全面启动，他的秧歌作为唯一一个舞蹈类非物质文化遗产传承优秀成果节目在这个舞台登场亮相。在此次推介会中共有二百二十七个项目通过评审，并推选出了二十五个优秀成果，"秦梦雨——秧歌（昌黎地秧歌）"赫然在列。这是对他这些年努力传播、传承昌黎地秧歌的认可，也是对他努力的一种嘉奖，更是对昌黎地秧歌传承现状的一种认可。"宝剑锋从磨砺出，梅花香自苦寒来。"他为昌黎地秧歌的传承费尽心血。老人将昌黎地秧歌的传承视为自己的使命与信仰，并将一生奉献给了昌黎地秧歌。

六、对昌黎地秧歌未来的期许

时光如水，岁月如梭。当初意气风发的少年如今已然白发苍苍，佝偻的背部也无法做出那些灵巧的动作，而他的梦想与世代传承的意志却无法改变。"弘扬三歌艺术，繁荣昌黎文化"是昌黎县文化馆对他多年工作的赞誉与肯定。谈及昌黎地秧歌的未来，秦梦雨指出，目前他已经奉献出了自己的一切，但要想让昌黎地秧歌走得更远，仍需他人支持。他希望未来社会的各个阶层都能够将昌黎地秧歌重视起来，而不仅是简单的宣传报道，真正的传承需要有深入的了解，更需要有持之以恒的动力。田间地头的演出，能走到现在并不容易，它值得我们每一个人去珍惜。秦梦雨对前来采访的河北科技大学外国语学院研究生赵芮莹说道希望你们这些年轻人也能够不断关注了解昌黎地秧歌的美好，"纸上得来终觉浅，绝知此事要躬行。"花一些时间亲眼看一场节目，说不定就会增加一个新的爱好。昌黎地秧歌不仅需要观众，更需要像他一样，不为报酬、一心一意的艺术家。在秦梦雨等老一辈艺术家几十年的努力下，昌黎地秧歌已迈入了新的阶段，但想让它再度繁荣复兴，仍旧任重道远，需要将昌黎地秧歌的内核与时代的律动相结合，为昌黎地秧歌搭建更加广阔的平台。

第十九章　迓鼓喧天闹，民间永流传
——磁县迓鼓口述史

【走近磁县迓鼓】

文学的物质载体是文字；美术的物质载体是纸张；戏剧的物质载体是表演；音乐的物质载体是声音。磁县迓鼓是民间舞蹈，也是打击乐器。"只有音乐才能激起人的音乐感。"

磁县，位于河北省最南部，是河北省的南大门，东与临漳县、成安县毗邻，北与邯郸县、峰峰矿区接界，西与涉县接壤，南与河南安阳县隔漳河相望，这样的宝地自古以来就是兵家必争之地。远在六千多年前的仰韶文化时期，这里就有人类居住了，至今还有商代下七垣遗址、战国时期的讲武城、东魏南北朝古墓群、宋元时期的磁州窑遗址等古文化遗址。磁县历史悠久、文化底蕴深厚，非物质文化遗产众多。先后申报国家级非物质文化遗产项目一个：冀南皮影；省级非物质文化遗产项目七个：磁县怀调、磁县迓鼓、磁县扎纸、崔府君传说及出巡仪式、梅花拳、磁县剪纸、坠子书；市级非物质文化项目二十五个：磁县怀调、磁县迓鼓、磁县扎纸等。已公布的县级文化遗产项目有一百零四个。据史书记载，迓鼓产生于宋朝，然而根据磁县古墓中挖掘出的出土文物"击鼓俑"证明，磁县的迓鼓产生于南北朝的东魏。晚清中后期至 19 世纪 40 年代，在冀南豫北一带流传，特别是磁县迓鼓流传兴盛。

2021 年 7 月 31 日，河北科技大学外国语学院的申晓雨同学来到这座"非遗之城"，对河北省非遗项目"磁县迓鼓"传承人胡万保进行采访，一探磁县迓鼓的究竟。走在兴仁街上，申晓雨同学立刻就体会到了浓浓的文化气息。

一、追忆历史长河，绘就岁月峥嵘

迓鼓也写作讶鼓、砑鼓，是河北磁州（今邯郸市磁县）传统民间舞蹈的遗存。磁县迓鼓已经有了上百年的历史了，在远古时代的争斗中，迓鼓也是一种战斗利器。伴着宏伟的号角，在战车的掩护和将帅的指挥下冲锋陷阵。它是一种系在腰间的乐器，后来演变成了以舞蹈和艺曲结合为一体的一种艺术形式。在民间，人们模仿官府衙鼓的节奏，也就有了后来的迓鼓表演。

磁县迓鼓传承人胡万保说，其实府衙鼓和迓鼓一样，都是一样的鼓，但是区别在于衙鼓没法舞蹈，不像其他鼓一样可以和舞蹈搭配着进行，因为衙鼓的鼓点太紧凑，越往后打节奏越快。除此之外，表演者只能站在那打，不能做动作，因为只要动作幅度有些大，衙鼓就会掉。1982 年，胡万保师从迓鼓老艺人宋金学习迓鼓表演技艺。初学时老师敲鼓，他则用双手拍打膝盖学习，晚上回到家躺在床上，脑子里还是想着老师传授技艺的画面，不由得双手拍着腹部练习，睡着了做梦都是练鼓的场面。由于胡万保不断地勤学苦练，很快便掌握了曲目和其中击打的技艺和要领，但直到他把古典曲目熟练掌握之后，师父才让他挂鼓表演。经过十余年的不断探讨和深造，最终将迓鼓演奏技艺学到了可以单独敲打的水平。由于自己敲打熟练，到 2010 年胡万保被推荐为迓鼓第五代传承人。

　　据对迓鼓第五代传承人的采访得知了他们的师父为第四代传承人李庆堂，了解了当时作为学徒学习迓鼓的学习方式，胡万保口述道："师父当时是从四三年（1943年）开始学习迓鼓表演的，十三岁就跟着第二代传承人冯天福学习，后来由第三代传承人李丰祥传艺。初学时根本不让敲鼓，是把自己的鞋脱下扣在地上，用两根木棍跟着师父学，师父敲一下、自己就在鞋上敲一下，直到把鼓点练熟后才让自己挂鼓表演。"王国强又补充说："也正是在这艰难困苦的时候，师父勤学苦练，熟练掌握了迓鼓演奏技艺和要领，在第三代传承人李丰祥去世后，1978年师父被推举为兴仁街迓鼓社首。自此陆续收我们几个为徒弟，在农闲之际带领迓鼓队排练，多次参加市、县各种文艺演出，还应邀参加一些社会庆典活动，创作新作品。"

　　从传承人的采访中了解到，磁县迓鼓曲牌原有七十二套，流传到第四代传承人时仅剩了十几套，后经同事之间复盘以往作品风格和共同探讨创作，又重新整理出了几套。曲牌内容主要有表现古时作战内容与鼓舞士兵士气的如《大得胜》《小得胜》等作品；以生活风俗为题材，具有风趣幽默感的如《拙老婆上吊》《兔子撂脚》等作品；后来整理创新地带有现代气息的如《二龙戏珠》《凤凰回头望牡丹》《行军鼓》等作品，共计曲牌二十余种。

　　胡万保酷爱文艺，由于对迓鼓情有独钟和受到老艺人的精心传授，现在他对迓鼓的曲目和击打技艺都能了然于胸，在所有队员当中，学习的曲目最多，击打技艺也最为娴熟。1999年，胡万保被推荐为社首，2010年他开始传授下一代新弟子。目前学习迓鼓演奏技艺的学员很多，胡万保从中看到了迓鼓的发展和希望，他表示迓鼓会越来越好，越来越红火。2000年以来，在各级文化部门的扶持下，迓鼓得到了进一步改革创新，在各种民间文艺比赛中获得过多次大奖，为全村赢得了荣誉。1994年，迓鼓表演还被中央电视台拍成专题片播出。

二、匠心至臻，承以惟精

磁县迓鼓作为非物质文化遗产，经历了近千年的历史沉积，在表演形式，表演乐器、服装和人员组织上都有着独特的形式。同时迓鼓以其自身强烈的鼓点交错、豪迈的表现形式吸引了众多民众，更增添了其无穷的魅力。

迓鼓表演形式可分为三种：第一种是"文迓鼓"，更加侧重于说唱；第二种是"舞迓鼓"，舞蹈动作偏多；第三种是"丑迓鼓"，形式较滑稽与幽默。"文迓鼓"的表演形式分为前期和后期，前期的表演形式为三个人一起表演，其中一个角色说唱，内容大多为历史著名人物及其事迹；剩下两人，其一角色为说唱者伴舞，另一角色则为说唱者伴奏，一手击鼓一手打镲，三个角色默契地配合演出，表演极其精彩，风格欢乐有趣。后期形式则有所改变，内容多是传颂与纪念传奇英雄人物及其事迹，随着伴奏人员人数的增加，乐器种类也有所增加，多达十几种，表演风格由幽默有趣转变为古雅脱俗。"舞迓鼓"表演时需要变换位置和动作，其变换的套路是模仿宋朝的行军布阵，其表演气氛豪放，气势恢宏。每首曲牌都有其相对应编制好的舞蹈步法和队形，并随着背景音乐的变换来改变舞蹈动作。"丑迓鼓"主要是以丑角表演的幽默逗乐动作为主，伴随着幽默风趣的唱词，其表演形式诙谐有趣。因为人们觉得"丑迓鼓"的文化意义不大，没有被后代传承，导致"丑迓鼓"已经失传于民间，现在的形式主要为"文迓鼓"和"舞迓鼓"。

在磁县迓鼓表演中，迓鼓演奏者是将迓鼓套于腰间，顶在身体腹部的正前方，方便行走和伫立。行走表演由于迓鼓的击打动作紧密烦琐，没有舞蹈的成分，与站立表演动作相同。击打迓鼓分为敲击鼓面、鼓边和双槌空中互击三种方式：敲击鼓面时，音色浑厚有力；打鼓边时，音色轻巧干脆；双槌空中互击又产生俏皮滑稽的音响效果。鼓面、鼓边以及双槌互击之间的音色转换，形成音响强弱鲜明的对比，富有节奏感。击鼓的基本动作分为双槌交替击打和双槌共同击打。交替击打是在一拍之内完成的连贯动作，先右手垂直击打鼓面，同时左手抬起完成后半拍，击打鼓边与之同样的动作右先左后；双槌共同击打时要注意两槌的高度要不同，右手高左手低，双槌同时下落，每击打一次发出"咚咙"的饱满浑厚音色。镲演奏的动作则是双手举镲互拍，时而与鼓同时进行，时而分离与迓鼓问答式的"对话"演奏，镲的音色苍劲有力，让原本干枯浑厚的迓鼓增加了几分生命力，表演气势雄浑、场面热烈。小镲和马锣的加入，不会被鼓低沉厚重的声音压住，由于音色的特殊，清脆响亮，像两只自由飞来飞去的小鸟穿梭在迓鼓队伍当中，生动活泼。

迓鼓的演奏技巧也十分特别，较一般敲打的鼓点有很大不同。迓鼓鼓点非常紧凑，与舞台上的舞步不好配套，阴阳鼓点分明，鼓响如雷，特别是新创造的《二龙戏珠》更是让鼓点达到了热闹的极点，使人敲打一遍后便能湿透衣背，观众对此给予了极高的夸赞和好评。

总体上来讲，磁县迓鼓不仅可以一人独奏，还可以俩人对敲。演奏较为自由，还可以众人齐擂，鼓点雄浑激烈，如万马奔腾，如雷鸣电闪，催人振奋。据《魏书》记载，磁县后湾漳村的"帷谱"记载了《八卦阵》《九曲连环》《十面埋伏》《铁龙阵》《四门斗地》《一字长蛇》等二十三个战阵法，是以耀兵仪式、作战为主要表演内容的，所用器乐鼓就是迓鼓。宋朝以后，迓鼓的名字开始被广为使用。目前磁县迓鼓的表演曲目仅剩十余套，每套都有标题，如《刘备过江》《大得胜》《拙老婆上吊》《二龙戏珠》《兔子撂蹶》《捶布鼓》《八叉子》《双面帷子》《狗撕咬的》等。之前迓鼓表演有各种调，但直到有了戏剧曲目之后，迓鼓演出的曲调才确定了名字。这些曲目从第三代开始就一直在流传，并且不断更新；从第四代开始又进一步完善改编，变成如今的新剧目，用传承人胡万保的话说就是套路比以前多了。1949 年以前，磁县每个村都有迓鼓表演，多在求雨时才出来表演。中华人民共和国成立后，磁县兴仁街迓鼓队开始在欢送新兵入伍、喜迎宾朋纳门、欢度春节时举行迓鼓表演，深受百姓欢迎。目前受各种因素影响，磁县迓鼓演出活动越来越少，濒临失传。

磁县迓鼓表演时用到的道具有鼓、镲、小镲和马锣，以鼓为主要乐器，余下的为伴奏。当时的鼓是一个直径大于44厘米，厚20厘米左右，两面用牛皮做成的普通鼓，需要用绳子系在腰间，这也是磁县迓鼓和其他鼓的不同之处。迓鼓分为大鼓和小鼓，大鼓的鼓面直径有1米的（由2人同时演奏），也有3米的（由4人同时演奏），鼓腔高0.8米；小鼓的鼓面直径为40厘米，鼓腔高20厘米。鼓槌是用硬度较高的木头制成的，因为如果使用软木，那一敲就会把鼓槌敲坏。镲和小镲都是由响铜制成的，以两片为一副，小镲的尺寸相对于镲来说是较小的，直径是13厘米。而镲的直径一般为30厘米，其中心凸出6厘米高的部分为镲帽，其直径为5厘米，镲帽中心钻有一孔穿红色丝绸带，方便表演者手抓以及控制其击打音量。而小镲中间凸起的5厘米的镲帽钻有一孔穿一节绳，表演者两个手各执一片，用手腕互击。中华人民共和国成立后，磁县迓鼓镲的表演者多为女性。马锣，它的结构比较简单，锣身呈一个圆形的弧面，四周是以锣身的边框固定，演奏者用木槌敲击锣身正面的中央部分，产生振动而发音。锣在磁县迓鼓的表演中担任指挥角色，协调队里的节奏和速度。

一场迓鼓表演需要五六分钟的时间，虽然时间不长，可就是这几分钟的演出已经让表演者们感觉到很累了——因为鼓点太紧凑，节奏太密集，整个人的身体和神经是处于紧绷状态的。现在的迓鼓传承人根据之前的老剧目以及时代需求，对原有曲目进行了大胆革新，该简化的简化，该删除的删除，演化为现在的新剧目。新剧目演奏时间适中，强度适宜，一场表演下来，演奏者能吃得消，不至于劳累过度。

胡万保说："听老一辈的迓鼓艺人说，古代敲迓鼓的穿着像是唱戏的服装，那个时候把迓鼓用作求雨祭祀的道具，所以领头中的一人要穿巫师装。

中华人民共和国成立后，敲迓鼓的服装变得很简单，头上就裹个白毛巾，穿白色麻料且绣有黑边的长袖外套，没有图案，就一条黑裤子，一双农村布鞋，这就算是演出服装了。"可见中华人民共和国成立后，不仅经济社会在发展，人们的思想与审美观也在随之提升。此外磁县迓鼓演奏者的服装也在与时俱进，变得越来越美观，当然角色不同，服装也不一样。迓鼓演奏者中，社首上身穿红色裙子，下身穿黄色裤子，而其他迓鼓表演者是黄色的上衣加蓝色的裤子，打镲的人大多为女性，她们的衣服颜色比较鲜艳，上衣是绿色的，裤子是红色的。头巾的颜色要与所穿服装的上衣颜色搭配好，还要佩戴戏装头盔，这样从整体上看，能展现出表演者的良好精神状态，而服装颜色的差异，能给人留下深刻的艺术印象。

磁县迓鼓队起初是由一些本乡镇的迓鼓爱好者组成的，有男有女，且不分年龄。人数在四十人左右，而鼓的数量一般是在三十个左右。需要用到的表演者人数较多时，乐器的节奏是一鼓一镲，遇到人员调不开的情况，就随时改变一下，由演员定位来决定是一个还是两个。鼓为阳，镲为阴，演奏时演奏者都要互相看着对方，听着节奏点，要配合得天衣无缝。表演形式分为行进表演和原地站立表演两种。行进表演时，马锣与小镲各有一位表演者走在队伍的最前排，其余迓鼓表演者站两侧，镲的演奏者站在迓鼓内侧，小规模的迓鼓人数为八人（即八面鼓和八副镲），分四列四排对齐行进表演。行进表演若有大鼓，则安排在队伍的最前头起领头作用，或是在队伍尾部压轴；原地站立表演时，人数与行进表演人数相同，马锣和小镲演奏者站在迓鼓和镲演奏者围成的圆圈中心位置，进行指挥性的演奏。总之，磁县迓鼓表演在人数编制上，无论大型或小型表演，都没有固定编制，需依据演出场地或实际用途的原则，只增减迓鼓的人数和相对应镲的人数，小镲和马锣的数量不变。

三、扬帆风正疾，花开满园春

胡万保十八岁起就跟着师父学艺，对迓鼓倾注了极大的热情。他曾说："不摸这个迓鼓心里还好点，一摸一打起来之后就不想停。那时候在家里一听到街上的鼓在响，我就站不住脚了，心里觉得很开心。当时还没有服装什么的，人家也不让摸，就只能看着，后来才给了服装与道具。"学了有六七年，到了 1982 年才正式跟着迓鼓队参加演出。那是改革开放后的第一次活动，城隍爷和土地爷出庙，次年是府君爷出庙，迓鼓队就重新把剧目整理了一遍。那时人手少，组织起来有点困难，但好在最后还是解决了问题，成功出演。回首往事，令胡万保记忆犹新的是，有次演出眼看时间要到了，才发现鼓有问题，不能使用，于是请邯郸市轻工局的一位领导帮忙，派人从市里拿过来一些鼓用来救急，但是相对于迓鼓队的鼓来说这些鼓较小，敲起来声音不对味，后来就都扔在仓库里再也没用过。还有一次，一支前来探讨交流迓鼓学术问题的队伍，在磁县兴仁街待了半个多月，临走时留下了他们使用的鼓，本意是想帮助迓鼓队改善设备，可相较迓鼓队的鼓仍然偏小，而且鼓皮厚，敲起来没什么声音，之后也一直没有使用过。

现在胡万保虽然已经将迓鼓演奏技艺传授给了自己的儿子胡艳生以及他培育起来的学生，但在传承过程中，仍然遇到了经费短缺、传承乏人的尴尬境况。与往日相比，大街小巷少了迓鼓表演的身影，民众似乎也把它置于脑后。究其原因，首先，发展经费短缺。为了向上级投稿，胡万保自掏腰包支付了一切费用，可他自身这两年的收入状况也不太好，但迓鼓要发展尚需更多的经费投入。其次，有人员半路退出，人员减少。之前人们是因为爱好迓鼓才聚集在一起，组成了迓鼓队，现在有人退出，并不是不喜爱了，而是由于会敲鼓的都是一些退休或上岁数的老年人，这些老人不仅要照顾自己，还要照管自己子女因外出务工而留在家里的孩子，每天也没有更多空余时间去敲鼓。再者年轻人大多都外出打工没时间学习迓鼓演奏，况且现在的年轻人随着城镇化进程加速和新兴生活方式的盛行，对迓鼓的兴趣逐渐减退，无人问津使得传承人失去了学习的动力。现在的年轻人经常不在家，常年在外地打工，等过年回到家看到别人练得如鱼得水，认为自己再怎么练也打不了这么好，索性就退出了；另外，还有人觉得干这一行既费力又不怎么挣钱，迫于生活压力而转行。据迓鼓传承人王国强（1969 年生人）口述："现在大多数年轻人不主动学习迓鼓演奏，赶上有演出给的经费，还不够这些人来回的路费，更不要说因为回家耽误的工时费了。也就过年期间状况好点，都在家能有时间组织练习和演出。"可见磁县迓鼓在传承上面临着"断档"危机，这让胡万保心疼不已。

胡万保说要想成为一名迓鼓表演者，得需要有耐心，有探讨的精神，有吃苦的决心。大热天穿着厚厚的服装在广场训练是常有的事，但是也得坚持训练完。有时候，为了拍摄一个完美的镜头，所有队里的人员要一直训练，一直拍，大家不辞劳苦，在夏天顶着炽热的大火球，在严冬受着刺骨的寒风，这样忙活到晚上十二点才能拍好一个镜头。因此胡万保特别强调：一个迓鼓演员必须要有吃苦耐劳的精神。还有一次到天宝寨演出，演员们需要步行上山，其中一位第四代传承人，虽然已经七十多岁的年纪，身子骨也不是很硬朗，但仍坚持要去参加迓鼓表演，最终拗不过老人，让人搀着扶上了山，坚持完成了演出，这正是爱好的力量。

胡万保说："我们的迓鼓被评为省级非物质文化遗产，这是政府对我们迓鼓文化的认可，我们一定会把迓鼓文化保护好和传承好，这是我们的义务与责任。这迓鼓文化不光是我们村的，也是我们县的，我们一定要把它传承下去，发扬光大。这迓鼓有着悠久历史，南北朝时就有相关记载，古时迓鼓曲目很多，表现的内容也多，如作战内容的，击打紧凑、紧张激烈；表现风俗人情的，内容紧缓有序、风趣幽默；此外还有表现风调雨顺、国泰民安、天下太平等内容的曲目。磁县文化广电旅游局对我们村的迓鼓大力支持，给我们送来了迓鼓、钹和演出服装，村里领导也给我们提供练习场地和生员组织，为我们迓鼓的传承做出了很大的贡献。"

磁县政府十分支持迓鼓发展，2007 年为迓鼓队配置了二十面迓鼓以及各种衣服和装饰，趁此机会迓鼓队又从村中挑选了二十余名年轻鼓手，对他们进行迓鼓演奏训练。经过五六年的反复练习，新一代年轻鼓手基本掌握了迓鼓套路。为了更快更好地将这项非遗传承下去，迓鼓第五代传承人根据第四代传承人的特点，在原有的十几套迓鼓曲目的基础上进行改革创新，编排出了讴歌新生活的新剧目，如《凤凰照头望旺丹》《新升齐驾》《龙腾虎跃》《鱼跃龙门》《欢无喜地》等，目前正在加紧排练。胡万保说："我作为第五代传承人，一定要在有生之年把迓鼓演奏艺术再推上一个新台阶，不断创作新的敲打剧目，让我们村的迓鼓声名更响亮，力争让迓鼓演奏艺术响遍河北。"

我国从 2006 年起，把每年的六月第二周的周六设立为"文化遗产日"。磁县当地政府在这一天会举办文化遗产宣传活动，通过悬挂标语、发放资料、展板展示等一系列宣传活动，向过往群众宣讲磁县文化遗产的保护、传承状况，引导广大群众更多了解磁县的文化遗产，不断增强保护意识。不过要保护和传承好迓鼓文化，尚需要政府更多地投入相应资金和政策举措。通过对磁县田野调查发现，磁县有着潜在的旅游资源，可以尝试和迓鼓文化结合，寻找既能让鼓文化得到广泛传播又可以带来旅游经济效益的一条出路。另外，磁县迓鼓作为一门音乐艺术，集教育、审美等多种要素为一体，可以将其引入学校，走进音乐课堂。通过让学生们了解鼓的文化内涵，既能培养迓鼓演奏艺术的接班人，又能够激发学生们的好奇心、兴趣，以及对迓鼓的传承保护意识。同时，还要对磁县迓鼓的曲目进行推陈出新，组织力量重新整理已有曲目，并根据时代发展需要，剔除封建迷信，倡导科学，融入人们现实新生活的新潮流，不断拓展、创造具有时代感的表现方式，这才是促进迓鼓文化传承发展的根本出路。

四、民间文化瑰宝永流传

艺术是一个民族的灵魂，民间艺术是一个地方特色文化的集中体现，具有浓郁地方特色的民间艺术也是打造一个地域文化品牌的重要基石。迓鼓作为磁县的一大文化品牌，2006 年即入选为河北省第一批非物质文化遗产名录，目前正在积极地申报国家级非物质文化遗产项目。通过实地调研，作者认为磁县迓鼓是民间传统文化的一种表现形式，有着广阔的综合性及民间文化空间，研究磁县迓鼓的基本特征、历史渊源、传承模式对发展完善中国的民间舞蹈史有着重大意义和极大推动作用。同时挖掘、抢救、保护磁县迓鼓不仅能丰富人民群众的文化生活，提高人民的文化素质，还可以引导鼓励社会各界踊跃参与磁县迓鼓的保护工作，营造出良好的文化保护传承氛围。除此之外，还要继续开展认真细致的普查工作，摸清迓鼓的沿革、流传区域，以及迓鼓的曲目、器乐基本情况，加强挖掘、抢救、保护工作，并建立健全迓鼓艺人档案，对重点艺人进行登记造册，并存档。此前磁县有关部门曾多次进行迓鼓理论研究工作，可结合专家对迓鼓的渊源、内容、谱系等进行再研讨，编辑出版系列丛书。

对于促进迓鼓队伍发展，可成立"磁县兴仁街迓鼓演奏团"，在周边广招演员，开展活动。同时，要加强迓鼓演奏技艺的交流，增进迓鼓演奏技艺的提升，并注重与其他民间艺术进行比较，建议可以以传统磁县迓鼓表演方式为基础，加以改革创新，建立一支集室外表演和舞台演出为一体的演出团体，演员阵容要强大，富有震撼力和感染力，演出效果要进行优化，除了鼓、锣、钹乐器外，要加以背景音乐，同时融声、光、电为一体，多方面多层次地展现出磁县迓鼓的艺术魅力。届时迓鼓表演可作为磁县的民间特色文化品牌，进而被广为发扬和传承下去，促进全社会精神文明建设。

　　磁县迓鼓作为非物质文化遗产，是磁县的一张颇具魅力的名片，它的传承与发展必将对河北省的文化、旅游强省的建设以及和谐社会的构建、经济社会的发展起到巨大的推进作用。

第二十章　无腔调，不风流——保定老调口述史

【走近保定老调】

金凤八月的白洋淀，正是赏荷的好时节。莲叶田田，这样好的风光，人们见了，一定会叹一声岁月静好。保定和沧州交汇的这片水域，是颗"柔中带刚"的明珠。曾经，这里是抗战时期雁翎队游击抗日的战场，少年嘎子在这里成为一名光荣的八路军战士。华夏儿女衷肠烈骨的正义之气，一直在白洋淀生生不息，保定老调薪火相传的唱腔，就是最好的见证。保定百姓口中时常哼唱的小调，传唱的是英雄人物的忠义与风骨，是不论男女老少都始终坚持的赤子之心。

娱乐匮乏的过去，听戏是老百姓在忙碌的生活中偷得半日闲的调味剂。中国的戏曲剧种繁多，历史悠久，可追溯至先秦时期。唱念做打，锣鼓铿锵，衣袂翩跹间，前人的流风遗烈得以世代相传。台上一分钟，台下十年功，戏曲演员不论寒暑，十年如一日吊嗓练功，一代代艺人们勤学苦练，让戏曲升华成雅俗共赏的国粹艺术。京剧皮黄韵味醇厚，南戏昆曲婉转典雅，河北梆子高亢激越等不同的故事，不同的唱腔，在保定老调这里，用粗犷雄浑的曲

调，将王侯将相的故事表达出来，但功过是非，交由后人评说。

一、炊烟灶旁二三事，铜锣板鼓声声隆

作为河北省的传统戏曲剧种，保定老调于 2008 年成为国家非物质文化遗产。这个原本流行于白洋淀周边农村的民间俗曲，经过二三百年的传唱与演变，又融合了京剧的服饰与妆容，用高亢的唱腔，让曾经的帝王与群臣、匹夫与英豪跨越时空，为我们讲述属于他们的千古往事。

从民间兴起的老调，自然不乏广泛的群众基础，民间曾有"做饭离不开锅灶，听戏离不开老调"的说法，可见老调烟火气息浓厚。世人爱听故事，寻常百姓闲暇时听戏消遣，自然也离不开戏中人生。保定老调不说红男绿女的风花雪月，讲述的多是有忠肝义胆的王侯事迹、英雄传奇。自古身为京畿重地的保定府，汲取了燕赵文化的侠骨义气，爽朗大气的特点不仅在饮食上可窥见一二，当地人在音乐审美上，自然也偏爱这种贴近生活、充满忠义之气的传奇故事。这一点，保定人自有保定人的风雅情调。保定老调质朴而亲切，风格鲜明，在中国戏曲界中，是个"有腔调"的剧种。乡土气息浓厚的老调，也曾先后四次在北京开展演出，还受到首都人民和领导、专家的赞扬。邓小平同志曾给予高度评价："保定有宝，老调不老。"可见老调深受人们喜爱。老调不仅丰富了寻常百姓的精神生活，还为中国戏曲的发展添砖加瓦。

保定雄县是老调剧种的发祥地之一，也是武戏之乡。老调也分文戏武戏，在小生行当里，有文小生和武小生，也有文武小生。保定老调艺术家杜振忠，就是一位文武双全的文武小生。凭着对戏曲的热爱，杜振忠带着老调走过万水千山，在标新立异的新时代展现其独特的艺术魅力。

2021 年 4 月 20 日，河北科技大学外国语学院的马思瑀同学，带着对老调

的好奇，第一次来到保定的雄县，向杜振忠请教。同年 8 月 23 日，马思瑀同学再次来到这里，与杜振忠展开更加深入的访问。

二、红尘老调诉寒暑，粉墨新词写春秋

今日的老调质朴而粗犷，高腔时激越高亢，重点在于叙事，特色鲜明，与其形成的历史关联甚深，其故事题材与忠义的民族特质有关，故而这种唱腔深沉庄严，气势恢宏，凸显北方色彩，与衷肠义骨的精神十分契合。《杨家将》《潘杨讼》等故事以老调演绎，更是相得益彰。

提到保定老调的发展史，杜振忠告诉我们，保定老调已经有约二三百年的历史，由元明年间流行于燕赵的传统民歌俗曲河西调演变而来，清道光、咸丰年间，老调戏曲雏形初具。早期老调以生、净两个行当为主，这两个行当同是老生调，便是"老调"之名的由来。老调形成大戏的规模，以袍带戏为主，讲述帝王将相的斗争与矛盾。保定老调生于乡间，是劳苦大众陶冶情操、接受教化的途径，其向世人传递信念、引领思潮，意义非凡。

先是 1960 年《潘杨讼》拍成电影，再是 1980 年《忠烈千秋》拍成电影后，老调的影响便借势扩展到了全国，得以在荧幕上一展芳华，这也是老调两次发展的高潮。

保定老调虽曾登上过大荧幕，但发展至今，传承方面仍出现了问题。对此，杜振忠认为，历史问题是老调传承受阻的一大原因。老调这类剧种经历过封杀，保定老调剧团曾改为京剧团，没了剧团，传播上出现了一定困难，从而影响了老调的传承与发展。此外，现在流行音乐发展迅猛，年轻人对戏曲不太感兴趣，因而保定老调的传承人选择面狭窄，传承难度再次增大。幸好 2008 年保定老调入选第二批国家级非物质遗产名录，老调自此不必再"孤军奋战"。

三、旋身拿顶五十载，结缘老调文武生

戏曲这种艺术形式，仅靠作品"独自美丽"，无法达到身负盛名的高度。戏曲表演者的功底与风格决定了一个角色，甚至是一种剧目能否在广阔的戏曲舞台上脱颖而出。观众看戏，看的不仅是戏中人，也是演戏的人——演员的唱功是否动人心弦，眼神是否摄人心魄。一颦一笑，转身坐卧间，全是戏。出不出彩，全看演员的功力如何。

老调艺术家杜振忠，就是一位功夫全面且艺术精湛的文武小生。小生是传统戏曲角色行当之一，指扮演青少年男子的角色，小生分成文武两类。文小生里又分为这么几类：袍带小生、扇子生、翎子生、穷生等。这些角色大部分都是文人，扮出来以后，既不能带杀气、不能粗野，也不能带稚气。纯粹的武小生也分为两种，一种是穿长靠的武小生，另一种是短打的武小生，就是穿短衣裳的。文武小生，顾名思义，就是能文，能武，无论是文小生还是武小生，都能饰演。

被问起自己的艺术道路时，杜振忠向作者道来他和老调的不解之缘。1956 年 10 月，他出生在保定市雄县板家窝乡（现米家务乡）板西村的一个普通农民家庭里。雄县是武戏之乡，这里的孩子从小就开始学习戏曲的基本功，每三个大队就会有一个老师。19 世纪末，老调剧种从雄县的韩庄村诞生。杜振忠的家乡板西村，更是一个戏曲盛行的乡村。村里有规格较高的戏楼，逢年过节或庙会，都会有从天津、保定等地的剧团来这里唱大戏，爱看大戏的村民们总把戏楼围得水泄不通。

杜振忠从小非常爱看戏，梦想着成为一名优秀的演员，期盼有一天自己也能在舞台上翻跟头，展现英姿。十二岁时，杜振忠拜德高望重的赵廷臣为师，每天放学后，先完成老师布置的作业，然后去师父家的练功场去学翻跟头、劈叉、拿大顶、甩腰等基本功。在跟赵廷臣学武戏的两年多的时间里，

杜振忠靠顽强的毅力和坚定的信念，夯实了基本功。1971 年，他以优异成绩考入保定艺术学校，开始在京剧班、武功班学习。毕业后，十五岁的杜振忠，被输送到保定老调剧团，成为一名专业戏曲演员。这期间杜振忠的家人一直全力支持他学习老调，给予了他莫大的鼓励。

杜振忠回忆起他学习老调的过程，针对老调的独特唱法，他提到在习练过程中遇到最大的困难莫过于嗓子"倒仓"。"倒仓"是指戏曲演员在青春期发育时嗓音变低或变哑。那段时间正值杜振忠戏曲事业蒸蒸日上的时期，因为当时参加了好多演出，杜振忠刚被输送到保定老调剧团当一名专业的戏曲演员。由于"倒仓"时期的杜振忠高音唱不上去，他只得被安排演小角色。但杜振忠并没有因此放弃，反而更加努力，把每一个小角色都演好、演真。正是这样认真踏实的态度，老调没有在杜振忠手中失去色彩，反而在后来大放光芒。

前文提到，保定老调陷入低谷期时，老调剧团改为了京剧团。直到 1976 年左右，保定老调再次恢复生气，杜振忠和王贯英才将京剧团又恢复成老调剧团，此后就一直在传承老调。

杜振忠是保定老调的省级代表性传承人，从艺已经五十年了。目前他是中国戏剧家协会会员，保定市第十一届政协委员，国家一级演员，保定老调申遗奠基人，国家级非物质文化遗产保定老调代表性传承人，也是原保定老调剧团团长、书记。同时，他还在任保定老调艺术研究院院长，保定市河北小学名誉校长。杜振忠的一生离不开老调，老调的传承也离不开杜振忠数十载的付出与坚守，结识老调是杜振忠的缘分，也是中国戏曲界的幸事。

四、姚黄魏紫同根生，远看相似近不同

锣鼓声起了，只见一官帽歪斜的白须老儿摇摇晃晃地上了大殿，下摆一撩，跷起二郎腿斜坐在绣墩上，与那殿上人你来我往二三句，便放声大笑，惹得另一臣子直喊："疯了，疯了！"这时，白髯公正话反说，把那杨家满门说成乱臣贼子，引得座上君王起身反驳，直言杨家乃是忠臣良将。见宋王承认杨家忠烈，这白须老头转头又来四个反问——"难道说忠良都无好下场？难道说报国不见赤子忱？难道说皇王没有君臣义？难道说不怕寒透众人心？"借装疯卖傻为杨家陈情，说得宋王脸色变了又变。可惜，可惜！到头来却没能让宋王收回成命——佘太君定斩，呼家不赦！最后，这白髯公对宋王又是一阵痛骂，官帽一摔，髯口一抖——"要斩老太君，先杀我寇莱公！"最后放声大笑，一幕终了。这笑声饱含忠臣难劝昏君的辛酸无奈，苍凉之感顿生，悲壮之气陡增。这是电影《忠烈千秋》寇准装疯的片段，王贯英老师将女声与老生融合得恰到好处，身上麒派功底深厚，让人身临其境，感同身受，忠臣虽年迈，白首之心不移，热爱老调的老票迷看过电影后大呼过瘾。

保定老调传承至今，离不开它独特的艺术韵味和演唱方式。杜振忠讲述中提到，保定老调由木板大鼓曲目改编而来，代表作有《杨家将》《呼家将》等，还有一些剧目由高腔剧目移植而来，如《大战棋盘街》《山海关》《请清兵》等。保定老调的独特之处，主要在于保定老调的地方色彩和乡土气息很浓烈，十分贴近生活，唱腔质朴高亢。唱词是七字或十字的上下句式，属于板腔体。板腔体是中国戏曲的一种结构样式。唱词不同于曲牌体的长短句，而是以分上下句的五言、七言、十言诗的格律为基本形式。

除了结构，在伴奏方面也与其他剧种略有不同。老调的伴奏十分讲究，分为文场和武场。文场伴奏乐器分为弦乐器和吹管乐器，有板胡、二胡、琵琶、大提琴等；吹管乐器有笛子、笙、唢呐等。这些文场的乐器和河北梆子

所用乐器十分相近。老调的武场伴奏乐器有板鼓、板、大锣、梆子、堂鼓、钹、小锣、碰钟等。

但老调在妆容和服装上并没有特别突出的特点，和京剧十分相像。因为保定老调没有特别正规的剧团，大部分都是散播在民间的草台班子，服装和妆容没有太大讲究，除了个别地方保留了地方特色，大部分都向京剧靠拢。这在一定程度上，也削弱了和京剧之间的差异，让京剧戏迷更容易接受老调。

在曲调和行当方面，老调属于板腔体，也就是唱腔结构形式。唱腔就是老调的音乐主体，用来表达人物的思想感情，塑造人物形象。一般老调唱腔比较质朴激越，带有北方典型的慷慨悲歌的民族特点。老调的行当齐全，老生、老外、小生、武生、青衣、花旦、刀马旦、老旦、彩旦、花脸、丑等在老调中也能见到。

在艺术形式上，老调虽在服饰与妆容方面与京剧有相通之处，行当在其他剧种里也不陌生，但粗犷质朴的唱腔才是老调的独特之处。老调颇具感染力，又不失亲切与地方特色，雅俗交融，尽显保定人民的自在与风流。从内涵来看，老调剧种体现的燕赵之风，所表达的民族特性，更能反映出时代所推崇的文化风貌。刘勰在《文心雕龙》中写道："文变染乎世情，兴废系乎时序。"老调不仅有腔调，更有自己的道，在尘世中别具一格。

五、梨园老调从未老，校园新生传新声

在交通不便捷、通信不发达的古代，戏曲如同最后的火种，让百姓在奔忙的间歇里，找到一点温暖与慰藉。戏曲，将王侯将相的峥嵘岁月与才子佳人的风花雪月浓缩在一场场戏中。戏曲演员或喃喃细语，或高声吟唱；精致细腻的脸谱让人一眼便知人物性格；水袖飘飘，刀剑相见，故事与现实相交织，看客在前人的故事里追忆自己的惆怅，与戏中人惺惺相惜。戏曲，让黎

民百姓和钟鸣鼎食之家产生共鸣，因而能够打破阶层的壁垒世代相传。而今科技的进步，使得情感共鸣的方式多元起来，人们无需从咿咿呀呀的高低唱腔中寻找自己的影子，偶像剧、肥皂剧、特效大片言语直白，视觉冲击力更强，成了年轻人的新爱好——"但见新人笑，哪闻旧人哭。"老调的发展也历经了起落，成了"沉默寡言的中年人"。在这个物质极大丰富、娱乐方式日新月异的时代，保定老调的传承又该何去何从？

多年来，杜振忠一直致力于保定老调的传承工作。保定老调申请非物质文化遗产就是杜振忠一手负责的。他在保定老调剧团当团长、书记时，2006年先是申请了省级的非物质文化遗产，2008年又努力申请了国家级的非物质文化遗产。从剧团退休后，杜振忠的任务便以幕后策划和宣传、传承为主。

2019年7月，杜振忠组织参与了"国之瑰宝，振兴老调"首届老调传承艺术节白洋淀站活动，来自雄安新区、徐水区、高阳区、清苑区等地的百余名老调戏迷们，欢聚白洋淀文化广场礼堂，参加这场戏曲盛会。观众们与一众老调艺术家交流互动，收获颇多。2019年10月，杜振忠奉命带领保定老调精英团队，参加了中华人民共和国文化和旅游部、四川省人民政府、联合国教科文组织、中国联合国教科文组织全国委员会主办的"第七届中国成都国际非物质文化遗产节"，圆满完成了上级布置的表演任务，并受到嘉奖。在开幕式上，杜振忠代表河北省保定市展示了国家级非物质文化遗产保定老调《红衣仙子》经典唱段——"在家中奉了严亲命"，获得中国观众以及其他几个不同国家观众的一致好评。杜振忠始终奋斗在传承老调事业的第一线，坚持做引领老调爱好者的灯塔，给人信心，让人相信老调总有一天会重现昔日辉煌。

粉墨缤纷，同唱梨园欢歌；霓裳锦绣，共建文明校园。老调的传承者们知道，年轻人才是传承老调的薪火，如果他们能体会老调的美，老调自然能够传承下去。为了让更多的年轻一代了解保定老调，杜振忠参与发起了"戏曲进校园"活动。老艺人们从 2014 年就开始陆续走进校园，为同学们表演、介绍戏曲。老调首先走进的是保定市二中分校和安国市中学，之后又走进保定学院、定兴师范学院、保定十九中、满城区一中、满城区实验小学、徐水区一中、南张丰学校；后来陆续走进了小学校园：2018 年，老调走进朱庄小学、新市场小学、卫生路小学开展戏曲进校园活动。由于杜振忠组织的老调戏曲进校园活动业绩突出，他被聘为保定市河北小学名誉校长以及保定市艺术学校的常务副校长。此外，杜振忠还在河北小学开创了第二课堂，教孩子们表演保定老调。

2019 年，根据上级要求，杜振忠积极落实"师带徒"的国家传承计划。2019 年 7 月 5 日，在诸多嘉宾的见证下，杜振忠在保定艺术学校期末展演上喜收蔡佳衡、韩佳硕两位弟子，旨在让老调在新一辈里继续发光发热。杜振忠希望弟子们能够勤学苦练，兼百家之长，吸收各剧种艺术精髓，为传承老调，延续老调辉煌作出自己的贡献。这两个徒弟都是保定艺术学校的学生，其中蔡佳衡已经考入了河北省戏曲学校。杜振忠还组织老调名家开展培训，2017 年、2018 年前往阜平县开展培训活动，2020 年在保定市文广局举办的"非遗学习班"进行授课和参加了唐县举办的"非遗业务培训暨三区人才支持计划培训"。他积极为广大老调戏迷票友们搭建平台，把遍布民间的老调戏迷、票友们召集起来，对他们进行辅导、培训，使戏迷们的演唱水平大幅度提升，为传承老调艺术打下了坚实的基础。杜振忠说他喜欢这样的日子，用汗水浇灌出的校园之花，常常令他感到骄傲，自豪，沉醉。

杜振忠与老调彼此成就，互为知音。说起保定老调的传承现状，杜振忠难掩愁绪，认为老调传承还存在许多关卡。主要是现在了解保定老调的人太少，而且普遍是大龄观众对之了解较多，大部分年轻人对戏曲还不是很感兴趣，虽然老调的校园教学进行得很顺利，但是戏迷票友的培训时间太短，只能学习一些浅层的知识，来不及深入挖掘老调的内涵和精髓，这也是老调传承面临的最大困难之一。

老调自身并非毫无优势，申请成为非物质文化遗产为保定老调打响了名声，也吸引了一些人关注老调、传承老调。此外，保定老调剧团也在不断用演出吸引着人们的目光。俗话说，不破不立。在新时代想要传统的事物重现光彩，遇见困难是必然的。但是杜振忠和其他老调传承者不会轻言放弃，无论遇到什么困难，都不能阻挡传承的步伐。

需要传承的戏曲剧种数不胜数，保定老调在其他戏迷基础庞大的剧种面前，有点"势单力薄"。想要传承不断绝，创新是重中之重，老调创新迫在眉睫。为了尽快摆脱困境，杜振忠绞尽脑汁，想方设法找出路。他认为，保定老调的创新需要在曲目上与时俱进。2018 年，根据保定市悦众集团董事长陈爱军的事迹，杜振忠创作并演出了老调戏歌《还乡》；2019 年，杜振忠和相关组织人员创作了一部取自保定题材的剧本《玉石天歌》；2020 年，他组织保定剧作家，为保定艺术学校编写剧本《山里娃娃城里妈》，这些都是老调艺人在曲目创新上做出的努力。在创新老调的道路上，杜振忠从未停止过脚步。用传统的艺术形式演绎新时代的故事，新曲目为老调注入了活力，老调还是那个贴近生活的老调，有腔调的初心从未改变。

最后，杜振忠道出了自己的期盼：他希望年轻人可以多多关注非物质文化遗产，学习我们国家独有的传统技艺，为我国优秀的民族文化传承奉献一份力量。

六、尾声

"人不风流枉少年"，老调不老，赤子之心依旧。年轻人，哼上几句老调，把自己的腔调唱给别人听，把中国人的腔调唱给世界听，也不失为一种"风流"。

　　保定老调作为我国传统地方戏剧中的一分子，虽不曾像京剧一样被誉为"国粹"，也不如昆曲那般名扬海内外，但毕竟根植于燕赵文化的沃土中，有独属于保定的北方韵味，是保定文化里一颗璀璨的明珠。其独特的语言与旋律，融合了其他剧种的优点，又不失自己的乡土特色，注定了老调要走的是一条与众不同的发展道路。当前，老调的传承与发展是"危""机"并存的。一方面，面对全球化的冲击，舶来文化分量不轻，保定老调本身还有不少同宗的"兄弟姐妹"，想要在百花齐放的戏曲舞台上独领风骚，其困难程度可想而知。因此，稳扎稳打的继承、与时俱进的创新对老调而言势在必行。另一方面，弘扬传统文化的政策导向和国际、国内非物质文化遗产保护的舆论为保定老调的发展提供了契机。挑战与机遇并存，抓住机遇，应对挑战，传承与发扬保定老调，让中国传统文化登上世界舞台，新时代的年轻人义不容辞、责无旁贷。

　　我们见识了老一辈艺术家对老调的热爱，感受到他们传承老调的决心与热忱，我们相信，随着越来越多的人爱上保定老调的旋律，加入传递继承与创新的接力棒的行列，即便此行难于跨越山海，也要有山海皆可平的勇气，那么保定老调一定会焕发出最炫目的光彩。

第二十一章　戏中丝弦，戏外华年
——石家庄丝弦口述史

【走近石家庄丝弦】

周恩来总理曾说："发扬地方戏曲富有人民性和创造性的特长，保持地方戏曲的艰苦朴素和集体合作的作风，加强学习，努力工作，好好地为广大人民服务。"简短一句话，将石家庄丝弦所蕴含的本质描绘得淋漓尽致。行走在石家庄南长街的青石板路上，感受着安录昌、张鹤林等老前辈们伴着弦子戏的腔板，穿行于舞台与家门之间，终其一生，只为追求一生所爱的戏曲的那份热忱。

身为燕赵文化的杰出代表，石家庄丝弦极富创造性，在河北地方剧种中占有较高地位，素有"昆高丝乱不分家"和"一昆二高三丝弦"之说。说丝弦是石家庄的乡音再合适不过。

石家庄市，地处中国华北地区、河北省中南部、环渤海湾经济区，是中国铁路运输的主要枢纽之一，被誉为"南北通衢，燕晋咽喉"。

2021 年 5 月 13 日，河北科技大学外国语学院的田伊伊同学与杨奇同学结伴前往河北省石家庄市新华区和平西路，采访了国家级非遗项目"石家庄丝弦"代表性传承人张鹤林，探索到底何为"丝弦"。

一、石家庄丝弦的前世今生

数百年前，正定已是杂剧盛行的中心，成为独领风骚的元曲艺术的昌盛之地；明清以来，梆子、二黄等各种声腔也都能在此处迅速找到繁衍的土壤。而这非但未将土生土长的丝弦湮没在他乡弦调中，反而滋养着它扎根拔节，越长越壮，成为典型的地域文化符号。

"石家庄丝弦"是河北省地方传统戏剧，具有浓郁的地域文化特色，在各剧种中占有较高的地位。它起源于明末，流传于河北省大部分地区和晋中地区东部及雁北地区。丝弦剧种按其方位不同可以分为五路丝弦，即东、西、南、北、中，石家庄丝弦为"中路丝弦"。丝弦在明清俗曲的基础上衍变而来，唱腔独特，以真声唱字，激越悠扬，慷慨奔放，动作夸张，细腻传神，很受石家庄群众甚至外地群众的欢迎。据说在元末明初就有了丝弦，所以说丝弦在广大农村群体中就有了深厚的基础。

民国初年至 20 世纪 30 年代，丝弦迅速发展起来，进而出现了许多班社和知名艺人。1918 年，张桂良、张连甲等在北京演出《冯茂变狗》《十八扯》，他们的演出很受观众喜爱，这也算是把丝弦戏的名声打出去了。另外，许多地方都有农村子弟会、同乐会等很多业余演出团体，比如丝弦与老调、梆子长期同台演出，不论是从剧目和表演，还是从音乐、舞台和美术等方面来讲，它们互相影响，让丝弦丰富起来。

20 世纪五六十年代是丝弦最鼎盛的时期，那个时候石家庄西花园的海市戏园可是非常热闹，是三教九流聚集之地，类似老北京的天桥，有练杂耍的、说书的、卖小吃的，光戏园子就有至少九个，其中的海市戏园与和平戏园都是专门唱丝弦的。张鹤林口中所说的西花园，就是现在南花园步行街附近的一条小街，当年热闹程度堪比北京的天桥。丝弦当时是最红火的，每次演出都满座，尤其是天气不好的时候，当地的工人和郊县的农民干不了活，吆喝一声"看丝弦去"，观众便纷至沓来。

然而，星光闪耀的石家庄丝弦，也有黯淡的时刻。在抗日战争爆发后，各地的演出活动陷入低潮，同时由于种种原因，丝弦发展一度陷入低谷。进入 20 世纪 90 年代，尤其是 1992 年随着社会主义市场经济体制的确立之后，石家庄丝弦再次衰落进入了低谷，并且较长时期在低谷中徘徊迷茫，专业剧团一度陷入困境。不过惨淡也是短暂的，后来石家庄丝弦又被重视起来，再次风靡起来，还得到了很好的传承。

二、艺术纯精名天下，鹤立群首第一人

作为国家级非物质文化遗产石家庄丝弦的传承人张鹤林出生于梨园世家，其父张国堂也是丝弦演员，解放战争时期曾在冀中军区文艺团体当主演。张鹤林七八岁时跟着父亲从保定老家来到石家庄。

1960 年，张鹤林进入石家庄市少年丝弦剧团，跟随丝弦宗师王永春等众多名家学艺，之后又进入了石家庄市丝弦剧团，一演就是六十多年，可谓真正的"丝弦老臣"。他是丝弦"四红"的第三代传承人。被《燕赵梨园百家》誉为"艺术纯精名天下，鹤立群首第一人"。其代表作有《空印盒》《宗泽与岳飞》《大山恋情》等。如今上了年纪，张鹤林仍在坚持演出，从未离开过舞台，吊嗓、压腿等基本功更是每天早晨的"必修课"。一辈子的戏曲生涯，让张鹤林对丝弦有着深厚的感情。张鹤林展示了自己获得的证书与奖项后，生动地讲述起他的戏曲生涯。

张鹤林从小受戏曲的熏陶，因出生在梨园世家，每天都会观看家人们练功，比如练四功五法，即唱做念打、手眼身法等，因此，他走上戏曲的道路。

小时候的张鹤林会经常模仿家人们练功，比画各种招式。自那以后，他也逐渐对戏剧有了更深刻的理解。听老人说，小时候父亲就带他去空旷的地方练嗓。对一个唱戏的人来说，嗓子非常珍贵，必须要保护好。过去，他们会到农村里挖的大井旁练嗓，大井里装满了水，井水一般是用来浇地的，井里不断发出哗啦啦的声响。

对比以前，如今有了机械化的设备，大大提高了练嗓的效率。张鹤林会顺着水声练嗓，每天如此。练嗓过后，再回到演出的戏台。每当走到乡野地头的时候，总能想起那句"纺纱织布唱秧歌，抡锄榜地哼丝弦"的河北民间俗语，可见当年丝弦在民间的活力和地位。在那个年代，看戏的人很多，所以唱戏也在民间流行起来。

张鹤林的父亲总是带着他去唱戏。比如说父亲曾经教他唱《支路》《桃山吨》等剧目。因为当时年龄很小，戏服太大，不合身，他便把衣服向上搋，随后拿绳子捆起来，再戴上一个小帽子，一切准备好之后就随即上台演出。老戏、现代戏、样板戏，对张鹤林来说均不在话下。除了在戏园里演，他会跟着父亲等人到郊县去演出。丝弦是最受郊县农民欢迎的剧种。张鹤林太太年轻时也唱戏，那时他们经常一起到全国各地演出，一起合作唱好丝弦戏。

1961年张鹤林奔赴山东、河南、江苏三省的十个城市进行了为期四个月的巡回演出。2007年6月7日他再次登上首都北京的舞台主演《赶女婿》。2007年11月主演了著名的剧目《空印盒》。

三、丝弦逐渐稳定

戏台上，锣鼓声起，鸣音吐字，二音拖腔，演员们演绎着精彩剧情；戏台下，田间地头，庄稼人干活干累了，也能随口唱上几句，解乏助兴……

以前，人们在玉米地里除草，感到疲累后，便顺手拿起随身携带的毛巾擦汗，闲下来的时候还会吼两嗓子，唱两句丝弦。之前人们都在学样板戏，后来学唱京剧的时候，竟不知居然会有如此多的人爱好丝弦。

听老人说当时他们有一个河北原省长名叫刘子厚，原来在保定后来迁居到了石家庄。之后便成立了革委会，当时用丝弦排演了一个样板戏。如若是照搬京剧，唱不上劲，那便是不尊重样板戏了。后来他们创作的样板戏名声也就传出去了。原省长刘子厚听说之后，主动要求看戏，恰好当时在石家庄市中山路路南有一个最好的剧场，只是当时最好的剧场罢了，而如今已经拆了。他们就在这儿演了一场戏。看完戏之后，原省长刘子厚说观看丝弦的观众还真是多啊！那么多人叫好！丝弦必须要唱得既有劲儿还得有味儿。刘省长还说一定要好好唱丝弦。自那以后，丝弦才稳定了下来。

元末明初就有了丝弦剧种，只是当时不过是简单的在地里吼两嗓子，并不那么讲究。随着人们的文化素质不断提高，要求也变高了。

张鹤林还说石家庄交通四通八达，来自南方的剧团去北京等大城市演出时，都会顺道来石家庄演几场。

四、丝弦绝不"土"

丝弦被很多人贴上了"土"的标签，张鹤林却给丝弦正了名。作为石家庄"特产"的地方剧种，有人说它"土"，但是很多老艺术家说丝弦不是"土"，而是通俗易懂，贴近生活，容易引起共鸣。其实正规演出的丝弦剧曲调优美，服装布景等都非常精致。

丝弦最大的特色就是鸣音吐字，二音拖腔，一峰突起，集体爆炸。这一下既有劲儿又有味儿。

张鹤林说完，还即兴清唱了几句《调寇》："万岁爷（鸣音，鸣音吐字）见爹（二音，二音拖腔），传口旨。他要我寇准段开红（最后一个'红'字再次拖腔）。我本该给他（这句话给观众传递信息），定死罪。万岁爷的心事，我看得清啊。我要是释放潘仁美，八王爷他必然不论情，天大多大（声音一下就上去，这是要告诉观众要卖劲儿了。过去没有扩音器，就只能凭嗓子唱），交给我两条路想都我再当状（最后引得观众满堂喝彩）。"

这就是劲儿，这就是味儿。唱戏必须了解它想表达的感情。一个是皇帝，另一个是八千岁，这是演的历史戏，一场宋朝戏。这本是八王爷的江山，却让其叔叔霸占了。寇准断潘虹案，潘虹是皇帝的老丈人，因为他的女儿嫁进了朝廷，这个案子就不好裁断了。潘虹向寇准行贿，意思是想让他别判成死罪。但八王爷不允许断错案，因前一个御史官断错案而被八王爷打死，这才把寇准从辖沽县调到东京汴梁，让他担任西台御史。

演戏实际也是历史的重演。国家总是在提倡要弘扬民族文化，上下五千年传统文化，有相当多的主持正义、鼓舞人心的事件。这么多年的戏剧能保留到现在，一是因为老百姓还是爱看，二是国家相当重视戏曲文化。这便是戏曲能有这么深厚根基的原因。

张鹤林唱完老戏之后，又给我们清唱了几句《八一风暴》这一现代戏，张鹤林说他当时演的是周总理绣红旗时的戏份，唱功基本是差不多的。"展红旗（拖腔），不由人心潮激荡，烈士们的眼回想耳旁。"肢体动作必须能表现出这个人物的心情。之后又唱了几句《八一风暴》，"毛委员指引航向闹革命，必须有自己的武装（鼓舞人心的劲儿，这儿必须唱出劲儿）。"唱出了共产党一路走来的不易，时刻提醒我们要回忆过去，珍惜当下，憧憬未来。

事实上，与很多使用方言的地方剧种不同，丝弦是用普通话演出的，不同地方的观众都能听懂。没有方言产生障碍，更容易产生共鸣。

如今，很多石家庄人最好的那一口儿还是丝弦。张鹤林说，曾有一位无极县戏迷特意从无极县开车到他家跟他学戏。每次他去演出时，也都有远方的戏迷特意赶到现场听戏。只要还有人喜欢听戏，他就会一直唱下去。

五、丝弦的"家伙什"

不论是乡间地头摆场子搭班唱戏，还是戏院舞台上演铿锵大剧，但凡每次听丝弦戏，多变的腔调都让人应接不暇，难怪素有"九腔十八调七十二哼哼"之说。戏曲至末尾的时候，乐队的大弦儿也跟着爆发，观众一个劲儿地叫好。所以说，原河北省省长刘子厚才会如此爱好丝弦。丝弦主要伴奏乐器由弦索（月琴）、二弦改为板胡、曲笛、笙。

清末民初，出现了既唱丝弦又唱老调、河北梆子的二合班。另外，它的打击乐器也由"京家伙"改用"苏家伙"，所以说地方剧种势必会有地方的特色。周总理的题词简单的几句话便是总结了这种特色，既要有劲儿，也要有味儿。观众爱看，主要是丝弦不会把观众唱困。唱戏人声音一喊、感情一上去，观众便被吸引了过来。

石家庄丝弦热烈火炽，粗犷豪放，人物刻画得非常细腻，比如花脸、老旦、花旦等行当，他们的表演非常有特色，一个重要的特点就是动作特技。不论曲牌与伴奏乐曲如何烦琐，都包容在官、越两调之内。官调唱腔明快清新、婉转活泼；越调唱腔激越悠扬、豪放澎湃。"朴实、热情、大方，这戏像极了石家庄人。"丝弦名家张鹤林就这样从骨子里恋着家乡戏、唱着这不改的乡音。官调是由"仁耍孩儿"发展而来；越调是由北力一"鼓词"唱腔发展而来。官调和越调各包括起板、头板、二板、二板、赶板、拨子板、垛子板、哭板、甩板等九种板式，属板式变化体唱腔结构。官调唱腔活泼婉转，旋律优美，堪称丝弦"咏叹调"。但是越调唱腔经常用二板，也最受戏迷喜爱，多用于叙述剧情，是丝弦的"宣叙调"，大段唱腔有时候高亢激越，有的时候低沉委婉，一旦加上乐队，就变得粗犷豪放，激情澎湃。

六、365 天不重样

时光滋养下的民间戏曲，就这样在田间地头浅吟低唱了数百年。这余韵悠长的弦曲甩腔，是燕赵山水的背景，也是燕赵山水的灵魂。

若非要说出这土生土长的家乡戏如何"够味儿"，还得从丝弦身上镌刻的粗犷豪迈、不事雕琢的印痕，以及散发着的浓郁泥土气息间寻觅。表演得粗犷豪放，动作的夸张出位，刻画人物的细腻传神，特技的热烈火炽，都集中在这一被誉为"冀中平原的艺术奇葩"的曲种身上。其将太行山腔、滹沱方言融入唱词，缕缕乡土情弹唱入心声的气质，便与太行性格、滹沱风韵合性合相，弦外之音也就意蕴悠长了。

石家庄丝弦传统剧目有五百多出，《空印盒》《白罗衫》等均是石家庄丝弦的代表剧目。除了通俗易懂、贴近生活外，丝弦的剧目多也是其深受百姓喜爱的原因之一。当时家境贫困的孩子都选择唱戏，也是为了能够挣钱贴补家用。张鹤林的恩师王永春曾告诉张鹤林，一年三百六十五天，丝弦可以天天演天天换戏，每天都不重样。当时是用小签子当戏票，小签子居然都不够用。当时也还有其他剧种和其他曲艺形式在郊县演出，但丝弦的买卖最为红火。

七、戏中作乐

张鹤林一生的戏曲生涯并不是一帆风顺的，坎坷和挫折时有发生。他说能有现在的成就最大的原因就是坚持。无论是练嗓，还是压腿、踢腿、虎跳、打靶子、练枪等，这些基本功必须得坚持。凡唱戏的人没有两条好腿可不行。

在练功或者演出的过程中，挫折困难是相当多的，每走一步都会经历一些困难。张鹤林从一开始懵懵懂懂，到后来略知一二，再到最后小有成就，都是非常辛苦的。比如下高，对于孩子来说非常困难，要做到熟练必须克服内心的恐惧。演出时的戏台上会有一个堂桌，过去那个时候桌子常常用来演戏。在农村练功的时候，大家会利用堤坡来练功，从高处向下翻，困难程度可想而知。

儿时的张鹤林也会有恐惧心理，但是经过父亲悉心指导，他也变得大胆起来。他的父亲会亲自扶着他下高，时间一长，熟练之后，他自己就能完成如此困难的基本功了。有时摔一下也不打紧，因为那时的土地非常松软。那个时候舞台上有地毯，但野外却没有地毯，大家都是在土地软的地方练功。

以前唱戏环境极其艰苦。周总理题词的第二句说道：保持地方戏曲的艰苦朴素和集体合作的作风。当时他们一直保持着艰苦朴素的作风，装台、卸台，装车、卸车等都亲自动手干，在农村演出自己搭铺盖卷，大家一起坐大车前往演出地。唱戏绝不能单靠一个人，必须靠集体的力量。生、旦、净、末、丑缺一不可。

那时使用的戏台非常简单，就是用席子搭建的凉棚，而且冬冷夏热。靠着自己搭建舞台，努力唱戏，就如同部队的夜行军一样。张鹤林说从石家庄到邯郸市武安县、刘庄村等如此远的距离，他们晚上走，白天搭完戏台后，紧接着登台唱戏，也是为了能把丝弦技艺继续弘扬下去。听老一辈们说，他们当时拿上武器就能打仗、打炮楼，放下武器也能唱戏。如今，唱戏的舞台条件越来越好，每个农村都有装修好的舞台，灯光也很齐全，还有一些室内的戏台，这样省去了很多麻烦。

由于训练条件艰苦，很多人不会选择唱戏这一行。唱戏这一行全凭戏演得好，观众才会买票看。演得不好哪里能赚得到钱呢？张鹤林还说他的老师曾经讲过这样一个故事。大概是晚清时期，他的一个老乡名叫盖叫天，是保定高阳人，家里有五个兄弟，生活非常贫困。有关他的一本书叫《粉墨春秋》，他们那个时候唱戏很苦。那一带唱戏的人也很多。这是书上写的，但是张鹤林从未亲眼见过盖老前辈。

地方志记载，那个年代总是发水，人们都吃不上饭。盖前辈一大家子集体逃荒，逃到天津卫。那个时候要饭也很困难，家里人便把孩子盖叫天卖给了戏班，和戏班签了合同。如若签订了合同，出了事故戏班便不会负责。当时他从天津到上海一直勤学苦练。在上海毕了业之后，盖老前辈因唱戏一炮而红。当时在上海也有一个唱戏特别有名的前辈，名叫叫天，具体姓什么无从得知。当时盖老前辈下定决心超过他，因此才改姓为"盖"。据说盖老前辈当时演《狮子楼》时，讲的是杀西门庆这一选段，做下高动作，从楼上翻下来后，便把腿摔折了。他硬是跪着咬着牙完成了最后的表演。大夫都劝他若不再唱戏了，兴许还可以恢复，然而为了能继续唱戏，他不愿放弃。这种对艺术的热爱程度着实令人敬佩。张鹤林受这些老前辈的感染，慢慢地自己也走上了这条道路。

改革开放后，很多人放弃唱戏转而去做生意。然而，张鹤林从小受戏曲的熏陶，根基比较深厚，深深地热爱着戏曲。他说最后就算只有一个人也要坚持。他说在《空印盒》《白罗衫》等这些剧目之前，脚因受伤而不能动弹。但是一到演出场地时，他便感受不到脚疼。张鹤林对丝弦的痴迷程度由此可知。

八、老戏骨看传承

中华优秀传统文化是中华民族的"根"和"魂"。推动中华优秀传统文化创造性转化、创新性发展，离不开传承这一重要环节。

数百年前的乡土唱腔就在张鹤林这里延续着、更新着、生长着。最值得称道的是他打破陈规，创排并主演了根据莎士比亚名著改编的《李尔王》。这出中西合璧的丝弦大戏，用石家庄味儿唱出了世界故事，在中国传统梨园界走出了一条通向世界舞台的新路。

戏中生、旦、净、末、丑的唱和，无不传达着中国传统文化的精髓——仁、义、礼、智、信。高亢唱处，假声拖腔，"砸夯""拉腔"。时而又如怒涛旋转翻滚，如瀑布急泻直下，让人在酣畅淋漓中，梦一场人间大戏。

现如今，国家创办多所戏校，戏校里设施琳琅满目，排练棚里冬暖夏凉，教室里配有厚厚的垫子供学生练功，就算是摔下来也不是很痛。过去省委还未迁居到石家庄时，丝弦少年团在石家庄桥西体育场（现叫金鼎公寓）练基本功，整天训练，跑步、接力赛、跳远、扔标枪、跳高等。改革开放时期，国家大力发展经济，当时的体育场早已修建成大楼。以往在体育场训练，他们会挖一个大坑，里面填满沙子，以防摔伤。体育老师训练学生们跳远。老人说他们也会在那里翻跟头。有时候翻不过去，摔倒在沙坑里，根本没事，随后晃晃脑袋上的沙子，继续翻跟头。现在国家发展得越来越好，这种沙坑训练也随之淘汰。

国家目前也一直致力于培养一些小戏骨。曾经有人拜访张鹤林。一度恳求他带学生。但是他因年事已高，便不再做这些事了。

传承、弘扬丝弦技艺，需要国家和人民一起努力，需要当代的一些青年帮助国家把一些非物质文化遗产传承下去。当代大学生作为祖国的建设者和社会主义事业的接班人，有着义不容辞的责任和义务来发扬光大我们的非物质文化遗产。

九、迎接曙光

丝弦剧团曾经进入过低潮期，也出现了经费和后备人才都缺乏的局面，但剧团一直在坚持演出排练，几代丝弦演员都在盼着丝弦能够再次兴起，果然坚持没有白费。

经历了20世纪五六十年代的鼎盛和后来的低谷，如今，这个古老剧种又迎来了新的希望。2006 年 5 月 20 日，石家庄丝弦经国务院批准列入第一批国家级非物质文化遗产名录。2006 年 6 月，石家庄丝弦被国务院正式批准为我国首批国家级非物质文化遗产代表作。到了 2015 年，新的丝弦剧院盖起来了，演出效果大幅提升，受到了专家和观众的一致好评。我也看到了丝弦发展的新希望。

石家庄市丝弦剧团在丝弦剧院的演出大受欢迎，还每年下乡演出。一年演很多场，都是直接在村里演出，场场爆满，场面很壮观。石家庄市丝弦剧团此后将会加强对青年演员的培养，突出丝弦特色，提高剧种的知名度。

十、采访过程实录

2021 年 5 月 6 日，采访人出发前往石家庄丝弦剧院。还未下车，远远地便能看到四个大字"丝弦剧院"。剧院前是很高的阶梯，登上去之后便进入剧院前门。很巧的是，这时碰见了一位工作人员，我们便自报家门，告诉其此行的来意，是为了弘扬国家非物质文化，让更多当代的大学生了解石家庄丝弦文化的知识。

此后工作人员介绍到第一代石家庄丝弦传承人安录昌，紧接着说到了第三代传承人张鹤林。

但是要找到张鹤林还得需要一个人，那就是其徒弟芦彦堂。随后，我们便询问如何才能联系到张鹤林，工作人员便带我们去了办公室。我们见到了芦彦堂，他听到我们此行的目的，非常开心，便让我们留下了联系方式，等待消息。

2021 年 5 月 12 日下午 4:00 石家庄剧院的芦彦堂打来电话告知我们张鹤林的座机号码。随后，我们便打过去，是张鹤林接的电话。从他的声音中可以推断出他的身体非常健康。我们告诉他此次采访的目的，他毫不犹豫地答应并告知我们其家庭住址，我们约好第二天下午四点在其家中见面。

　　2021 年 5 月 13 日下午，田依依同学和杨奇同学出发前往张鹤林家，途中非常顺利，到了小区门口，张鹤林的太太亲自出来将我们接到家中。初次见张太太，我们非常开心，她说张鹤林前辈在家中已经准备好迎接我们了。一进门，就看见张鹤林在主屋门前笑容满面，我们一见如故，相谈甚欢。他们二老非常热情，带着我们进屋里参观。对于一个热爱了一辈子戏曲的人来说，张鹤林家中的陈设大都是关于戏曲的，墙上挂着很多张鹤林演出时的照片，他们介绍了很多有关戏曲方面的知识，还介绍了他们年轻时发生的一些故事。

　　简单做了一些了解之后，我们四人坐下来。他们二老非常细心，提前给我们沏好了茶。一些设备准备就绪之后，我们便开始采访。

　　采访时光转眼就进入了尾声，但曲终人不散。相信总有那么一些人甘愿化身成弦上的美妙音符，在丝弦百年的声腔里，欢快地跳动；更甘愿永远沉醉在那个乡音袅袅、似梦似幻的故园梦里，看尽梨园春秋。

第二十二章　戏里戏外，演绎春秋
——昌黎皮影戏口述史

【走近昌黎皮影戏】

"一口道尽千古事，双手挥舞百万兵。三尺生绢做戏台，全凭十指逞诙谐。"这首诗将皮影戏艺术的特点与皮影戏匠人的高超技艺表现得淋漓尽致。影匠们用一方小小的影窗隔开台前幕后，用灵活的飞线演绎着人生百态，给观众带来一场光影盛宴。昌黎皮影戏是冀东皮影戏的重要组成部分，历史悠久，艺术性强，它将民间工艺美术与戏曲表演艺术巧妙融合，深受人民喜爱。2021 年 7 月 7 日，河北科技大学外国语学院陈岳巍同学来到昌黎，采访了昌黎皮影戏传承人张向东。接下来就让张向东带我们一起走近昌黎皮影戏，聆听光与影的故事。

一、幕布启，影匠生

辽金时期，北方地区群山环绕，平原和低矮的山丘交替排布，这原本是北宋东京汴梁，金人将这座故都攻陷，宋朝人仓皇南下将北方拱手让人，于是北方地区就进入了金的统治范围。来自金的皮影戏艺人也随军队来到了燕京，草原和极寒之地没有抑制他们的艺术天分，皮影戏技巧在燕京发扬光大，这个流派的皮影戏被后世称为北方皮影戏。但金人的统治并没有持续太久，草原上聚集起来的人总是小规模的，因此作为辽金文化组成部分的北方皮影戏也有很多的流派，表演的方式并不统一，甚至有些杂乱无章，制作水平也并不高，导致皮影人物样式和材质也不尽相同，这些问题在辽金覆灭之后被逐渐放大，当时的北方皮影戏艺人束手无策，都互相认为对方的皮影戏表演"不正宗"。北方皮影戏的发展陷入了很长一段时间的停滞。

这种情况的改变还要从一个叫黄素志的明朝书生说起。黄素志是个立志要考取功名的秀才，和千千万万的应试者一样，日夜学习，寒窗苦读。不一样的是，他并没有像史书中记载的那些人一样金榜题名、衣锦还乡。黄素志屡试屡败，从意气风发的年轻人一直熬到了即将须发泛白的年纪，至此黄素志的心态发生了变化，他开始寻找除了科举之外的出路，最终他凭借着祖传的皮影戏技巧成了皮影戏界的名匠。黄素志并没有安于现状，他苦心钻研皮影戏，将各个琐碎的流派技巧不断整合，唱腔、影人造型、表演形式都被他进一步规范和统一。他所整理的皮影戏表演方法成为后世北方皮影戏的基础。

时间来到清朝初年，这时的北方皮影戏已经基本定型，有了固定的表演套路和系统的训练方式，北方皮影戏逐步遍及永平府（今唐山、秦皇岛市大部分地区）各个州县并辐射影响周边地区。清乾隆年间，北京城是戏曲的天堂，所有艺术家都想在京城拥有一席之地，北方皮影戏也不例外，其进军北京后由于多种皮影戏势力均力敌且北方皮影戏主要来源于东部，因此得名"东路皮影戏"。再之后，清朝取消丁税，高产作物的引进都推动了人口的膨胀，人们开发土地的脚步迈向东北，作为北方皮影戏发源地之一的昌黎、滦州、乐亭地区的居民随着垦荒队伍走向东北地区，也将北方皮影戏带到了今天的东北三省地区。

此后，昌黎、滦州、乐亭以及东三省地区将诞生无数皮影戏大师，将昌黎皮影戏逐渐从北方皮影戏中分离出来，发展成了今天的样子。

二、乾利堂，远名传

清末到民国初年，昌黎皮影戏的整体实力并不能与唐山皮影戏相比，当时东路皮影戏主要将唐山皮影戏和昌黎皮影戏相结合，二者并不能分离，且唐山皮影戏名气较大，更多的人承认唐山皮影戏。作为昌黎本地人的豪绅子弟马冠军拉拢了一些官僚子弟，共同出资兴办了乾利堂皮影班，对外说要振兴本地皮影戏，实则也是满足自己的兴趣爱好，就这样公私不分地搞起了皮影戏班。马冠军招纳诸多皮影戏名优组成了堪称顶尖级别的昌黎皮影戏班底。1924 年乾利堂正式建立，重金招募昌黎、滦州、乐亭多地皮影戏高手，其中著名皮影戏艺人孙兆祥、苗幼芝、曹辅权、张绳武、周文友、张占科、李老佩、李紫兰、张茂兰、龙君甫、王老翠、历景阳等人从乐亭的一些皮影戏班来到昌黎，进入马家的皮影戏班，其中李紫兰更是被称为"影匠之王"，为昌黎皮影戏的独立和壮大作出了巨大的贡献。有了著名的演员，表演一场比一场精彩，观众自然也不会少，马冠军见到自己的皮影戏班发展好便加大了投入来吸引良匠，将被称为皮影戏界"梅兰芳"的高荣杰招至麾下作为领班，高荣杰后来成了唐山皮影戏的领头人，在皮影戏领域的地位无可撼动，可见其实力之强。此时高荣杰为了让乾利堂更具名气，不仅在昌黎演出，也经常到滦县、乐亭、秦皇岛、唐山及锦州、沈阳、长春等地演出，将昌黎皮影戏的影响范围进一步扩大。

在这之后八路军冀东军分区 12、13 团组建滦东、大众、新长城皮影戏班并入部队文工团，在八路军和后来的解放军的努力下，唐山地区得到了解放。昌黎当时隶属于唐山，随着中华人民共和国成立后"百家争鸣，百花齐放"文化方针的出台，当地的皮影戏匠人又活跃起来，自发组织了唐山专区实验影社。1952 年，担任乾利堂皮影班主的高荣杰带领乾利堂皮影班从东北返回昌黎，见到组织已经成熟了，便自愿归入唐山专区实验影社。滦东大众影社于 1959 年与唐山市天光影社合并并成立了唐山市皮影剧团，一代传奇乾利堂皮影班就此落下帷幕。

可接下来出现的两个人，不会预想到他们要面对的情形比前辈们都要严峻。

三、时代换，开新局

在乾利堂皮影班并入唐山市实验影社的同时，一名叫作齐永衡的皮影戏工作者进入临榆县和昌黎县皮影剧社工作，一心将昌黎皮影戏发扬光大。他的观点主要是，昌黎皮影戏要有地方特色，因此他在县剧社工作室就经常研究昌黎的风土人情，逐渐修改昌黎皮影戏的唱腔和一些影人。就这样日子一天又一天地过去了，齐永衡也在地方上颇有名气，正值壮年的他因为将操纵皮影人物的箭杆玩得出神入化，被观众称为"箭杆王""活影人齐"。1960 年，一个名叫张向东的男孩找到了齐永衡，恳求他传授皮影戏技巧，此时张向东十三岁，1947 年出生的他从小就喜欢皮影戏，家里人也对张向东的爱好表示支持，希望他从中能够学到本事。家庭氛围的和睦加上自己的刻苦钻研，玩皮影戏已经不能满足张向东了，他和家里人表明了自己的意图，踏上了向齐永衡拜师的道路。齐永衡得知了张向东的来意，也听了他的故事，深受触动，齐永衡决定把张向东作为自己的第一个弟子。

　　自此张向东在齐永衡身边学习皮影戏表演，直到 1966 年，时代和社会的潮流让齐永衡和张向东不得不放下手中的箭杆，暂时离开心爱的影窗进入了工厂。也正是这十年让俩人之后的路出现了分歧。1974 年左右，时代的洪流终于开始调转方向，艺术和生活重新回归正轨，齐永衡第一时间就放弃了工作，投身于皮影戏表演。可张向东并没有非常迅速地改变自己的身份，而是将皮影戏作为自己的爱好，仍然保留了主要的工作，此时他已经调职到交通部门，待遇不薄。为了生计，此时的张向东迟疑了。齐永衡放弃了工作，成为皮影戏领域的坚守者，自然也获得了更高的赞誉。他后来转到唐山市皮影剧社工作，将中心放在了唐山皮影戏上，最终成为唐山皮影戏的国家级非物质文化遗产传承人，而张向东在新世纪的边缘，也下定决心回到"伙伴"身边。

　　2001 年张向东自费创办了昌黎县向东皮影剧团，此时他已经到了快退休的年龄，家里人都不太支持他，甚至公开反对，因为他选择了提前退休，放弃了运输企业和交通部门的邀约也就意味着放弃了优厚的待遇，加上自费购买影布还有大量影人，换来的只是不可知的未来，这让张向东的家人极力反对，甚至他本人都开始动摇。由于之前在齐永衡那里学艺，自身皮影戏功力比较深厚，在皮影戏界也有不低的地位，张向东很快找到了当地优秀的皮影戏表演家，受邀者们一听是张向东，纷纷接受邀约前往剧团，昌黎县向东皮影剧团自此正式成立了。

　　可令张向东和齐永衡没有想到的是，时代已经变了，皮影戏艺术的欣赏者早已不复当年。科技革命带来互联网的高速列车，每个人的娱乐时间都分配给了电视、电脑、手机，传统的戏曲艺术活力渐渐衰败，就连国家主推的京剧都无法在主流娱乐市场获得较大的关注，更不要提皮影戏了。张向东剧团里的皮影戏高手大多也是临近退休或者已经退休的人，少数中年人也都忙于务农无法一直演出。妻子和孩子的话不断拨动着张向东的心，像是在质问：

"你还能坚持吗？"

张向东的摇摆并没有持续多久，他选择在周边地区进行演出，过硬的表演素质和改良后的独特唱腔让本地的观众认识了这个新生的剧团，更重要的是，昌黎皮影戏开始回归当地人的视野。2005 年 9 月，昌黎县向东皮影剧团到唐山参加国际皮影戏艺术展演，这次展演将剧团的名号彻彻底底地打响了，在此后的"冀东油田杯"中又获得了优秀操纵、演唱奖等五个单项奖。在地区和国家级别的赛事演出上获得荣誉，家人的态度开始转变，他们开始思考，小小的皮影戏可能真的可以创造奇迹。省级、国家级，甚至是国际上，昌黎向东皮影剧团就像是脱缰的野马一样，停不下前进的脚步。张向东在获得荣誉的同时没有忘记皮影戏目前存在的问题，他一面改良昌黎皮影戏，一面寻找着传承的新道路。2010 年 5 月昌黎皮影戏入选国家级非物质文化遗产扩展项目名录，张向东成为国家级非物质文化遗产传承人。

四、影人现，唱腔起

张向东介绍，昌黎皮影戏也称冀东皮影戏、驴皮影戏、"老呔儿"影戏，昌黎之前受唐山市辖管，因此昌黎皮影戏在很长一段时间内被称为唐山皮影戏。唐山和秦皇岛二市在市区划分上分离之后，才将唐山皮影戏更名为昌黎皮影戏。演唱昌黎皮影戏的舞台为影窗，舞台上的人物是用驴皮刻制的影人，操纵影人的俩人称上、下掌线，窗后由演员伴唱，其伴奏乐器为四胡，传统上称皮影戏艺人为影匠。

昌黎皮影戏的行当与其他戏曲艺术有所不同，称旦为"小儿"，小生为"生儿"，老生为"髯儿"，净为"大儿"，丑为"花生儿"。张向东一边说一边向我们展示了一些皮影戏造型和一些行当的唱腔，好像在向亲朋好友展示自己优秀的孩子一样，每当说到自己得意的地方，笑意不断浮现，最后像个孩子一样开怀大笑。

张向东说昌黎皮影戏的行当，既遵循戏曲艺术的行当划分，其称谓又有别于戏曲艺术。戏曲中的"生"行，昌黎皮影戏中称"生儿"。在演唱风格上又有"文生""武生""穷生""三尖儿"（戴小胡须的中年男性）之分。在戏曲中生行包括老生，但在昌黎皮影戏中，由于生字加以儿化，故不再包括老生，而将老生称为"髯儿"。从唱腔上说，昌黎皮影戏中的"生儿"还包括其他戏曲行当中的老旦，也就是说昌黎皮影戏中的老旦唱"生儿"腔。

戏曲中的旦角，在昌黎皮影戏中称之为"小儿"。按人物的不同，"小儿"包括了"青衣""闺门旦""花旦""刀马旦""犄角旦"五种细分行当；按唱腔有别又可分为"正小儿"和"花小儿"两个类别。至于戏曲中的老旦，在昌黎皮影戏中唱生儿腔，因此昌黎皮影戏中的"小儿"行不包括老旦。

小儿行的唱腔，总体要求音色明亮、纤细袅娜，唱出婉转、圆润、华丽、灵巧的韵味。在此基础上，"青衣"要唱得端庄稳重、文雅高尚；"闺门旦"要唱得玲珑乖巧，细腻抒情；"刀马旦"要唱得英武飒爽、刚健有力；"花旦"的音色要求柔媚动人、斑斓多彩，尤其在刻画反面人物时，要唱得浪荡轻浮；"犄角旦"一角在唱中即兴插科打诨，要给人以妙趣横生的感觉。

戏曲中的净行，在昌黎皮影戏中被称为"大儿"。按人物年龄、性格和身份的不同，"大儿"行又细分为"毛净""花脸""老座子""奸面"等几个不尽相同的演唱腔调。因昌黎皮影戏人的面部雕刻，分阳刻和阴刻两种造型方法。阳刻除留下眉、眼、口、鼻外全部镂白，"生儿""小儿"大多用此技法；阴刻是给面部器官刻出轮廓线，再涂上颜色。净行的面部大多是用阴刻，脸上的颜色是红、黑、青、绿、黄这些颜色。

在昌黎皮影戏"大儿"行中青壮年无须者我们叫"毛净儿"，红脸长须的人要唱"髯儿"腔，黑青脸长须的唱"老座子"。那只有"大儿"中的奸面（即过去戏曲中的白脸末行）脸用阳刻，留下一只大眼，有两条我们称之为

"恶眉"的图案和满脸褶皱，嘴被长须所掩盖，这样的人物唱奸面腔。没有胡须的奸面唱花脸腔戏曲生行中的老生，在昌黎皮影戏中称之为"髯儿"，白脸长须的"髯儿"脸部与"生儿"相近似，眉为弯钩状，眉眼相连；红脸长须的"髯儿"脸部不镂白，眉为卧蚕眉，眼为丹凤眼。

"髯儿"的唱腔与"生儿"相近，但在唱法和嗓音的运用上各有特色。同样的音符，"生儿"的音色要求明亮、圆润、媚细，而"髯儿"的音色需略显沙哑、暗淡，突出喉音，以显示其年老苍劲、恬静沉着、不急不躁的老年性格。因而唱"生儿"的影匠上年纪后，大多改唱"髯儿"。张向东现在也主要唱这个行当了，说完叹了口气，有种韶华不再之感。

戏曲中的丑角，在昌黎皮影戏中称之为"花生儿"。用之于幽默、滑稽性格的人物，其中正面人物较少，反面人物较多。因影人的造型遵循"公忠者雕以正貌，奸邪者刻以丑形"的规律，且影人在影窗上只能上下左右活动，不能前后行进，所以影人以五分像为正貌。阳刻白脸的"花生儿"五分像，肉眼泡大眼睛，咧嘴叉子上翘，冲天鼻孔上翻，造型浮滑轻佻。阴刻色脸的"花生儿"呈六七分像，露两只眼睛，或歪嘴麻面，或瞪目瞎眼，奇丑无比。说完张向东指了指桌上的一张照片。那正是一张"花生儿"的照片。他打趣地说着这个行当的种种趣闻，像极了向孩子介绍自己年轻时经历的家长。

张向东说皮影戏演员唱"花生儿"真假嗓并用、音色怪诞，常用学舌式的句句双腔调来衬托挑逗跳跃的幽默感。昌黎皮影戏中有两个影卷中没有的人物，即大手离和小球厮，其亦属"花生儿"类别，可以即兴出场，插科打诨，让观众在啼笑皆非中感到轻松愉悦。他说自己现在的嗓子不常唱了，以前还可以唱这个行当，现在早就交给了徒弟。

昌黎皮影戏表演开始前要先进行影人制作和场面布置，其中影人和布景均由驴皮整体雕刻制作，因难度高，文化底蕴丰厚，昌黎皮影戏制作也为非物质文化遗产。表演需影匠数位，锣镲手一位，胡琴手一位，鼓手一位（班

底不固定）。开幕前先由锣镲和鼓进行开场演奏引出故事情节，剧情演绎均由
影匠操纵影人并配音完成，佐以胡琴、锣镲、鼓等乐器的伴奏烘托整体氛围，
表达人物情绪，影人唱腔也随着伴奏而改变，丰富情节内容使人物立体化。

五、皮影戏，何处传？

张向东透露剧团的平常演出收入不会很高，大多数都是去参加大型的活
动和一些比赛，这种会有邀请费用或者称为出场费，收入会高一些；要是在
周边地区小的商演邀请或者卖票一场下来剧团的每个人只能收入 200 元左右。
剧团的主要组成部分是务农和退休的人，年轻人很多都是务农的时候被聘请
过来演出的，之后有事情会再回去，常驻的都是一些退休的同志，经常聚在
一起唱跳。还有其他岗位上退休的人，以这个为骨架，缺什么角色找什么角
色。即使是这样，秦皇岛市周边地区，能够达到昌黎向东皮影剧团这样规模
的皮影剧团也就此一家。

仅靠个人的力量支撑整个剧团乃至昌黎皮影戏的发展是很有困难的，各
级政府对昌黎皮影戏都进行了大力帮助与支持。市（县）政府都有一定量的
拨款资助，在皮影剧团发展起来之后每年都会有补贴政策，文化部门和电视
台有很多次为剧团录制皮影戏剧目，为了留存影像资料和在电视台上播放，
每次获奖和参加活动，当地文化局和文旅公众号都会进行报道，让更多人感
受到昌黎皮影戏的魅力。此外，张向东说自己多次参加比赛和文化宣传活动
也起了很大的推动作用。因为国家还在重视这些东西，虽然暂时被时代潮流
遗忘，但实际上这些东西正在慢慢地复苏。作为传承人要好好保持下去，增
强文化传承的信心。

张向东对收徒是绝对支持的，而且徒弟越多越好，对昌黎皮影戏的传承
也更为有利，他希望有更多的年轻人加入昌黎皮影戏的传承中来。张向东教

徒弟都是倾囊相授，尽可能地让他们学会更多的技巧，对徒弟基本功的锻炼会非常严格，基本功打牢之后才会让他们更多地接触表演。上场表演和练习是两种状态，张向东之前在 2012 年的国际木偶戏嘉年华的时候就是三老带四新的班底，让徒弟充分地去适应表演。张老师说他当初学习皮影戏表演最主要的就是"分手"，皮影戏对手上的功夫要求很高，要做到十指分开，每根手指能不能"打架"，要清楚地表达人物身体各部分的关系，这对于一个皮影戏表演者是必需的技巧。还有就是唱功，嗓子要练好，皮影戏在幕后要通过唱来表演，张向东现在年龄大了，很久都不上台演唱段了，除了大型的活动或者录制一般也不会去频繁地开嗓。但对徒弟，张向东从不弱化唱功的训练。徒弟们总体上的年龄偏大，张向东希望能找到更加年轻的传承人来适应新时代对皮影戏审美发生的改变，适应文化的需求。当然也有年龄较小的徒弟，只是数量很少，按照现在的形势看皮影戏还不能养家糊口，因此不能当终身职业，只能当作一种爱好。张向东坦言昌黎皮影戏传承面临的困难主要是人们审美的改变，生活水平的提高丰富了大家的娱乐方式，昌黎皮影戏在民众的娱乐生活中并不是必需品，所以人们对观看皮影戏的消费欲望也就不高了，这是传承和传播上面临的最主要的困难。新一代的人们对皮影戏的接受程度不高，因此寻找新一代传承人的难度也很大。现在快节奏的生活，快节奏的文艺圈子把皮影戏排挤掉了，人们可以在屋里看着电视，却很少有人去室外看一场皮影戏。虽然昌黎皮影戏注重唱腔，像京剧的生、旦、净、末、丑等一样分得特别清，但是年轻人可能连视为国粹的京剧都不是特别的关注，皮影戏也是一样，而且还受到现在新潮文化的冲击甚至排挤。人们欣赏现代艺术的比较多，皮影戏目前只能吸引一些中老年人，大多数年轻人不过是看看热闹。张向东现在最担心的是皮影戏的演出队伍少了，观众也不多了。

最近也有张向东到学校进行皮影戏教育的新闻报道，提到这则新闻，张向东向我们介绍说主要是县教育局和相关的文化部门为剧团提供一个推广的平台，叫作"皮影戏进校园"。皮影戏剧团和昌黎县昌黎镇第六完全小学（以下简称昌黎六小）进行了合作并建立了皮影戏学习的教室，还安排了课程教授皮影戏技巧，张向东也曾多次去指导孩子们学习。看到孩子们都能在课上或者是课后活动中去亲自操作皮影戏，张向东说他是很欣慰的，孩子们能够体验皮影戏，从小培养孩子们对皮影戏的兴趣，这对皮影戏的传承和发展是非常有利的，而且非常重要，他本人在教授的时候也是很骄傲、自豪的，希望这些孩子能够成为昌黎皮影戏在新世纪复兴和发扬的新希望。

县教育局发起"昌黎皮影戏进校园"活动，在多所小学建立皮影戏社团并积极发起皮影戏表演活动，鼓励中小学生多接触昌黎皮影戏，在课堂、课下实践中培养孩子对皮影戏的兴趣和审美能力，有效降低昌黎皮影戏的受众年龄。昌黎六小作为昌黎皮影戏的实验学校，增加了皮影戏学习的教室，并开设皮影戏课程，张向东也多次莅临指导学生的皮影戏学习，在秦皇岛电视台的采访下，学生们也明确表达出对昌黎皮影戏的兴趣。昌黎县、秦皇岛市电视台和文化部门都十分重视昌黎皮影戏的推广，多次进行皮影戏录制播放如《薛礼征西》《三打祝家庄》等经典剧目，对昌黎向东皮影剧团和传承人张向东多次进行专访或报道其事迹，在秦皇岛市和昌黎县的微信公众号和视频号上多次推广昌黎皮影戏，互联网和自媒体门户成为昌黎皮影戏传承的宣传阵地，传承方式的现代化、数据化正逐渐成为非物质文化遗产保护和传承的大方向。但目前昌黎皮影戏的传承仍面临着严峻的形势，张向东的作为传承人培养的徒弟大部分年龄较大且水平参差不齐，相较于可以直接上台演出并传承非物质文化遗产的成熟传承人还有较大的差距，在影人操纵、影人制作方面传承程度还有待提升。虽然昌黎县教育部门与学校联合推广昌黎皮影戏，试图为昌黎皮影戏的传承寻找年轻血液，但就目前的情况来看，周边地区三十岁及以下年龄段的观众对昌黎皮影戏的观影需求并不高。随着娱乐方式的更新换代，昌黎皮影戏在当地的娱乐方式中逐渐处于劣势地位，目前的推广虽然有一定力度但辐射范围仍然有所局限，接受普及的人更多呈现的是理解较为浅层、没有观看欲望、不想动手实操的情况。观众受众范围小且缺少观看欲望就意味着皮影剧社的收入较少，更多收入来源于参与商演所得、小型活动受邀出席的费用和传统文化相关活动的邀请费用。改变经济效益低的现状应成为各非物质文化遗产传承与保护的重点，只有有正常的经济收入，能够自给自足，才能形成良性循环，而不是依靠政府补贴和保护维持非物质文化遗产的留存状态。政府也应转变推广思路从根本上解决受众和知名度的问题。

六、向未来，敢创新

昌黎县向东皮影剧团作为昌黎皮影戏的基地，多次对外出访进行表演，其中在西班牙的表演《火焰山》中，张向东根据西班牙当地的风俗将孙悟空与牛魔王的打斗场面更换为斗牛，得到当地民众的认可。在出访意大利时，大胆将音乐改为当地特色乐曲，结合皮影戏内容收获一致好评。从以上案例中我们可以得出，昌黎皮影戏的创新要"入乡随俗"，根据地缘上的差异调整内容和表演形式，在地域跨度较大的地区要进行适当的改变，保留核心特色的基础上让内容更加容易被当地人理解和接受。艺术表演的发展也要在时间层面上实现与时俱进。张向东表示，与时俱进是艺术作品保持活力的诀窍，昌黎皮影戏跟随时代潮流进行改革创新，皮影影人制作《抗疫歌》系列影人作品，在庆祝建党一百周年的时候推出以李大钊在五峰山为主题的皮影戏剧《五峰最高》。

张向东在采访最后也表达了自己对昌黎皮影戏未来的期望。他希望大家起码不排斥皮影戏这种艺术形式，如果想到达普及的阶段，人们对皮影戏的认可应该是广泛的。民俗文化是国家的瑰宝，张向东觉得应该提高到从爱护自己的祖先留下的优秀文化以及爱国的角度来考虑。那些糟粕的东西应该被摒弃，皮影戏的核心还是为观众讲述道理，启发道德思想的艺术，皮影戏的剧目都是有历史依据的，虽然有些也会有所夸张，但都是根据当时的文化成果和社会状况创作的。在批判继承这些传统文化的同时也应该适当创新，在符合新时代道德和审美需求的同时不要跳脱优秀传统文化的框架，应传播新的优秀道德品质，给予观众娱乐的同时也要传播正能量和社会主义核心价值观。在政府、社会、剧团、个人的多方努力下，张老师相信昌黎皮影戏的未来一定是美好的，是光明的。

七、你我他，皆有责

一块影布，展现出多少英雄人物；双手翻飞，演绎多少传奇故事。十年传扬，历经多少辛酸苦难，百年皮影戏，最终入选国家非物质文化遗产名录。张向东和他的昌黎向东皮影剧团，继承前辈皮影戏匠人的精神和技艺，融入了新时代中国的神韵和风采，将昌黎皮影戏推向了新的高峰。"我就想搞皮影戏，如果皮影戏在我们这一代再不伸手挽救，可能后人都把它忘掉了。"正如张向东所说，如果人们再不重视对昌黎皮影戏的保护，在未来的某一天昌黎皮影戏就会被遗忘。但只要把握好今天，发展昌黎皮影戏技艺，为它注入新时代的活力，相信昌黎皮影戏一定会拥有一个光明的未来。

第二十三章 绝迹剧种，重获"新生"
——涿鹿秧歌角口述史

【走近涿鹿秧歌角】

古今涿鹿多才俊，智识光芒耀中华。古往今来，涿鹿游人如织。历代文人墨客都前来涿鹿瞻仰、凭吊，并留下了许多脍炙人口的诗篇。胡曾《咏史诗·涿鹿》云："涿鹿茫茫白草秋，轩辕曾此破蚩尤，丹霞遥映祠前水，疑是成川血尚流。"文天祥《保涿州三诗·涿鹿》云："我瞻涿鹿野，古来战蚩尤。轩辕此立极，玉帛朝诸侯。"孙中山亦曾吟道："中华开国五千年，神州轩辕自古传。创造指南车，平定蚩尤乱。世界文明，唯有我先。"

当齐声诵读流传千古的涿鹿诗篇时，胸中轰然回响起一个悠长的声音："千古文明开涿鹿！"千古文明开涿鹿，合符文化定中华。在黄帝轩辕征战过的这方热土上，曾流传着一个深受当地百姓喜爱的地方剧种——涿鹿秧歌角。

为了揭开涿鹿秧歌角的神奇之处，河北科技大学外国语学院的杨若男同学于 2021 年 8 月 21 日专程前往张家口，对涿鹿秧歌角代表性传承人刘建新进行了访谈，从他的口述中感受到了涿鹿秧歌角的魅力所在。

一、涿鹿秧歌角的来龙去脉

元末明初之时，清宁堡的一对鸳鸯，恰逢新禧。大红对联挂在新房门边，绣有凰鸾的大红被褥堆满床头。雪白夏帐上挂着龙凤呈祥的帐帘。两双绣花鞋摆在踏梯之上，全屋箱笼框桌都贴上了大喜剪纸，红烛把新房照得如梦般香艳。新郎一拢红衣，玄纹云绣；新娘黛眉轻染，朱唇微点。洞房之时，前来的宾客意犹未尽，迟迟不肯离开，要逗逗新娘，叫新娘学唱。新娘推辞不了，娇羞地莞尔一笑便开始学唱。一番逗唱后，宾客们无不拍手称赞叫好。于是，这闹洞房逗新媳妇的逗唱，逐渐演变为农村群众在街头巷尾自编自演、土打土闹的乡土文化娱乐活动，后来逐渐被搬上舞台。

中国北方戏曲艺术历史悠久，博大精深。古涿鹿郡——乃中华民族发祥地和华夏文明起源地之一，正是这种运数，这种灵感，这种神韵，孕育了涿鹿秧歌角。在涿鹿文化的熏陶下，地方剧种涿鹿秧歌角经典流传至今。

秧歌角属于民间地方剧种，不讲究"行头"，因此也称"布衫戏"。其素材多来源于桑干河两岸农村百姓各式各样的社会生活。它以涿鹿民间小调、元代北曲和方言俚语为基础，一戏一调；表演时通常以锣、鼓、镲演奏为主，配之以胡胡、梆子、板、小锣等乐器，按照曲调敲敲打打、起起落落；演员则按照剧情的发展或儿女情长，或伸张正义，说说唱唱，尽情地表达乡村百姓对社会生活的所思所想所感所悟。秧歌角从元末明初起始，至明清发展兴盛，一直伴随着百姓的农耕生活，曾在清宁堡、西窑沟、东窑沟、康庄、下洪寺、下太府村一带广为流传，并盛极一时。后来受晋剧的影响，秧歌角逐步走向了程式化，唱腔也多板腔，出现了内容复杂的剧目和众多的人物，分"红、黑、生、旦、丑"等角色，演出也越来越丰富多彩。

二、涿鹿秧歌角光照千秋

起源于元末明初的涿鹿秧歌角，来自民间、流传于民间，是百姓喜闻乐见、独具特色的地方剧种。涿鹿秧歌角从农村民俗活动、田间地头哼唱到最终搬上舞台，从民歌体逐步吸收时代元素形成板腔体戏曲模式，在历史传承脉络中，逐步发展，一直充当着本土文化的重要载体。方言音韵是涿鹿秧歌角的声腔特色，伴奏乐器（角锣）是涿鹿秧歌角的个性体现，独特旋律走向是涿鹿秧歌角的灵魂，贴近百姓是涿鹿秧歌角的根本所在。它的重要价值表现在几百年来凝聚起当地人文元素和传统文化灵魂，通过秧歌角的演绎形式传承不衰，成了一方百姓文化生活的主要内容和中华美德的传承途径。

传承需要活化、传播需要创新。但在传承过程中，须把涿鹿秧歌角独特的演绎特色传承下来，这是秧歌角传承的根本所在。同时在保持秧歌角基本元素的前提下，广泛吸收其他剧种的表演精髓，不断提高秧歌角的艺术水平，这成为涿鹿秧歌角传承的重大课题。吸纳现代舞台艺术表现方式，与时代同频发展，适应现代百姓的欣赏需求，适应新时代人群的戏曲文化需要，则成为涿鹿秧歌角文化传承者的努力方向。

三、枯木逢春，陈花重放

然而，涿鹿秧歌角的历史，并非始终光辉灿烂，也有暗淡无光的低潮之时。作为地方小剧种，秧歌角吸收了我国北方秦腔、山西梆子的艺术精华，开始有了头性、二性等板式唱腔的初步模式，形成了民歌体秧歌角和板腔体秧歌角共存的秧歌角戏曲体系。20 世纪初，山西梆子在涿鹿不断发展壮大，使得秧歌角的舞台空间逐步缩小。1949 年，秧歌角跌入了最低谷，几乎走到了濒临失传的境地。

　　然而刘建新却对秧歌角情有独钟，无法接受这断档的现实，为此几十年来风雨兼程，在秧歌角艺术的道路上，不断探索，砥砺前行。刘建新曾和他的五叔刘宝庆共同参与了秧歌角小戏《农民文化站》的唱腔音乐设计。其间，刘建新放弃去乡镇中心学校任校长的机会，毅然决然选择到县化肥厂乐队工作，可见他对秧歌角艺术爱得深沉。当问及是何种原因让刘建新一直乐此不疲时，他表示，涿鹿秧歌角来源于民间，是群众喜闻乐见的文艺表演形式，是典型的农家乐精神的具体体现，是百姓对多样化精神文化生活的追求，而且涿鹿秧歌角对社会主义核心价值观的确立及中国传统文化的传承和弘扬有着不可估量的作用。刘建新深知这些，眼见秧歌角濒临失传，作为一名共产党员，内心深处那强烈的责任感以及对家乡戏曲的热爱，使他不舍其再度夭折。

　　后来化肥厂倒闭导致刘建新没有了收入，但此时的他还是勇敢地承担起发扬秧歌角的重担。他一个人活得像一支队伍，四处奔走，八方呼吁。刘建新主动与上级文化部门联系，并得到了相应的支持。刘建新因时制宜，积极筹建秧歌角研究会，扛起了秧歌角挖掘、研究、传承和发展的工作。然而，要使秧歌角得以传承和发展，亟须解决的是剧本问题。据了解，历史上的涿鹿秧歌角有四十多个小戏，现已搜集并恢复了《钉缸》《焊匠缘》等，但有一些剧本却无处可寻。众所周知，剧本是演出的基础，没有了剧本，传承和发展工作便只能止步不前。再者，如今已时过境迁、沧海桑田，随着时代的发展，旧的剧本也显得不合时宜，所以剧本必须与时俱进，拥抱时代的变化。涿鹿虽属文化大县，会写散文、诗歌、小说的人才不少，但一时却难寻能编戏的英杰。曾在县广播电视台任编辑、现为县文广新局的张振峰，得知这一情况后，马上向刘建新推荐了杨存山，解决了燃眉之急。

　　张振峰在三十多年前就结识了杨存山，那时杨存山是和他经常一起向广播电视台投稿的文友。杨存山积极进取、勤奋好学，自学获得了中师学历。

杨存山始终在教育口工作，四十多年来一直勤勤恳恳、兢兢业业，屡获殊荣，先后荣获各级各类奖项近百个。值得一提的是，四十多年来杨存山从未间断过文艺创作。同时他作为中国曲艺家协会河北分会会员，此前曾以笔名"广木"出版了《曲艺作品选》一书。退休后，杨存山在涿鹿飞梭培训学校兼职。巧的是，杨存山与刘建新此前都任职为中心校长，两人还是老同事。一番交谈后，杨存山深深地为刘建新对家乡戏曲挚爱的精神所感动。因为曲艺与戏剧比较接近，杨存山慨然应允，从此杨存山就成为刘建新高山流水中寻寻觅觅的知音，立即着手开始编写剧本。

经过精心策划和充分准备，2015 年 4 月 30 日，张家口市第一个民间戏曲研究组织——涿鹿秧歌角研究会成功在民政部门注册登记，并于 2015 年 5 月 20 日在涿鹿影剧院召开了"涿鹿秧歌角研究会成立暨第一届会员代表大会"。会上刘建新当选为会长，闫江当选为副会长，王建兵当选为特别理事会理事长，杨存山任剧本创作委员会主任。五十三位研究员和市县领导、县域戏曲爱好者等近百人参加了此次会议。自此涿鹿秧歌角有了新的希望、充满了新的生机，可以说秧歌角研究会的成立成为秧歌角文化传承的新生力量。

截至目前，秧歌角已经成为省文化部门认可、国家有关部委备案的地方剧种之一。2017 年 6 月，涿鹿歌角被确立为张家口市市级非遗保护项目，这使涿鹿秧歌角这一地方小剧种，成了当地传承优秀传统文化、丰富当地百姓文化生活、满足当地群众独特文化需要的一支戏曲文化奇葩。

四、以"匠心"守"初心"

刘建新是涿鹿秧歌角传承保护团队的领头人、当家人，于 2016 年 11 月被涿鹿县人民政府认定为涿鹿县第二批非物质文化遗产项目涿鹿秧歌角的代表性传承人。2019 年 11 月，又被张家口市人民政府认定为第六批非物质文化遗产项目涿鹿秧歌角代表性传承人。他自小受家庭影响，跟随叔父刘宝庆学习弓弦乐器板胡和音乐设计，机缘巧合，又让他与地方戏结下不解之缘，打那起他便把自己许给了毕生所钟爱的事业，休戚共之、与有荣焉，并逐步成长为涿鹿秧歌角主弦乐器板胡演奏的中坚力量。

1973 年 8 月，刘建新加入村剧团，担任板胡演奏员。那时，村剧团聘请了张家口地区青年晋剧团作曲家，排演新编剧目《红河新堤》。剧中叔父刘宝庆担任音乐设计，刘建新作为其助手，从此便开启了地方戏音乐挖掘研究事业。

1979 年 8 月，刘建新从河北柴沟堡师范音乐班毕业，参与涿鹿县文化馆民间音乐挖掘、整理工作，并和他人共同完成了《张家口地区民间音乐集成（涿鹿卷）》的采编成册工作。其间，刘建新对涿鹿秧歌角音乐有了大量的接触、了解和积累。此后多年，刘建新一直坚持对涿鹿秧歌角音乐进行研究，其能够熟练地使用板胡、电子琴等多种乐器演奏，对涿鹿秧歌角音乐的表演水平达到了较高的境界。

1990 年 2 月，刘建新进入涿鹿唯一的戏剧艺术专业团体——涿鹿化肥厂艺术团，任作曲配器和板胡、电子琴演奏员，创作出的音乐代表作主要有《春苗》《清粼粼的水》等。1993 年，刘建新转到知音电子琴培训学校任教。2003 年 6 月，刘建新组建涿鹿县知音演艺公司，先后培养出了三十多名涿鹿秧歌角戏剧和歌舞演艺人才。同时，还培养出了涿鹿县三祖艺术团、琴琴演艺公司、思梦演艺公司等演出团体，并且对涿鹿县二春晋剧团、涿鹿县青年晋剧团、涿鹿县卓雁晋剧团给予了大量的技术和业务支持，为活跃涿鹿县的地方戏曲演艺市场作出了重要贡献。

2013 年，刘建新出任涿鹿秧歌角剧团演奏员，在恢复和新创《焊匠缘》《农民文化站》等秧歌角小戏的演出伴奏中，发挥了技术骨干引领作用。2015 年 4 月，刘建新牵头成立涿鹿秧歌角研究会，他以一流的乐器演奏技艺、秧歌角作曲技能和出众的组织才华，当选为涿鹿秧歌角研究会会长，担负起了组织相关人员挖掘、传承、发展、推广涿鹿秧歌角戏剧艺术的重任。

2015—2016 年，刘建新先后完成涿鹿秧歌角《心愿》《背河》《考验》《家访》音乐设计和排演伴奏及涿鹿秧歌角板式唱腔音乐理论体系、涿鹿秧歌角曲牌音乐设计整理。

2017—2019 年，刘建新完成涿鹿秧歌角小戏《贴心饭》《寻夫》《住院风波》和大戏《桑干孝歌》的音乐设计和排演伴奏，培养牛爱英、李志慧成为涿鹿秧歌角县级代表性传承人。此外，刘建新还主编出版了《涿鹿秧歌角剧本选》。

2020—2021 年，刘建新完成涿鹿秧歌角剧目《杨怀英》《爱与害》《抉择》《金色的鱼钩》音乐设计和排演伴奏，培养出了王俐、梁金芳、卢晓娜等一批涿鹿秧歌角青年传承人，并且完成了《涿鹿秧歌角音乐》系统资料编辑。

在这个迷茫的时代，刘建新依然坚守自己的初心，秉持自己的匠心，为挖掘、传承、发展、推广涿鹿秧歌角戏剧艺术始终不渝地奋勇前行。

五、独具风格的戏韵

刘建新的板胡演奏技巧富于变化，音色明亮、节奏分明、委婉跌宕，民间元素突出、乡土气息浓厚，旋律震心撼脯、具有丰富的情感内涵。其板胡演奏在弦乐中担任高音声部，是领弦。其音色明亮而不失宽厚柔和，能演奏出较高的把位；声调高亢，音量大，音色清脆嘹亮，尤其擅长表现高亢、激昂、热烈和火爆的情绪，又不失优美和细腻的特点，富有乡土气息。

刘建新还将北方民间音乐中的民歌、劳动号子、社火音乐、地方方言韵律的精华元素融入涿鹿秧歌角音乐体系中，特别是在涿鹿地区流传的徵调式民歌音乐素材和商调式民歌音乐精华素材，与秧歌角演唱形式有机结合起来。刘建新在秧歌角音乐板胡伴奏时，又将板胡在民歌演奏中的经典技艺运用到了戏剧的伴奏中。这一手法的运用，使秧歌角音乐更加完善、更加优美、更加贴近百姓的欣赏水准。这对体现涿鹿秧歌角个性韵律特征起到了关键的作用。特别是为 C 徵调式音乐素材的演奏，将板胡定弦确定为 G、D，突出了秧歌角主音 C 的表现，使涿鹿秧歌角音乐高亢豪放、感人肺腑的艺术特征更加明显。

刘建新涿鹿秧歌角音乐创作实践和板胡演奏独特风格的一个明显特征，就是将优秀传统民间音乐和曲牌体秧歌角音乐元素以及板胡演奏技巧运用到了板腔体涿鹿秧歌角演唱旋律之中，其中极具代表性的是将"高跷调"融入涿鹿秧歌角戏剧音乐，对形成当代涿鹿秧歌角音乐特征起到了关键的作用。而刘建新板胡演奏"高跷调"时的欢快、跳跃、喜庆、明亮的演奏技巧，风格独特，有很强的地方风味。同时，同一音乐元素和演奏技巧在不同板式唱腔中的反复运用，使得提炼出的音乐精华元素和演奏技艺成为涿鹿秧歌角戏韵独特风格之所在。

此外，刘建新戏剧音乐在与时俱进中创作的另一个显著特征是，借鉴北方戏剧艺术精华，在涿鹿秧歌角唱腔和音乐伴奏中加以改良吸收，进而形成了新颖的涿鹿秧歌角音乐素材。刘建新的秧歌角板胡伴奏还大胆吸取了我国北方其他板腔体剧种板胡演奏的一些演奏技艺，更加丰富了秧歌角板胡伴奏的表现手法。这是基于戏剧类非遗项目贵在传承、并能保证非遗项目在某种程度上能够顺利传承的这一思路下，刘建新在板胡伴奏中进行的成功尝试和发展成果。这使涿鹿秧歌角有了新的活力，增强了涿鹿秧歌角戏剧的艺术感染力。

六、匠心永恒，品质传承

桑干河畔"秧歌角"谱系十分壮大：第一代的二马排；第二代的祁登进（师父：二马排）；第三代的郭维道（师父：祁登进）；第四代的孟长瑞（师父：郭维道）、刘宝成（师父：郭维道）；第五代的刘宝庆（师父：刘宝成）；第六代的刘建新（师父：刘宝庆）。第七代的牛爱英（师父：刘建新）、李志慧（师父：刘建新）。

刘建新作为涿鹿秧歌角第六代代表性传承人，除了经常不断地向老一辈艺术家学习和共同探讨秧歌角艺术真谛外，还持之以恒地坚持辅导和培养下一代涿鹿秧歌角传承人。2015 年起，分别培养牛爱英、韩占军、王俐、赵淑英、王志梅、梁金芳、涨福梅、李志慧、卢晓娜等成为涿鹿秧歌角演艺骨干。2019 年，又把牛爱英、李志慧培养成了县级涿鹿秧歌角代表性传承人。

除培养秧歌角传承人外，刘建新还将涿鹿县鼓楼小学、五堡学区和温泉屯文化活动中心成功打造成为涿鹿秧歌角传承基地，并被涿鹿县鼓楼小学、五堡学区聘为涿鹿秧歌角指导专家，开启了涿鹿秧歌角在基层小学少年儿童中授徒传艺的传承模式。同时，连年策划的县级戏曲文化节已成为涿鹿秧歌角普及和传承的最为惠民的公益活动。他还多次率团赴京交流、经常深入乡村演出，践行了艺术服务人民大众、服务社会的根本使命和传承的责任与担当。

七、秧歌角艺术源于生活

其实秧歌角小戏的作品都是来源于老百姓的现实生活，因此刘建新总会带着一行人深入乡村走访。在他的带领下，杨存山、张振峰、许茂生等人，曾到丁玲《太阳照在桑干河上》的原型村子温泉屯去采风。在温泉屯大酒店，文艺表演爱好者、酒店经理梁金芳随口说出的几句顺溜口："大喇叭叫唤了一大早,闹得我觉也没睡好,你说招工就招工吧,还管吃管喝管睡觉,闹不好媳妇就得跟人跑"引起了杨存山极大的兴趣,让他脑海中蓦然闪现出了自己姐姐儿媳妇的形象——尽管多年在北京打工,但她从不嫌弃不爱说话、只会受苦的丈夫。她不仅陪丈夫做了腰椎骨质增生手术,还给公婆买了养老保险,听说婆婆生病住院,还专程请假回来看望。于是杨存山灵光一闪,心里喃喃道:"这不是很好的创作原型嘛!"

回来后,杨存山便以《打工媳妇》为题开始构思。在创编过程中,他从网上看到一个打工仔冒着被公司炒鱿鱼的危险,请假回家为父亲做寿,结果被公司老总看上并得到重用的故事,杨存山又从中获取了灵感,将剧名改为《考验》。剧中人物有婆婆和儿媳妇两个角色,基本剧情为:儿媳妇桂兰外出打工半年未归,婆婆担心她傍了大款,便以自己生重病为由,让儿子宝善给儿媳妇打电话,看她是否回家探望,以此来考验其是否变心。这时正赶上公司要选拔部门经理而进行培训,桂兰被列入重要候选人之一。在面临回家看望婆婆还是参加公司干部培训两种抉择时,桂兰毅然放弃了自己的发展机会,决定回家看望婆婆。结果回家发现婆婆好像在装病,便将计就计,以离婚为借口套出婆婆装病实情,并用孝心消除了婆婆的怀疑。最后桂兰因为孝敬老人、热爱家庭的传统美德和责任心,得到了公司老总赏识,被破格选拔为部门经理。本剧通过婆婆、媳妇、公司相互考验,讴歌了当代农村年轻妇女在追求美好生活、奋力实现中国梦的时代大潮中,能正确处理家庭、婚姻和事业发展关系的高贵品质。

秧歌角小戏有二十多部,其中《心愿》主要反映了薛在海的真实事迹;《家访》反映了当前农村普遍存在的留守老人和儿童的问题;《回乡》《驻村囧事》则以当代城乡新变化为题材;《金色的鱼钩》突出了对人们的正面革命传统教育;《啥当紧》反映了父母只顾玩手机,对孩子读书问题关注度不足的社会现状；《飞梦》以迎接冬奥会为题材；《接岳母》以创建文明城市为题材；《不该瞒》《追新郎》《合同婚姻》反映了婚姻道德问题；《尽孝莫等》《出走》反映了孝敬父母这一中华优秀传统；《图的啥》《贴心饭》《住院风波》《玩笑话》反映了扶贫题材；还有以歇后语"狗咬吕洞宾——不识好人心"为素材的《不识好人心》，此外还有以温泉屯村里的槐抱榆为素材的《槐抱榆》等。

八、秧歌角作品背后的故事

剧本是由唱词和舞台指示组成的，它是秧歌角演出的依据。每个剧本都要经过反复推敲打磨才能出演，之后还要安排演员按照剧本进行排练。拿《考验》这出秧歌角小戏来说，千呼万唤终于等到了剧本的诞生，可问题来了，怎样能让这个剧本变成舞台演出呢？由于资金有限，决不能寄希望于外请导演，于是副会长闫江凭借着多年排演节目的经验，自告奋勇做了导演。经过闫江反复推敲剧本，把每句道白，每句唱词，每个动作都反复琢磨、反复修改，定了又推翻，翻了再拾起……不知耗费了他多少心血和汗水，最后终于有了成熟的导演方案。一波刚平，一波又起，导演有了，演员又要到哪里去寻找呢？开始想联系成熟的演员，但他们活动繁忙，奔波不停没有时间，几个电话打下来，几乎都被婉言拒绝了。最终刘建新和副会长兼导演闫江决定，对几个急需的演员必须逐个登门拜访以表示出诚意。经过他们苦口婆心、耐心说服，并承诺会给一定的排练补助，演员的事才算是定下来。

开排后，导演成了服务员，上茶敬水，收拾排练场地，用真心实意回报演员的捧场。功夫不负有心人，经过千锤百炼，秧歌角小戏《考验》终于成功登上舞台，参加了河北省第十届戏剧节基层展演，使秧歌角在省文化界有了点小名气。在张家口市群艺骨干人才培训会上，河北省文化厅原副厅长孙德民对《考验》给予了高度评价，他指出："作品反映基层的小人物，说明了社会的大问题，成功塑造了桂兰的美德形象，弘扬了社会正能量，是一部成功的秧歌角小戏作品。"同时他也对该剧提出了不足与需要修改的意见。

根据孙德民的修改意见，杨存山又对剧本作了进一步修改完善，增加了儿子宝善这一角色。张振峰、许茂生两位老师也共同参与了剧本的修改。修改后的剧本需要重新排练、录制视频资料，可是不凑巧，戏中的一个演员因自家特色小吃店开业，需要去店里当服务员，抽不出时间来参加排演，这可难住了导演闫江，也给刘建新出了个大难题。情急之下，刘建新就给老伴做工作，替这个演员无偿当了十几天的饭馆服务员，洗盘刷碗、抹桌扫地。

经过这一次完善，秧歌角小戏《考验》终于重新亮相。2017 年 3 月，接到文化部办公厅文件，该剧作为全国二十九个、河北省两个小戏之一，列入了文化部 2016 年度戏曲剧本孵化计划。这是杨存山业余文艺创作四十年来，也是涿鹿县有史以来有关剧作方面达到的最高境界。

九、始终创新持续探索，让秧歌角有温度有力量

2017 年 1 月，涿鹿秧歌角研究会演艺团体新峰剧团有限公司成立，闫江任团长；同年 4 月，涿鹿县戏曲界合会成立；6 月，涿鹿秧歌角被张家口市人民政府审定为市级非物质文化遗产，涿鹿秧歌角研究会成为其保护单位。

可喜可贺的是，2018 年秧歌角小戏《寻夫》获春晚一等奖；同年 10 月，秧歌角《贴心饭》参加张家口市扶贫小戏比赛，名列第七；2017、2018 连续两年，在张家口东环公园举行"魅力涿鹿·多彩梨园"戏曲文化节活动。2015 年以来，杨存山先后出版了个人文艺作品集《曲艺作品选》《无名草》《无悔人生》《无名草（二）》四本书，共计百余万字，引起了县委县政府及有关部门的极大关注。2019 年 3 月 6 日，在刘建新主持下，为杨存山出版的第四本书《无名草（二）》举行了发行交流座谈会。这本书里收录了《槐抱榆》

《沈练》《孝感动天》三部大戏剧本，与会人员纷纷议论"什么时候能将大戏搬上舞台就好了。"闻此言后刘建新心有所动，会后立刻起草排演秧歌角大戏《孝感动天》的方案。经研究会审定后，刘建新与副会长闫江、杨存山一起，向县委宣传部部长刘英杰、县政府主管文化的副县长王大磊、县人大常委会主任李阳、县文广旅局长谷万生等领导递交了方案。没想到他们的想法与领导们不谋而合，文化广电旅游局谷局长表示，2019年因县里要承办市里的旅发大会顾不过来，2020年不仅要排演秧歌角大戏《孝感动天》，还要在怡馨广场搭台子举行涿鹿晋剧展演比赛。

为了排演好这出大戏，涿鹿秧歌角研究会专门立项，并联合涿鹿新云文化传媒有限公司共同组织剧组。邀请原涿鹿县剧团牛爱英、杨晓晨、郭志华、李志慧、王培军等骨干演员担任戏中主要角色，成立由董世斌、梅树根、刘德辉、李志宏、闫增华、刘日新、郭占清等参与的演奏乐队，并从外地聘请胡占成、杨占梅、段永红、王冬梅、任善宝等优秀演职人员组成演出剧组。此外，聘请国家一级编剧杜忠为编剧总指导，国家一级演员董萍为总导演，国家二级作曲家刘宝庆为音乐总设计，原涿鹿县团老艺人孙庆泉、陈东山、席振德为顾问。

大戏排演前，在杜忠指导下，杨存山对剧本又进行了十余次的修改，并按照导演董萍的提议，将剧本名称改为《桑干孝歌》。修改后的剧本展现了这样一幅场景：上古时代，舜出生在姚墟（今涿鹿县窑子头村），母亲亡故，父亲瞽叟续弦又生了个弟弟象和妹妹敤首，一家五口艰难度日。适逢连年大旱，粮食歉收，舜就用自家粮食接济他人，继母因此发怒，找茬将舜撵出了家门。舜离家后，在雷泽（今桑干河）打渔换耕牛，在历山（今溪源四顷地）田畔建了茅屋。每日上历山耕耘，到河滨（今东窑沟）制陶……所到之处，与人为善、受人拥戴。方国首领唐尧年纪大了，想找个接替其帝位的继承人，四方部落首领推荐了舜。尧帝亲自到历山访贤，发现舜德才兼备、志向非凡，便把自己的女儿娥皇嫁给舜，并陪嫁了不少粮食、布匹、牛羊等财物，以及刚发明的五弦琴。弟象见了，既羡慕又嫉妒，撺掇母亲几次施奸计暗害舜，多亏妹妹敤首好心报信，让舜有所防范。舜修补粮仓顶时，继母从粮仓下放火，舜便手持两个斗笠跳下逃生；淘井时继母又往井里扔石块，舜就在井侧挖洞躲过。舜对这些事是谁做的心知肚明，但从不记恨继母，仍和过去一样对父母孝敬如常，对兄弟关爱有加。不久弟象与"四恶"为伍作乱外逃，父母受其连累要被抓去顶罪，此时舜挺身而出，情愿替弟弟象顶罪受火刑。舜的大爱至孝感动了上天，遂降雨灭火使他脱险……后来尧把帝位禅让给了舜。正是通过逐鹿秧歌角研究会成员始终坚持探索创新，才使秧歌角焕发了新的生机，注入了新的活力。

十、传承地方剧种，任重而道远

涿鹿的秧歌角，起源于民间、流传于民间、扎根于民间。一批热爱千古文明故土的文人志士，不辞辛苦、不骛虚声、不求名利，默默付出、艰苦创业，从挖掘、恢复演唱小戏，再到创作、传承发展上演大戏，使得这一深受群众喜爱的剧种重获新生，特别是张家口市第一个戏曲文化民间研究团体——涿鹿秧歌角研究会一班人，在会长刘建新带领下，在既无资金支撑、又无专用设施辅助的情况下，凭借着满腔热情和执着的戏曲文化情结，把个人生活中的微薄收入，几乎全部用于秧歌角的挖掘和传承事业，并屡获殊荣。

传承地方剧种，任重而道远。愿中国北方的地方戏小剧种涿鹿秧歌角，在涿鹿秧歌角研究会的努力下，能茁壮成长，永远相伴于当地百姓的文化生活之中。相信随着秧歌角的传承与发展，在涿鹿山野川泽间必定会拉开壮阔的历史帷幕。俯瞰莽莽苍苍的涿鹿之野，隆起的一座座山梁，一截截古城墙，沟沟壑壑、回环幽道，以及漂流着历史的久远桨声的桑干河，远处传来的声音仿佛在呐喊着："一定要让桑干河畔的'秧歌角'传承下来，传播出去！"

第二十四章　老皮影的新传承，光影摇曳下的年轻匠心——天津宝坻皮影戏口述史

【走近天津宝坻皮影戏】

从人们耳熟能详的民间传说，到余音袅袅的传统音乐；从翩翩起舞的传统舞蹈，到喜闻乐见的民间戏剧；从行云流水的中国武术、杂技，到精美绝伦的苏州刺绣；从源远流长的各地民俗文化，到名扬中外的全聚德烤鸭，中国非物质文化遗产的宝库可谓包罗万象，一应俱全。非物质文化遗产丰富着人们的精神文化生活，为人们平淡的生活增添着色彩。在所有非物质文化遗产当中，皮影戏则是其中不可或缺的一部分。作为几代人的童年回忆，皮影戏曾为很多人带去了不少的欢声笑语，色彩鲜明的皮影人物在老艺人们的手中舞动飘扬，各式剧目在抑扬顿挫的唱腔中得以传递。甚至有的时候大人和小孩子们搬着自家的小板凳走上几里路到有皮影戏演出的村子里去观看，这都是人们对皮影戏的热爱和回忆。

在天津市宝坻区牛道口镇郭家深村住着这样一位耄耋老人，名叫高文忠，他是天津市非物质文化遗产"宝坻皮影戏"的代表性传承人。高文忠从

十九岁开始正式拜师学习皮影戏艺术，其对皮影戏艺术有着无法言说的热爱。2021 年 8 月 9 日，河北科技大学外国语学院的于子茜同学前往郭家深村拜访高文忠，听他述说了自己与皮影戏艺术的不解情缘。于子茜同学到达高文忠家里的时候大概是上午九点多，家里正有串门儿的人正在和高文忠津津有味地探讨着手机短视频软件快手、抖音上的皮影戏爱好者们发布的作品，见采访人进来，高文忠立马非常热情地表示了欢迎，并且表示他愿意向大家讲述皮影戏文化，并说采访多多益善。和高文忠一起讨论皮影戏的人表示他们是表兄弟关系，平时怕高文忠自己一个人待着觉得闷，所以会经常来找他聊聊天。因为现在高文忠年纪大了，皮影戏演出不再像以前那样常见和红火，所以就很少出去演出了，再加上两年前的一次意外摔伤，高文忠已经不能下地走路了，他就经常来串门儿和高文忠探讨别人唱皮影戏的技术。

一、与皮影戏的不解情缘

高文忠表示自己小时候在村里看皮影戏演出，觉得皮影戏演出特别有意思。那时候，村子里有一支皮影队，几乎每年都会演出几次。每次演出，高文忠都会到场观看，场场不落。他不仅喜欢看，而且还喜欢亲手制作皮影人，只要看到一个以前没见过的皮影人，都会把这个形象深深刻在脑海里。回到家里后，高文忠先是在脑子里来回揣摩那个皮影人的外形和神态；然后就尝试着自己画、自己做，慢慢地也就能做出各种不同的角色了。

出于对皮影戏的热爱，高文忠决定拜师学艺。师父家离他家有四十多公里路，在蓟县翠屏山公社山下村住，名叫张瑞珍，早已故去。当时宝坻有一个大众皮影社，师父就在这里工作。当时师父只正式收了他这一个徒弟，手把手传授他皮影雕刻以及皮影戏演唱。高文忠回忆说当时和他一块儿学习的还有两个人，但他们只学习皮影戏演唱。成为皮影戏传承人是很早以前的事了，以前在宝坻学习皮影戏演唱的老艺人，师爷叫石俊，师父叫魏成先，然后就是他了。

高文忠经常在完成师父交代的任务后，就把自己做的皮影戏送到师父家，如果不符合师父的要求，就要拿回来修改。冬天天气十分寒冷，人在蓟州的山根底下被风吹得瑟瑟发抖，但他从没因此间断过。20 世纪 60 年代，高文忠就经常到各地去参加演出。他说自己做了一辈子的皮影，唱了一辈子的皮影戏，现在甚至还可以把身边发生的故事编成皮影戏来演唱。

二、皮影戏的起源与发展

高文忠说，关于皮影戏的起源有两种说法，其中一种传说是菩萨看见天下许多不公平之事，如偷盗、抢劫等，菩萨就向佛祖保证说："给我三年时间，我将他们感化成好人，如果没有办成，我以女相来见你。"他下凡后便组织了八个人，编了场戏，用纸人去表演，结果三年过去，也没有将坏人感化成功，因此菩萨便成了男胎女相。还有一种说法是，两千多年前，汉武帝时，他的爱妃李夫人仙去以后，汉武帝整日思念自己的爱妃，无心治理朝政。文武百官看到后十分心急，这时有一个大臣叫李少翁，他想出来一个办法，就是按着李夫人的样子用纸片剪裁出一个影人，再涂上颜色，并在影人的手脚处装上木杆。夜间的时候，在皇帝的幔帐外面，点着灯烛，摆动影人，请汉武帝观看。武帝看罢，十分欣慰，对李妃的思念也有了寄托，自此便重振朝纲。这个故事被载入《汉书》，这就是皮影戏最早的渊源。皮影戏发源于两千多年前的西汉，在唐朝得到了极大的发展，清朝皮影戏十分红火，元朝时期传至西亚和欧洲。从清人入关至清末民初，是中国皮影戏艺术发展的鼎盛时期。

三、皮影戏演出的辉煌时代

高文忠回忆说20世纪60年代是皮影戏最为红火的时期，当年的唐山皮影戏可是相当了不起的。唐山皮影戏又称滦州皮影戏、乐亭皮影戏、驴皮影戏，是中国皮影戏中影响较大的种类之一。宝坻本地的皮影戏都属于冀东皮影戏，是由唐山传播而来的，那时候爱好皮影戏的人很多，每次村子里有皮影戏演出，家家户户都会来看。在以前，人们没有什么娱乐方式，皮影戏便成了人们为数不多的娱乐之一。在宝坻，20世纪40年代前后，村级皮影戏队最多时达到了一百多个，每次哪个村要是有皮影戏演出，都会吸引众多爱好者从几里外的村子赶过来看戏。他们坐在自带的板凳上，一看就是好几个小时，一场戏结束后，还都意犹未尽。有时候皮影戏要唱一晚上，看戏人就一直看到天亮该下地干活了才回家。演出的人喜欢唱，看演出的人更是兴致盎然。

四、皮影戏制作技艺与流程

高文忠制作皮影是跟师父学的，而皮影制作恰恰就是传承皮影戏的一个重要组成部分。制作皮影一般需要两把刻刀、一个画针和给皮影上色用的水彩笔，以及一块木板或是蜡板。另外还需要一张驴皮，驴皮影的优点是经久耐用，透明度高，着色容易等。不过现在驴皮影不是特别多见了，原因是现在人们对阿胶消费量猛增，导致每张驴皮的成本上涨两三千元，这实在是令人难以接受，于是目前使用较多的是牛皮制作皮影。"你看，这个就是我做的。这个是驴皮影，已经有几十年了。"高文忠指向柜台上用玻璃相框装裱的一副一尺半高的皮影人物。

高文忠说制作一副皮影时间不算太长，但是前期处理这些驴皮可能需要的时间比较长，大概需要一个到两个星期。各地方制作影人用的材料不尽相同，有的用兽皮，有的用纸板，宝坻这里一般都是用驴皮。制作驴皮影需要以下几个步骤。

第一步，处理驴皮。首先，用碱水将驴皮清洗干净，洗干净后晒干。其次，再将这张驴皮用氧化钙、臭火碱、硫酸等这些药剂加水配成溶液将驴皮泡软，泡软之后，用刀将驴皮上多余的油脂刮掉，之后钉在一个四方的架子上。之后把驴皮晒干，晒干之后将驴皮上的存毛用刀刮掉。为了能将上面的毛刮干净，至少要刮五次，刮到皮子透明为止，就像窗户纸一样透明才好。高文忠说这是体力活，即使是在冬天，汗水也会把衣服打湿。最后用一张毯子把驴皮压平，需要压十到十五天才能把它压平。

第二步，制作影人。制作影人之前先在纸上画出想要制作的影人角色，要用铅笔画，之后再用毛笔描摹。皮影戏和京剧类似，不同角色所佩戴的发饰和穿戴的服饰不同。比如玉皇大帝头上戴的是有冕流苏的冕，驸马的头饰一般是用状元的头饰，叫作状元魁，后来高文忠在状元魁的基础上加了双插花，还增添了帽翅，设计出了驸马套。将打磨好的驴皮铺在画好影人像的纸上，再用画针在驴皮上把皮影角色雕刻出来。有的影人镂空部分比较多，那么雕刻的时候或许就需要刻上无数刀，镂空部分的连接线条有时特别得细，这就需要掌握好技巧和手法。

高文忠展示了自己的影人样本，"这是原始天尊，这是南海大士，这是长眉老祖，这是龙王，这是火神，这是二郎神……"每个影人都画得十分精致，高文忠表示，其实画这个影人样也需要有天赋。有人可能做一辈子皮影，也不会画影人。画影人也需要有美术功底。高文忠表示自己做了这么多年皮影，现在画一个皮影角色非常快了，只需要几分钟。

影人通常以颈部和腰部为分界线，分成三部分，越往上的部位使用的驴皮就越薄，比如头部驴皮就可以做得稍微薄一点，但是同时也要让头能支撑起来，上半身也可以做得薄一点，这样表演转身等各种灵活度比较高的动作时就会比较方便，越往下的部位用的驴皮越厚，特别是腿部，这样可以支撑一个影人，使它不容易在表演的时候弯折或是飘起来。

第三步，涂颜色。每幅影人涂色需要涂六次。涂色顺序是先涂深色、再涂浅色，比如黑色要先涂，再涂红色、绿色等，白色就是皮子本身的颜色就可以了。如果是黄色的花则不分深色和浅色，因为皮影角色需要用到黄色的时候很少，一般就是皇帝穿的龙袍、皇后穿的凤袍需要用到这个颜色，涂一次就可以了。皮影也分为不同的尺寸，有一尺的、有一尺半的，无论大小都是有颜色的。涂完颜色之后再用清油刷一遍，这样可以增加皮影角色的透明度，同时还可以让皮影的颜色保持得更加持久，不易褪色。

第四步，装订。装订就是用驴皮的边角料将影人的四肢订起来，这样在皮影戏表演过程中，艺人来回摆动影人角色时，它的四肢就不会掉了。高文忠经常是把影人的脑袋和脖子连接处做得灵活点，这样在皮影戏演出的时候方便更换椅子、刀枪、坐骑等跟影人搭配表演的道具，能迅速适应各种不同的演出场景。现在较为简便的方法是用两股线捻成绳，将一边系成一个疙瘩，将影人的四肢与其身体串起来，固定好后，再在另外一边系一个小疙瘩，这样就算固定好了。到了这一步，一个影人角色就算是制作完成了。

高文忠表示，早先皮影戏演出红火的时候，买皮影的人非常多，而且北京还有皮影的展览，他曾经给展览会供应皮影影人成品。很多外国游客到颐和园游玩，看到这些影人后爱不释手，不惜花重金购买收藏，当时一个一尺半高的皮影大概能卖 1000 元。因此很多商家都来向他订购皮影，而且有很多长期订购单，制作出的影人几乎供不应求。如今基本上很少有人再来买皮影了，加上自己年纪也大了，身体大不如以前，逐渐地就不再做皮影了。

五、皮影戏的特点

高文忠认为，皮影有以下几个特点。

第一，就是"真杀真砍"。"啪"地一刀砍下去，这个角色的脑袋或是其他部位就真的会掉，这样比较真实。为了达到这个效果，能够掉下来的部位都是可以拆卸的，表演前事先要安装好。皮影戏中的刀、枪、车、马、轿、妖精、怪兽之类的形象都能和影人一起被搬上荧幕，上天入地、隐身变形、喷烟吐火、打打杀杀全能演出来，再加上配音、伴奏和灯光布景，能让演出效果美轮美奂，更上一层楼。在各类戏剧中，能做到这样出神入化境界的，也只有皮影戏了，这就是皮影戏的真实性。

第二，就是皮影戏的流行范围特别广泛，几乎在全国的各个区域都有普及。而在不同地域的发展过程中，皮影戏的唱腔风格和韵律都不约而同地吸收了当地地方戏曲、曲艺、民歌小调的精华，进而形成了不同唱腔的"本土化"的皮影戏。比如陕西的浦城皮影戏、陕南安康越调皮影戏、阿宫腔皮影戏、弦板腔皮影戏、老腔、秦腔、南北道情皮影戏、商路道情皮影戏、河北的唐山皮影戏等。宝坻本地的皮影戏是由唐山皮影戏传播过来的。唐山皮影戏的剧本叫"影卷"，现在至少有五百部，剧目有《西游记》《牛郎织女》《白蛇传》等。

唐山皮影戏唱腔的一个特点是以乐亭方言为基础，语言大都比较通俗易懂，以唱功见长，风格独特，为板腔体。其格律常用"三赶七""五字赋""硬散""大金边""小金边"等。唐山皮影戏唱腔的另一特点是分工细。唐山皮影戏影人角色齐全，分为生、旦、净、花脸、老生、丑、妖等行当，各行当都有不同的造型、唱腔和表演形式，演唱讲究合辙押韵。从皮影戏演出的内容上来看，基本上都是历史故事，如《三国演义》《穆桂英挂帅》《杨家将》《水浒传》《封神演义》等，都是称赞气节、侠义的剧目。

六、皮影传承人的演出经历

高文忠说自己以前经常到蓟县、玉田、汉沽等地去演出。那时有专门的人负责联络各地的演出时间，联络好了再来通知他们，一场戏下来一般是四个小时，中间没有休息时间，以前交通不方便，都是骑自行车去外地，人到哪里演出就在哪里吃住，平常也会到一些剧院去演出，比如天津市第二工人文化宫这类的地方剧院。20 世纪 60 年代的时候，天津市第二工人文化宫的规模特别大，可以同时容纳七个剧种一起演出，有唱评戏的、唱京剧的、唱河北梆子的、说相声的、说评书的，还有说大鼓的，再有就是唱皮影戏的。那时买一张门票只可以看一个剧种，每个演出剧团是根据观众数量，按不同比例从门票收入中提成作为演出酬劳的。皮影剧团拿到手的报酬是门票收入的10%，而评戏和京剧团却能拿走门票收入的 20%，估计是看评戏、京剧的观众多一些。

皮影戏是一门综合性的艺术，一场戏一般需要七八个人配合才能完成表演，每个人都有自己的职责，众人分工合作才能保证一场演出的顺利进行。这七八个人各有各的角色，有人负责操纵影人，有人司鼓，有人拉弦，这些属于伴奏，还有人负责唱腔。在唱腔里，有人唱花脸，有人唱老生，有人唱小生，有人唱老旦，有人唱小旦，真可谓八仙过海，各显神通。

七、关于皮影艺术的传承

高文忠认为自己最大的成就就是把皮影戏传承了下来，给后人留下了一份非常珍贵的文化遗产。如今经常会有皮影戏爱好者前来拜访他，了解老皮影戏的某一出怎么唱、怎么演等，自己都会毫无保留地给他们讲一讲、唱一唱、学一学。同时还有宝坻区、天津市、北京市电视台，以及报纸等众多媒体专程过来采访他，拍摄专题纪录片，通过大众传媒广为传播，让皮影戏家喻户晓。此外，各级政府对皮影戏的发展也十分重视，给予了方方面面的支持。天津市文化和旅游局给高文忠颁发了非物质文化遗产"宝坻皮影戏"代表性传承人的证书，他说现在年岁大了，申报工作都是区文化和旅游局帮他组织的，自己腿脚也不太好，证书也是由区文化和旅游局领导给他送到家里颁发的。这些都体现了当地政府对"宝坻皮影戏"的重视与支持。

高文忠表示为了宣传发扬皮影戏，他曾做过各种尝试和努力，从十九岁学习皮影戏开始，但凡见到个皮影戏老艺人，都会跟人家学点皮影戏技艺。而学习完之后就是想把它传承下来，"如果谁都不学，那现在皮影戏不就看不到了。"高文忠如是说道。腿脚方便的时候，高文忠经常到各地演出，为的就是能把宝坻皮影戏文化传播得更远更广，这是他献身皮影戏的职责和使命。说到开始学习皮影戏的初心，高文忠无限感慨。他是在宝坻的大众皮影社开启艺术人生的。师父收徒弟，要看这个徒弟的品性和天赋，都合格才会收其为徒。回忆往昔，高文忠说他做学徒就做了两年多，这段时间里他什么都不做，每天就只学习皮影。为了学好皮影戏，高文忠可没少花功夫，进步很快也是理所当然，"以前我师父在世的时候，到哪里都很受人尊敬，说这位是高文忠的师父，哈哈。"老先生自豪、幸福地回忆起当年的事情。

"其实我到现在还不能算是收过正式徒弟，虽有些人想学，但都没花这么多精力专门来学。曾经也有人说拜我为师学习皮影戏，家是大道口（村庄名）的，可他平时要赚钱养家，哪有时间总学这个。还有武清的张建旺，他把我的影人样本拿了一本去，说想照着雕刻，我把雕刻方法都给他讲了，但他也并没有专心投入此学习，不知道现在雕刻学得如何了。还有一个从汉沽过来的高中生，他带着自己的作品让我给指导一下。总之都没学成功。"看得出高文忠还是有些遗憾。此时坐在旁边的家人表示，其实高文忠收徒弟，也是有要求的。要先试收，看看学生有没有这个天分，适不适合学习皮影戏。比如学习唱皮影，就要有一副好嗓子，如果学习雕刻皮影，就要有一定的美术功底。学员要是花了很长时间，也没有画好一副皮影样子，这就不适合做学徒。各种原因夹杂在一起，导致高文忠到现在也没有收过一位正式的徒弟。

作为皮影戏的传承人，无论是谁来了解某一出皮影怎么唱，或者来学习影人怎么雕刻，高文忠都非常乐意教给他们，也非常愿意通过这种访谈口述史的形式向大众传播皮影文化。可对于皮影艺术将来的发展，高文忠并不太看好。他认为皮影艺术之所以不多见了，原因是皮影不再"时尚"了。具体来说，一个方面的原因是，表演皮影的人现在不能再以这个谋生，否则无法生存下去。原先像电视、手机这样的娱乐设备还没有普及，在那个没有什么其他文化生活项目的背景下，皮影戏成了那个年代的宠儿，不管年轻人还是老人都特别爱看这个，一有皮影戏演出，家家户户都会一人拿一个小板凳出来看皮影戏。而现在人们有了多样化的娱乐选择，就没有那么多的人再愿意看了。此外，另一个方面的原因是皮影戏的节奏比较慢，唱一句就像评戏似的，年轻人听起来不过瘾，不如流行歌曲那样"脍炙人口"，令人亢奋，因此很多年轻人不再追捧皮影戏。多重因素导致现在皮影戏越来越不常见，离人们的生活也越行越远。

年轻人是未来的希望，皮影戏吸引不了年轻人，这是皮影戏慢慢淡出人们视野的关键所在。同时，学习皮影戏需投入的时间成本太多，必须学有所成才能见到经济回报，不如钻研学业出人头地，或是做买卖务工收入丰厚，这些原因致使没人再愿意从事皮影戏这个职业。

高文忠说自己以前也跟天津市文化和旅游局的工作人员谈过，如果也能像每周《开心双休日》（宝坻电视台一档文艺节目）唱评戏那样宣传皮影戏，那么不出三年，皮影戏肯定会再次红火起来的。可是这一提议，并没有真正地付诸行动。现在宣传皮影文化的方式，主要就是在快手、抖音等平台发布短视频。如今掌握皮影雕刻和表演技艺的人越来越少，皮影戏面临着技艺失传的危险。

八、作为传承人的梦想

近距离了解了高文忠的遗憾，于子茜同学也不免叹息，便询问了他的愿望。他表示还是希望能将这个皮影戏传承下去，多收几个徒弟。现在喜欢皮影戏的人以及演出机会越来越少，导致皮影戏正在迅速淡出大众的视野。但截至目前，仍然找不到一个大一点的平台去宣传皮影文化。虽然他的大儿子很喜欢皮影戏，无论是唱功还是雕刻制作影人，都有点天分，颇得皮影戏神韵，但是孤掌难鸣、独行难远，希望能有更多的人爱好皮影戏、学习皮影戏，他非常乐意将自己毕生所学倾囊相授，一代一代地将皮影戏传承下去，不让老祖宗留下的文化失传。高文忠表示，他虽然年事已高，但还是想在有生之年实现自己的这个梦想。

九、保持热爱，让平凡的小事也绽放光芒

高文忠几十年如一日对皮影艺术的热爱，是他对"传承"二字的最好诠释。无论是学艺时期的艰苦，还是皮影雕刻所需的耐心，以及皮影演出幕后的辛苦付出，高文忠都觉得是值得的，这是他的初心。六十载风雨飘摇，这份初心不曾动摇。"一口道尽千古事，双手挥舞百万兵。"这是对皮影最生动的解读。皮影戏陪伴了一代又一代人的成长。在那个物质和娱乐生活并不丰富的年代里，给家家户户带去了欢声笑语。在皮影戏的世界里，影人在老艺人们的手中翩翩跹跹，演绎着不同角色人生。

对于皮影艺人来说，演唱是基础，影人制作才是根本，通过对不同剧本

故事的理解，将影人制作得更加精致，栩栩如生，才是皮影艺术的真谛。高文忠在继承传统技艺的同时，又根据自己对皮影戏和人物的理解，对影人造型加以改进，并揉和京剧造型元素，设计出新的影人形象，为皮影戏增添了新的光彩。纵观皮影戏的前世今生，听的是艺人的唱腔，看的是灯下的影人，磨的是匠人的耐心，练的是匠人的心境。

手艺不难，守艺难。高文忠的坚守，深深打动了采访人，也正是这份坚守让宝坻皮影戏才得以更好地传承。日新月异，像皮影戏这样优秀的非遗传统文化虽然慢慢淡出了人们的视野，但却仍是皮影爱好者心中最闪亮、最鲜活的记忆。那些有皮影戏陪伴的夜晚，仍旧是他们心中最温暖的回忆。高文忠作为皮影戏传承人，从未忘记自己的责任与使命，仍旧热衷于宣传和传播皮影文化，向人们分享自己的过往经历，而且他仍旧在寻觅愿意传承皮影戏的接班人，希望能将皮影戏更好地传承下去。

第二十五章　一腔一鼓，唱人生百态
——乐亭大鼓口述史

【走近乐亭大鼓】

"闲来没事儿出城壕，瞧见了两个耗子正在摔跤。大耗子抱住小耗子的腿，小耗子搂住大耗子的腰。两个耗子摔得起劲，从那边来了一个大花猫。这只猫，伸伸腿，它纵纵腰，喵的一声就蹦过去了。为什么猫见到耗子咋不逮，原来是一只大瞎猫。"在河北省唐山市乐亭县的清平书社里，经常能听到让观众哈哈大笑的唱段，这一腔一调，凝聚着这块土地的风土人情，诉说着老百姓的酸甜苦辣。

乐亭县，位于河北省唐山市东南部，在这片土地上，孕育出了璀璨多彩的历史文化，"冀东民间艺术的三朵花"乐亭大鼓、唐山皮影、评剧就发源于此。"一腔一调道出人生百态，一板一鼓唱尽人间兴衰。"这句话精炼准确地表达出了乐亭大鼓的艺术魅力。

2021年5月20日，河北科技大学外国语学院的裴英顺同学来到唐山市乐亭县，探访国家级非遗项目"乐亭大鼓"代表性传承人张近平，深入了解

"乐亭大鼓"的发展传承史。

据文献记载，在两百年前的乐亭皇粮庄头，有一名叫崔佑文的班主，他养了两个班，一个是大鼓班，一个是皮影班。其中大鼓班里有个叫温荣的，也就是张近平师爷的上几辈。温荣特别喜爱乐亭大鼓，他在耕田休息当中，都哼着乐亭调，唱着乐亭腔。有一次，他在田间哼唱着乐亭调耕地时，犁铧碰到了土里的石头或是树根被撞成了两半儿，他顺手捡起破碎的犁铧尖，擎在手中相互碰撞敲击，发出了清脆的金属声响，余音久久未停，于是他就琢磨，要是在唱乐亭调时配上这击打节奏的话，该有多好。随后他就将伴奏的木板改为两片铁制简板，"温铁板"由此而生。乐亭大鼓中的这两个伴奏的板，称为阴阳板。后来崔佑文带着温荣进京到恭王府演出，与当地巷子里三弦一配，王爷感觉很好听，便问叫什么，他说没有确切的名字。王爷就说，你们是从乐亭来的，又有弦，又有鼓，又有唱的，就叫乐亭大鼓吧。当时就给封了顶子，赐了座，乐亭大鼓受了皇封，名震京城。

乐亭大鼓由木板大鼓演变而成，距今已有两百多年的历史了。追本溯源，乐亭大鼓自明末清初产生、形成，据《中国书词概论》记载：清初年，乐亭城内凡自娱好乐之人，最爱唱"清平歌"，同时乡村里也流行着散曲之类的小调。后来有位弦子李，先以三弦配奏了"清平歌"，后加以改正，使其韵调动听悦耳，较之前大有不同，于是齐呼之为"乐亭腔"，也被称为"乐亭调"，这是因为外乡人都认为乐亭人说话都跟唱一样。根据乐亭大鼓发展史，其实它源于久远过去的民间小调、叫买叫卖、哭丧调、号子等，吸收了这些唱腔以及民间的一些习俗，才形成了后来的九腔十八调。

在乐亭大鼓的发展史上曾涌现出了很多著名老艺人，竞相改腔革调，争奇斗艳，促进了乐亭大鼓艺术的发展，特别是靳文然创新发展了声腔艺术，使乐亭大鼓走出唐山市在全国曲艺界声名大振。靳文然是乐亭大鼓艺术的集大成者，曾任全国曲艺家协会理事。他完成了乐亭大鼓由联曲体到板腔体的重大革新。他的演唱"雄壮处好似万马奔腾，凄切处仿如雨打芭蕉，委婉处如同喁喁私语，缠绵处像烛影摇红，紧急处如珠玉落盘"（署名长风的文章《烛影摇红　珠落玉盘》）。此外，靳文然还广泛吸收京剧、皮影、河北梆子、评剧等艺术精华，丰富了乐亭大鼓的演唱艺术，形成了独特的靳派唱腔。

2006年5月20日，河北省乐亭县申报的"乐亭大鼓"经国务院批准列入了第一批国家级非物质文化遗产名录。

一、择一业，爱一事，终一生

张近平，男，生于1962年，河北乐亭人。乐亭大鼓第七代传承人，乐亭大鼓第二批国家级传承人，中国曲艺家协会会员，中国乡土艺术协会会员，第五届中国曲艺牡丹奖得主。张近平从艺四十多年来，从未放弃对乐亭大鼓的坚持与热爱，他敢于创新，与时俱进，对乐亭大鼓的发展、创新和传承做出了突出贡献，同时也见证了乐亭大鼓的兴衰。

张近平于1979年参加乐亭大鼓培训班，三个月后便进入乐亭县业余曲艺队下乡演出，一直演到1984年。在这几年里，其艺术水平、演出技巧等方面逐步提高，之后转到了乐亭县专业曲艺队。在曲艺队，张近平从事乐亭大鼓演唱直到20世纪90年代初期，后来由于种种原因曲艺队解散了。到了2000年左右，国家开始重视支持传统文化的发展。当地县委县政府也注意到了国家政策的支持，于是组织专人致力于乐亭大鼓曲艺队的恢复组建工作。经过积极筹备，他们邀请张近平等为代表的乐亭大鼓艺人，以及乐亭皮影的一些主力艺人，成立了乐亭戏曲艺术团。2003年9月1日，张近平正式到艺术团上班。2010年以后，全国艺术团体制改革，戏曲艺术团改为乐亭县非物质文化遗产传承中心，延续至今。

张近平从小就酷爱乐亭大鼓。当他提出想要学习乐亭大鼓时，父母都很支持他，成家后妻子对此也特别支持。张近平十五岁时开始接触乐亭大鼓，十九岁拜韩志学为师正式开始学习乐亭大鼓。韩志学是韩派乐亭大鼓创始人韩香圃的长子，也是其亲传弟子，是当时乐亭大鼓的著名表演艺术家。张近平勤奋好学，老师对他十分喜爱，口传心授，一句句、一遍遍地教张近平乐亭大鼓的唱腔，以及九腔十八调，并手把手地教他鼓板分家。日复一日，张近平逐渐掌握了老师教授的发音、吐字、行腔、归韵等这些技巧。

张近平表示，乐亭大鼓的唱腔十分不好学，可只要深入学习下去也不是个难事，保持浓厚兴趣，就没有攻不破的唱腔。乐亭大鼓唱腔的学习着实很吃力，要求唱腔间的转换微妙细微，不能出现裂痕，也就是说乐亭大鼓的唱腔需如同行云流水一般，唱出来才委婉动听。这就要求学唱人先天素质必须要好，五音要全，嗓音要亮，否则难以掌握技巧，唱出来跑调十分不好听。如今张近平对唱腔能够灵活把控，这都是在四十多年的演艺中一点点历练出来的。

"宝剑锋从磨砺出，梅花香自苦寒来。"张近平回忆起自己的演艺生涯无限感慨、记忆犹新。20 世纪 80 年代改革开放初期，生产队解体，农村实行包产到户，农民们的积极性被空前调动起来，而乐亭大鼓的演出却变得十分冷清，于是他就跟着师父东奔西跑，四处开拓演出市场。那时候交通出行主要是骑自行车，他和师父几乎跑遍了秦皇岛和唐山两地，以及周边的县区和农村。赶上风雨交加或是漫天大雪天气，需要推着自行车走，行路十分艰难。有时中途下起瓢泼大雨，根本无处躲藏，自行车上驮着的行李、三弦和演出道具全被淋湿了，当时真叫人心灰意冷，甚至想打退堂鼓，干脆不学了。可一到村里，打点好了一切，演出结束后躺在被窝里，张近平又琢磨起来，乐亭大鼓是他的平生最爱，可以饿一顿不吃饭，但不能一日不唱大鼓书，想到这些他又鼓足信心，立志要把乐亭大鼓学习好并传承下去。

第一次上台演出时的情景，张近平至今仍历历在目。那是 1980 年在唐山市迁安五重安的一次演出，在黄金寨那个大村子里，几千人前来观看，人头攒动、摩肩接踵。这种场面实属罕见，况且当时演出现场并没有音响设备，来看乐亭大鼓演出的人还这么多，这令张近平十分激动，更坚定了他学习乐亭大鼓的决心。通过这次演出，也让张近平深深感觉到自身存在的不足，在唱腔和鼓板上，与师父和各位老师相比，不如他们在场上能够淋漓尽致地刻画人物形象、鼓板配合得游刃有余。所以张近平觉得如果大鼓演出水平不长进，实在对不起那些热情的观众，一下子让他学习的压力增大了，心里很是着急。到了晚上老师们都睡觉了，他却仍在被窝里默默背唱词，下定决心要多向老师们学习，一点一滴积累。

令张近平难忘的还有观众对乐亭大鼓演员们的尊重。在20世纪80年代，他们到擂鼓台村演出，当时这个村的经济状况是比较好的，村里人招待他们十分热情，白菜炖粉条时，放的白菜特别多，要知道那时白菜是特别珍贵的，同时还给他们做了小米秫米米饭、油炸饼、买了油条。到了晚上，又专门给他们做末子粥，就是用苞米磨的面做成的粥，味道特别好，这在乐亭是吃不到的。每每想起这些，张近平都很感慨，时间过得太快了，一眨眼几十年就过去了。观众的这些热情招待以及热烈回应，让张近平更加坚定了自己的初心——要用更精湛的演绎来回馈喜爱他们的观众。因此不管外出演出的路再远、行程再苦再累，还是唱腔、台词再难，他都不畏惧，他唯一的心愿就是努力向老师们学习，精益求精提升技艺水平，好给观众带来更多欢乐。

辩证法告诉我们一个道理，任何事物的发展都不是一帆风顺的。随着各种流行文化的兴起，乐亭大鼓受到了巨大冲击。1990年初，乐亭大鼓步入了低谷期，演出市场很不景气，为生活所迫，张近平一边坚持演出，一边务农做些小买卖，赚点钱来补贴家用。这样艰难地走过了一年又一年，到了1994年左右，乐亭大鼓演出开始回暖，人们又重拾对乐亭大鼓的热情。到了2000年，随着人们的日子越来越好，对文化生活的需求也大大增加，乐亭大鼓再次红火起来。在国家好的政策支持下富起来的一些人，逢着过生日、娶妻生子的喜事，便请来乐亭戏曲艺术团，一演就是十来天，好让乡里乡亲都能沾沾喜气，分享快乐，花个千八百的也不算啥。

近年来，国家实施非物质文化遗产保护工程，为乐亭大鼓艺术发展注入了新的活力。2006年，乐亭大鼓被确定为国家首批非物质文化遗产保护项目。唐山市成立了民族民间文化保护中心。市（县）财政每年拨出专款用于民族民间文化保护。为保护、传承和弘扬乐亭大鼓艺术，乐亭县在县文化中心建成了乐亭大鼓说唱厅，编纂了《乐亭大鼓曲谱》，制定了乐亭大鼓艺术保护规划，明确由县财政出资鼓励乐亭大鼓艺术家招收学员，培养传承人。如今，在国家非物质文化遗产保护政策指引下，乐亭大鼓艺术已走向繁荣发展的新征程。

二、乐亭大鼓的艺术特色

说到乐亭大鼓的主奏乐器是书鼓、铁板和大三弦。书鼓外形扁而圆，鼓面6寸4分（约21厘米），厚2寸4分（约8厘米），架在鼓架之上，鼓架则由6根箭竹交错支起。击鼓要用鼓箭，是一根木制或竹制的小棒，长7寸2分（约24厘米），尖端略细。铁板是钢制或铜制的半月形板，长4寸5分（约15厘米），宽1寸3分（约4厘米），厚1分（约0.3厘米），两片板调高不一，故又有"阴阳板"之称。大三弦的琴面呈椭圆状，高7寸（约23厘米），宽5寸5分（约18厘米），厚2寸5分（约8厘米），琴杆长3尺7寸（约123厘米）。乐亭大鼓演出时的表现形式有两种，一种是只需要一鼓一板一弦一人演唱，演唱者打鼓又打板，边说边唱；另外一种是一人自击鼓板站立说唱，另有人分持三弦等乐器伴奏。

在乐亭大鼓演出中还要有两件道具：一是一把折扇。当说书讲到两军阵前对垒交锋时，折扇可以当作十八般兵刃，像刀枪剑戟、斧钺钩叉、鞭锏锤抓、镋棍槊棒。二是一块醒木。据张近平介绍，观众中有上岁数的长者，还有小媳妇抱着孩子来听书的，也有干了一天活后来听书的。这些人爱打瞌睡，在过去说书开始之前，艺人用醒木一拍桌案，听众受到惊吓也就清醒了。

乐亭大鼓的唱腔有两个，一个是上自腔，一个是凡自腔，一高一低，自成体系，独具一格，讲究字正腔圆、韵足味浓、气氛真实、色彩鲜明、气口得当、鼓板合宜。固定的唱腔是九腔十八调，有的抒情，有的激昂，有的悲沉，有的诙谐，用这些唱腔来表现不同的场景、意境、情感和情绪。九腔十八调的主要唱腔有"四大口""八大句""四平""切口""双板""紧流水""慢流水""中流水""背牌子""凄凉调""撤单程""慢起程""昆曲尾子""蚂蚱蹬腿"等。演员在演唱中，根据剧情变化灵活运用这些唱腔，而且大口一般都运用在鼓句上。但在说长篇书的时候，有很多唱腔都不涉及。

乐亭大鼓演唱时演员穿着的服饰也有讲究。唱传统剧目，男演员一般穿长衫，女演员穿旗袍；唱近现当代曲段，男演员多穿中山装或唐装，女演员则穿旗袍，或是穿连衣裙、拖地裙。总的来说，服饰要随着舞台需要进行变化。

三、乐亭大鼓的代表作品

乐亭大鼓按篇幅大小可以分为长篇书、中篇书、短篇书和微篇书。微篇书是三言五语的小书帽，一般在观众没来齐的时候演唱，均为笑话段，让大伙哈哈一乐；然后开始书归正传，代表剧目有《耗子摔跤》《老财迷》《绕口令》《现世现报》等。一段一段的段子叫短篇，唱得多为经典唱段，传统代表剧目有《芦花荡》《双锁山》《白蛇传》《玉堂春》《西厢记》《蝴蝶梦》《王二姐思夫》《六月雪》《小姑贤》等。

中篇书大约要十天半个月才能说完，传统代表剧目有《包公传》《回杯记》《十把穿金扇》《五女行唐传》《瓦岗寨》《呼延庆打擂》等。长篇书一说就是三五个月，一两百天都说不完，传统代表剧目有《水浒传》《三国演义》《西游记》《杨家将》《包公案》《隋唐演义》《呼家将》《岳飞传》等。中华人民共和国成立后，1960年和1970年，倡导说新书，创作出的代表剧目有《平原枪声》《烈火金刚》《桐柏英雄》《肖飞进城买药》等。

四、张近平的艺术成就与创新

张近平的从艺人生经历丰富，在四十多年的艺术生涯中，先后去过很多地方传播乐亭大鼓文化，足迹遍布冀东唐山、秦皇岛的每个区县，此外也曾多次到访省外如河南、山东惠民、菏泽、淄博、泰山、湖北等地演出。谈到外出演唱，他感慨良多，特别是受方言影响，当地人听乐亭大鼓就比较吃力，念白还可以，可一到唱腔就听不懂了。当时经济条件不好，加之受硬件设备限制，观众只能靠听力识别唱词，如果能有个电子屏播放字幕，边听唱腔边看字幕，就方便听众理解了。同时张近平还曾受邀，赴燕山大学、清华大学、北京大学等多所高校进行红色宣传教育演出。

一分耕耘一分收获，一分努力一分回报，在对乐亭大鼓表演技艺倾情以赴中，张近平也收获了众多奖项。特别值得欢欣鼓舞的是，2008年张近平获得全国第五届曲艺牡丹奖表演奖，这是中国曲艺类的最高荣誉，是盛开在每个热爱曲艺人心中的牡丹花。遥想当年，在山西长治比赛中获评此奖，同年10月在江苏南京举行的颁奖仪式。也就是在这期间，他的师父作古仙逝，这让张近平颇为遗憾，因为他从师学艺以来还从未行过拜师礼，本想学有所成时补办一个拜师仪式，可当他再回来时，竟与师父天人永隔。

张近平对乐亭大鼓的传承并未止步于传统，在继承中也有自己的见解，他认为唱词可以创新，但唱腔在任何时候都不能创新，虽然可以吸收借鉴与乐亭大鼓唱腔相吻合的其他姊妹艺术唱腔精华，比如西河大鼓、评剧、皮影等，这些表演艺术都与乐亭大鼓息息相通，甚至有很多地方都是相似的，但是绝不能把它改得非驴非马，那就不叫乐亭大鼓了。因为唱腔是乐亭大鼓的魂，也是乐亭大鼓的根本，是乐亭大鼓区别于其他艺术形式的本质特征，如果混入二人转、评剧、皮影的成分，就成了四不像，就失去了传承的本来意义，那乐亭大鼓就不再是乐亭大鼓了。

时代车轮滚滚向前，张近平也是在感受体悟时代巨变中，创作出了很多深受大众欢迎的新剧目。2008 年，他创作了《农村新貌》，一举让他获得了全国第五届曲艺牡丹奖表演奖。在全国上下同心抗疫期间，张近平还创作演唱了《警徽闪闪》《说唱院士钟南山》等曲目，热情讴歌了那些在大疫面前的最美逆行者，通过网络直播形式向广大网民传播正能量，其中《警徽闪闪》获得河北省社区文化艺术节优秀节目展演一等奖。

如今随着信息技术的发展，新媒体成了非物质文化遗产传播发展的一匹黑马，受到社会各方广泛关注，张近平也注意到了这一点。他从网络直播入手，尝试采用新的方式演出。对此他很形象地用事例说明，原来在 1970 年末期、1980 年初期下乡演出，就在一小块高地上，连店面都没有，演出时只有一个提灯、一个鼓、一个板，根本没有什么音响设备，距离远近决定了观众的欣赏效果，近则喜远则急；现在再到乡下演出，会先搭台子，结上灯，调试好音响设备，大喇叭一放，观众的情绪都高涨了起来；而新媒体直播让观众有了更好的观感体验，观看人群广泛，且不受时空限制，更受人们欢迎。张近平强调，不管演出设备如何，是在台上还是网络直播，该怎么演还是怎么演，面对观众不能有丝毫的懈怠，初心不改，方能始终。

其实一开始，张近平并不是很频繁地使用网络直播，他觉得一把年纪了，学习网络直播的意义不大，还不如多看看书收获多一些。后来，有关领导、同行以及一些年轻人劝他，现在人们通过手机看直播和短视频是十分普遍的，老老少少都很喜欢。原来把乐亭大鼓演唱录制成光盘，消费者再把光盘买回家来看在当时很流行，现在不一样了，网络直播方便快捷，人们可以随时随地地看，没多少人再去买光盘了。所以要跟上新潮流，才能让乐亭大鼓更有影响力和生命力。张近平认为大家说得很对，于是尝试学习实践，没想到效果特别好，从开始的几十个人到几百个人，百传千、千传万，关注他的人越来越多。

五、张近平对拜师的理解

过去张近平拜师时，师父并没有注重拜师仪式，现在自己有资格当师父了，也不是特别重视拜师仪式。他认为现在徒弟都是出于对乐亭大鼓的喜爱才来跟他学习，其中有上学的、做买卖的、在家里务农的，什么层面的都有。这些徒弟有的能学成，有的学不成，有的浑水摸鱼，有的出类拔萃。虽然徒弟们都希望有个拜师仪式，但是张近平就是不同意，他的想法是待日后，看看到底可收谁为徒。如果教了十个人只有两个人能学有所成，那就正式收这两人为徒。

学习乐亭大鼓不是一件易事，需要耐心、勤奋和能吃苦。目前张近平的教育方式是讲授和实践相结合，他没有办培训班，因为时间不允许，也不太现实。如有想学乐亭大鼓的，凡是他认准的可塑之才，就让他一边跟着自己演出，一边学习。只要有现场演出，就会让他参加，认真观察演员在台上的一举一动，仔细聆听揣摩腔调变化。有时学生对腔调掌握不到位，他会一直不厌其烦地示范传授，甚至为了让学生学会一句唱腔要用两三个月的时间。

六、乐亭大鼓的传承问题与期许

谈及乐亭大鼓传承问题，张近平说道："国家非遗司每年给我们国家级传承人经费两万，但其实是远远不够的，六万的话基本满足要求，剩余部分要靠我演出弥补，或是找企业老板们拉赞助。因为我要定期举办社区演出，教授徒弟，像道具、音响设备、桌椅板凳、房租等都需要花销。即使如此不容易，身为国家级传承人，也要有担当和责任心，还要有使命感。如果作为传承人，不担当、不作为，那就辱没了这个名号。为了顺利传承传统文化，我再难也要坚持运转。"

张近平还特别提到就业问题，在乐亭大鼓的传承人中有不少优秀演员，但是学成以后，当地政府不能解决其就业问题，生活没有经济来源，就不能养家糊口。为了碎银几两，为了三餐有汤，为了生活为了家，很多人不得不转向别的行业，于是荒废了技艺，中断了传承，那原先的学习也就失去了意义，因此解决好非遗传承人的就业问题迫在眉睫。

谈及对乐亭大鼓的期许，张近平最大的希望就是作为国家最高保护单位的非遗司，能继续加大对传统文化的保护与支持力度，从中央到省到市再到各县区，在政策、资金等方方面面给予更多的支持。再者也希望政府能改善非遗传承人的就业状况，让更多的从业者留在业内，这样乐亭大鼓才能传承不绝，发扬光大。

正是有了像张近平这样的一位位、一辈辈的非遗文化传承人，才能让我们的传统文化不会淹没在历史的洪流中；正是有了他们的坚持和热爱、传承与创新，才能让我们的文化遗传焕发生机。真诚希望有更多人来关注我们的传统文化，挖掘它的美与活力，让传承不断，薪火不绝。

第二十六章　坠子口中唱，经典永流传
——磁县坠子口述史

【走近磁县坠子】

一架书鼓，一副简板，一把弦子，一座脚梆；一句简短的戏词，能唱出观众的心声，一嗓跌宕起伏的腔调，能流露出表演者的真实情感；唱一次容易，唱一生很难，大小舞台，唱出的是曲艺，传承的是文化。戏曲分为多种，虽说最出名的数不上它，但它却有其独特之处，它就是——磁县坠子。

磁县，是河北省的南大门，东与临漳县、成安县毗邻，北与邯郸县、峰峰矿区搭界，西与涉县接壤，南与河南安阳市隔漳河相望。磁县的曲艺坠子生长于民间，为人民群众所喜闻乐见，它有说有唱，生动活泼，通俗易懂，具有浓厚的民族特点和地方色彩，是我国曲艺艺苑中一朵娇艳的鲜花。随着磁县坠子的传承者到全国各地演出，越来越多的人开始了解磁县坠子这门曲艺，许多看过磁县坠子的观众都对这门曲艺赞不绝口。

出生于民间艺术世家的鲁俊美是磁县曲艺坠子代表性传承人，她自幼受家庭文化熏陶，随父母学习曲艺坠子，经过自己不懈努力，形成了她独树一帜的艺术风格。2021 年暑假，河北科技大学 2019 级石辰昊同学专程来到河北省邯郸市领创中等专业学校，见到了这位磁县坠子传承人。

鲁俊美一开嗓儿，石辰昊同学就被震住了。

一、与曲艺坠子的不解之缘

磁县曲艺坠子是由河南开封曲艺形式三弦书演变而来的，因以小鼓三弦改制的坠子弦伴奏而得名。2013 年，磁县曲艺坠子入选河北省第五批省级非物质文化遗产保护名录。

鲁俊美是河北省级非物质文化遗产磁县曲艺坠子代表性传承人，河北省曲艺协会会员，邯郸市曲艺家协会副主席，邯郸市鲁二美磁县坠子剧团团长。她出生在一个民间艺术世家，从小耳濡目染，使她对曲艺坠子情有独钟，潜移默化中她跟随父母学习曲艺坠子，每一个眼神，每一个动作，父母都会严格要求。在父母的言传身教和严格要求下，鲁俊美十二岁便可以登台演出了。"台上一分钟，台下十年功"，冬去春来，寒来暑往，台上练、台下练、做家务时练、吃饭时练，甚至睡觉做梦都在吊嗓子、唱坠子，小小年纪的鲁俊美就成了"坠痴"。几度春秋，经过千锤百炼、精心打磨，鲁俊美的表演艺术形成了别具一格的鲜明风格。

二、独辟蹊径的表演形式

磁县坠子的一个特点是曲谱比较灵活，几句腔调轮回唱，不高兴的时候唱悲腔，高兴的时候唱欢快有趣的腔调。内容上有的紧随时代潮流，把流行歌曲改编成坠子，自编自唱。而更多的则是一些传统曲目，内容一般是演义、公案、武侠及英雄史诗，例如《小八义》《包公案》《刘公案》《海公案》《施公案》《白绫计》《大闹广州传》《薛仁贵征东》《杨怀玉征西》《蛤蟆传》《呼家将》《珍珠汗衫记》等；现代段子有《郭隆真》《菊花选婿》等。

与河南坠子不同，磁县坠子唱出来比较洒脱，有武坠子的范儿。表演时有专职伴奏者和说唱演员自伴奏两种形式，专职伴奏者使用的乐器是脚梆和坠胡，后来又增加了三弦、琵琶、古筝、二胡等；说唱演员常用的乐器是简板、铰子、矮脚书鼓、醒木等。具体来说，由道情改演的曲艺坠子，说唱演员多用简板击节；由三弦书改演的曲艺坠子，说唱演员多用铰子击节；由大鼓书改演的曲艺坠子，说唱演员多用矮脚书鼓；醒木则是说唱演员在说唱长篇书时多使用。同时说唱演员根据演艺内容还会使用扇子、手绢等道具。

磁县坠子的另一特点是没有道具布景装饰，没有灯光衬托，也没有大型乐队渲染，是一种"满场风雷吼，全凭一张口"的特殊艺术品种。有一人自拉自唱、俩人一拉一唱、三人的"鸳鸯档"（男女捧口）、多人的群口唱等演唱形式。说书艺人通过说、唱、表（道白）塑造出各种人物的艺术形象，刻画典型环境中的典型性格，反映作品的主题。其唱腔以叙述为主，也有一定的抒情成分。

与河北梆子、豫剧这些戏曲相比，磁县坠子有着明显的区别。诸如前者这类的戏曲，一场下来会把戏情唱完，戏本也短，剧情则是一场接着一场，每一场都不一样，唱的剧情也不一样。而坠子是连本戏，即今天唱完明天接着往下唱，比如《包公案》，一场戏下来要两个半小时，整本下来则需要五六天才能唱完，观众对这样的连本戏十分喜爱。

三、"坠子"的传承与剧团的发展

申请成为磁县坠子传承人的材料批下来之后，鲁俊美万分激动，下定决心一定要把磁县坠子传承下去并发扬光大，随后她就在邯郸市成立了磁县坠子非遗传承基地。那时的条件比较差，生活很艰苦，鲁俊美就在市里租了一个院子，里面有八间房，周六日就在这里教小孩子们，不仅不收取费用，还自掏腰包管孩子们的吃住。她当时唯一的信念就是把这项非物质文化遗产传承下来，走到哪儿就宣传到哪儿，让更多的孩子学习磁县坠子，传承磁县坠子。

一段时间坚持下来，鲁俊美亏了不少钱，老伴没少因为这事和她吵架，时常对她说："如果你还继续这样干下去，到最后恐怕连之前演出挣的钱你都得赔到里面。"可鲁俊美心里清楚，绝不能向学员收取学费，因为不收学费还没人学呢，若再收学费，那就更没人学了，也将会在传承磁县坠子的道路上增加更多阻力。2017年，邯郸市领创中等专业学校的李校长听说了鲁俊美情况后，亲自把鲁俊美请到学校，聘她来学校教磁县坠子。就这样，鲁俊美有了更多的学员，在传承的道路上又迈出了一大步。

据鲁俊美讲，2015年她组建了鲁二美磁县坠子剧团，成立之初磁县坠子还不景气，为了生活一些艺人纷纷改行，这让鲁俊美的心理压力也很大，但是她跟老伴坚持不改行。在她看来，这是老祖宗留下来的文化遗产，不能在她这一代断代。为了更好地保护和传承这项非物质文化遗产，鲁俊美让自己的儿子和孙女都学习磁县坠子。起初儿子还不太乐意学，为此母子俩人没少置气。渐渐地，儿子也意识到了这份事业的重要性，积极加入到磁县坠子的保护和传承工作中，并申请成为下一代传承人。

如今在鲁俊美的剧团里，有她的师哥师姐，也有她的学生；有本地人，也有河南人，还有天津人。这些演员大都是年轻人，比如一位来自河南郑州的演员三十来岁，另一位来自河南林州的演员才二十三四岁，这让鲁俊美看到了磁县坠子的美好明天。不仅如此，在鲁俊美的学生中，年龄最小的只有七八岁，她在领创中专学校教授的学生大都是十五至十八岁。

时至今日，鲁俊美的剧团一直在积极组织和参加各类演出，有的是义演，有的是商演。唱大戏时，剧团需要出动的演员比较多，如果整个剧团都出演，得有二十多个人。若是一般的小场面演出，五六个演员也就够了。正月、二月、三月，无论外出务工，还是在家务农，人们都会闲在家里，此时剧团是最忙的，经常在各个村子间奔走演出。待到农忙时，剧团就很少到村里演出了，除非赶上庙会、古会，或是红白喜事。此外，鲁俊美还经常带着剧团去义演，有时进社区，有时去敬老院。敬老院的老人们最爱看鲁俊美的演出，每次剧团演出完要离开时，老人们都会依依不舍地念叨："下回再来啊，记得再来啊！"

四、"就没有唱够过"

从接触学习磁县坠子到现如今，鲁俊美已从艺四十余年，可她却依旧深爱着这门曲艺，从来就没有唱够过。上小学时，她是班里的唱歌班长，当时唱的歌曲都是红歌，比如"东方红，太阳升，中国出了个毛泽东""三大纪律八项注意"。只要一打上课的预备铃，鲁俊美就提前站在讲台的前面，指挥着班里的同学一起唱。她九岁起，就开始随父亲鲁荣府、母亲姚勤俭学习坠子。当时父母不仅教鲁俊美表演，还同时教一些从大街上收留来的孤儿唱坠子，并接纳他们加入剧团。只要鲁俊美一放学回家，就会像在学校一样组织这些孤儿一起演唱。

多才多艺的鲁俊美，一门心思想的就是怎么把坠子表演好，无论多苦多难，她从没说过一个"累"字，始终把爱倾注到对曲艺的探究上。人不负曲艺，曲艺定不负人，一次演出中，鲁俊美与琴师李志强一见钟情，"坠"入爱河，从此夫妻两人便开始了数十年妇唱夫随、琴瑟和鸣的同台演出生涯，这已成为同行里的佳话。

看鲁俊美演出的观众，大多数是老大娘，她们听戏甚至比鲁俊美在台上演出还要认真。当鲁俊美唱到悲恸时，老大娘们时常陪着她哭，甚至比她哭得还要伤心；当唱到欢喜时，老大娘们也同她一起快乐。鲁俊美演唱的戏段内容涵盖十分丰富，有教人忠孝传递正能量的，也有让人嘻嘻哈哈开心的。有次到某小区演出，戏段是关于婆媳之争的内容，旨在调解矛盾，教育儿媳和婆婆要相互礼让、和谐相处。演出后过了一段时间，当她第二次再来表演时，一位老大娘开心地对她说："哎呀，你可来了，上次我的儿媳妇听了你的唱段之后，再也不挑我的毛病了，现在变得可孝顺了。"虽是简短的几句话，但却让鲁俊美从中深切地感受到了自己作为一个演员的价值，那就是用人民群众喜闻乐见的大众文化，教人积极健康的生活，为人民服务。

五、有趣亦难忘的经历

鲁俊美虽然从九岁开始就跟着父母在家学习磁县坠子，但却从没上过台。十二岁那年，学校放寒假，父母为了养家糊口，要去外地演出，想留下她跟爷爷奶奶住，但鲁俊美一直黏着父母不放，拗她不过，于是母亲就带着她一起外出表演。到了演出的地方，管事的人对鲁俊美母亲开玩笑说："哎呀，这怎么还领了个小孩呀，小孩要是不会唱就不给饭吃啊，上去唱了才给饭吃。"天真的鲁俊美却信以为真，非常担心没饭吃。到了晚上剧团演出时，母亲问她能唱吗，鲁俊美认真地回答："能，不能唱人家就不给饭吃啊！"于是母亲把鼓子支好，让她站在鼓前敲鼓试试，可当时鲁俊美个子矮，手中的鼓槌敲不到鼓面，只敲得鼓槌咔咔响，引来台下一片笑声。村里的一位大妈便给她找来一个用麦秸秆拧成的草垛子，垫在鲁俊美的脚底下，她就一手扶着桌子，一手拿鼓槌嘎嘎地敲鼓，这滑稽有趣又可爱的动作引来台下一阵阵笑声。由于害怕摔倒，鲁俊美不敢动了，一直配合着母亲等着鼓点，等鼓点来了她开口便唱。一段表演完，台下爆发出一片掌声，管事的人此时凑过来对她说：

"行行行，让这个小孩吃饭吧。"

鲁俊美这是第一次上台演出，上台前她本来心里很紧张，但表演结束后观众的掌声让她有了自信。打这以后，鲁俊美就开始上台表演，自此再也没有离开过坠子舞台。原本打算学校开学再回去上课，可父母演出的地方离家太远，加之交通不方便、人手又少，临近开学也找不出人送她回家上学，于是鲁俊美决心留在父母身边，边参加演出边学习坠子。后来，学校老师曾多次联系她，劝她回去上学，但鲁俊美觉得落了不少功课，即便回去学习也赶不上趟了，还不如继续跟随父母留在外地学习坠子。

2018 年 4 月，鲁俊美和爱人李志强无意间从电视上得知《星光大道》正在邯郸地区进行海选。两人预感到机会来了，无论成功与否，她们都要为老祖先留下的艺术瑰宝——磁县坠子搏一把。海选过程中虽有歌曲、舞蹈等各种艺术形式，但三轮比赛下来，她们的表演因传统唱腔字正腔圆、演唱的剧目与时俱进，令人耳目一新，最终一举夺得邯郸赛区"优秀选手"，并作为邯郸赛区胜出的十位选手之一，代表邯郸参加全省比赛。

同年 7 月，她们接到了河北省赛区比赛的通知。全省比赛分两天进行，第一天她们从一百一十余个节目中顺利晋级前三十名。第二天是三十进十，夫妇俩再接再厉最终脱颖而出，跻身十强，拿到了通往星光大道的"入场券"。就这样，他们过五关斩六将成功登上了中央电视台《星光大道》舞台，让"磁县坠子"这一省级非物质文化遗产有机会大放异彩，受到万众瞩目。"老百姓喜欢啊！从邯郸地区海选到全省海选，一听说下一个节目是坠子，都冷场，但观众们在听的过程中却掌声不断，他们都不相信，磁县坠子从曲目到内容，会传承得这么好、创新得这么棒，这也充分说明，传统艺术依然有强大的生命力。"鲁俊美说。在上《星光大道》前，鲁俊美想的并不是得奖，而是想通过这个机会把磁县坠子唱到《星光大道》的舞台上，让更多的人了解这门曲艺，只要能有更多的人来学习并将它传承下去，鲁俊美就很满足了。

　　站在《星光大道》的舞台上，鲁俊美顾不得紧张，就全身心地投入到了坠子的演唱中，第一关，她唱的是自己编的坠子味的《最炫民族风》；第二关，她唱的是坠子《小八义》；第三关，她唱的是《家乡美》，内容是自编自唱的党的十九大精神好；第四关，她唱的是被自己改编成坠子味的刘欢老师的《再也不能这样活》。整场比赛下来，鲁俊美获得了周亚军，这让她喜出望外，因为其他选手都是为了获奖而来，所以大都请了助唱帮忙，而只有鲁俊美和老伴是凭着自己的一己之力连闯四关，充分证明了磁县坠子是深受人民大众喜爱的。比赛过后，甘肃的一位领导曾给鲁俊美打来电话说："鲁俊美，你单刀赴会呀！"回到家乡后，邯郸市的领导也前来向她表示祝贺，称赞她此行不仅弘扬了中国的传统文化，很好地助推了非遗的传承与发展，还为邯郸市增光添彩了，并且给她颁发了奖金与奖状。而后，为了扶持磁县坠子更好发展，政府还给鲁俊美购置了音响、调音台和戏箱等硬件设备。

　　一路坎坷，一路歌。鲁俊美、李志强这对曲艺"夫妻档"，用自己的坚守以及对艺术精益求精的卓越追求，把濒临失传的磁县坠子唱到了全国最高舞台，使之家喻户晓，焕发出勃勃生机，怎能不令人百感交集。当参加完星光大道节目的录制，鲁俊美满含热泪地说："我们做到了，真的做到了！今天，登上星光大道的不是鲁俊美、李志强，而是省级非物质文化遗产——磁县曲艺坠子！"这泪水中有欣喜、有欣慰、也有辛酸。作为省级非物质文化遗产传承人，无论道路多么坎坷，鲁俊美和丈夫都会倾尽毕生心血，将磁县坠子推上更高的舞台。在夫妻俩的影响下，他们的女儿、儿子都先后成了磁县曲艺坠子的演员，这一家也成了名副其实的"坠子世家"。

　　除此之外，鲁俊美还上过河南的梨园频道演唱大书，上过天津频道演唱《鱼龙百戏》。其实早在1986年，鲁俊美演唱的《郭隆真》唱段就曾在河北省空中书擂大奖赛中获得过二等奖。同在当时，广播电台每天上午十一点到十一点半都会播放鲁俊美演唱的中篇坠子书《赤诚的心》。那时家家户户都有个小喇叭，将地线一插，就可以收听《赤诚的心》，这已成为当地老百姓一份必不可少的精神午餐。之后在邯郸市里街边的公共广播中，还播放过鲁俊美唱的戏曲，这让鲁俊美颇得美名，收获了大批热衷于磁县坠子的粉丝。时光流转，消逝的是岁月，沉淀的是一辈又一辈人对磁县坠子的喜爱与传承。如今有很多人想向鲁俊美学习磁县坠子，其中有的打来电话请教，有的通过视频通话交流。于是鲁俊美就趁此机会开了网上直播授课，通过互联网让更多的磁县坠子爱好者受益。演出、指导学生、线上直播，这些工作交织在一起，确实让鲁俊美感觉到很辛苦，但她心里是甜的。只要一听说有人想跟她学磁县坠子，她心里总有一种格外的喜悦，不，应该用感动更为贴切，因为鲁俊美认为只有更多的人想学磁县坠子，才能让这项非物质文化遗产传承不衰。

当然，在传承磁县坠子的过程中，鲁俊美也遇到过麻烦，比如有些学员在学习的过程中感觉有些厌烦，不想学了；还有些学员认为干这一行没前途，害怕毕了业以后找不到工作。面对这些情况，鲁俊美也时常向政府有关部门寻求帮助，希望他们能高度重视这些非遗项目传承人的就业和发展问题，解决好传承人的后顾之忧，这样才能保证学员们心无旁骛、一心一意学好非遗技艺，并吸引更多的人投身于非遗文化的保护与传承，潜心搞好创作，只有这样才能让磁县坠子这些非遗项目代代传承下去。

六、初心如磐一定要把磁县坠子传承好

现在，鲁俊美除了在剧团带徒弟，还在邯郸领创中等专业学校给学生上课。在教学上，她从发音教起，引导学生一定要练好舌头上的工夫，否则努力将付之东流，也会白费心血，不仅学生浪费时间，老师也耽误工夫。2020年以来，由于受新冠疫情影响，学校的线下课基本停了，学员的训练也受到阻碍，为了实现停课不停训练，她借助互联网进行网络直播教学。鲁俊美

坦言，她所教的学生中，毕业后有些人迫于生活改了行，虽说这是人之常情——人总得要吃饭、要生存、要发展，但是每当她听说学生要改行，或是看到学生改行，她就痛心不已，扼腕叹息。

当谈及磁县坠子传承发展所需要的支持时，鲁俊美表示，还是希望政府能再提高重视程度，多给一些优惠政策，比如鼓励中小学举办磁县坠子进校园活动，这样她就可以带着学生到校园里演出，让学生唱给学生听，从而形成口碑宣传，吸引更多的学生来关注磁县坠子。同时要在中小学建立磁县坠子传承基地，面向感兴趣的孩子授课，从小训练发音，练好童子功。鲁俊美说这是一举两得的事，既能激发学生培养兴趣，又能通过学唱磁县坠子弘扬正能量，加强对学生的教育，并丰富学生的课外知识，让他们知道还有磁县坠子这一非遗项目，从而影响更多的学生来学习磁县坠子，这种做法只有利没有弊，进而在推动磁县坠子传承发展上迈出坚实的一步。

鲁俊美不无感慨地介绍，以前干这一行不景气、赔钱亏本，现在国家有了保护政策，政府提供了扶持措施，人们也越来越关注非遗文化，整体情况比以前好多了。所以她还想再成立一个剧团，一个专门由学生组成的剧团，演员年龄控制在二十岁以下，最好平均年龄在十几岁，这样学生将来才能成长得更好。像那些七八岁的小孩，声音还是童声，在练习发声时嗓子不会唱哑。如果到了二十几岁再学发声，不仅喊腔上会有困难，受工作、生活的影响也会比较多，精力不易集中，技艺很难精进，因此鲁俊美对学员的年龄把控得相当严格。同时鲁俊美希望政府能给这支学生剧团一些经费支持，资助她们到各个学校去公益演出，以吸引更多的学生关注、学习磁县坠子。当问及鲁俊美的最大心愿是什么的时候，她毫不犹豫地回答：希望能有更多的人来传承磁县坠子。

要学好磁县坠子，"练形体，练唱功"十分关键，因为演员表演时时而站立，时而坐下，而表演是一门艺术，要呈现给观众优美的姿态，必须要站有站相，坐有坐相，同时还要注意手势、眼神和表情要与之相协调。鲁俊美强调，表演者的坐、立、站、走与其他肢体语言是一体化的，需要揉和在一起，才能呈现出整体美，这就需要表演者能够将自己与戏中的角色融合在一起，排除自身主观思想的影响，运用戏中角色情感代替自身情感，让情感表达得更加真实，从而引起观众的共鸣。可说起来容易做起来难，有的演员唱得挺好，但动作不到位，有的演员干唱干嚎，就是进入不了戏中角色。因此表演者在演出前，须精心研究剧目，在台下排练的过程中反复揣摩人物心理与情感，才可以把握好情感表达与表演技巧。这绝不是一朝一夕就能掌控的，得需要长时间练习和不断打磨。所以鲁俊美常对她的学生们说，你们肩上有重担，且任重而道远，只有勤加练习，才可能把磁县坠子传承下去并发扬光大。她希望学生们能把压力转化成动力，清楚自己的使命与任务。

七、屡获殊荣，载誉前行

星光不问赶路人，时光不负有心人。鲁俊美曾在 1984 年至 1987 年间多次参加邯郸地区的数场比赛，先后荣获曲艺调演二等奖、唱腔设计奖以及表演奖，并在河北省首届空中书擂中获得优秀节目奖和二等奖。2014 年 11 月，参加首届"中国河间西河书会"，获得荣誉证书。2015 年 10 月，参加首届河南坠子大会，荣获二等奖，当年被河北省委宣传部评为年度燕赵文化之星。2016 年 2 月，参加"中国·胡集灯节书会"擂台赛，荣获一等奖，此外当年还获评河南省电视台"坠子名家"称号，在邯郸市农村文艺团队风采展示总决赛中获得二等奖。2017 年 2 月，参加"中国·宝丰马街书会首届全国传统长篇大书擂台赛"，斩获总擂主桂冠；8 月，在第十一届河北省七夕情侣节"寻找今日织女星"活动中，被评为才女星；11 月，荣获"首届京津冀家庭戏曲曲艺大赛"曲艺类"十佳表演奖"，并在第四届"艺韵北京"群众曲艺大赛上荣获一等奖。2018 年 5 月，在首届"京津冀晋鲁豫"评、鼓书擂台赛决赛中，荣获长书类一等奖。鲁俊美虽屡获殊荣，但她从未止步，仍昂首阔步、载誉前行。

八、为坠子而生，为坠子而爱

"我就是为坠子而生，为坠子而爱，为坠子不停地奔波的，我要把咱磁县坠子好好传承下去。"这是鲁俊美对自己的人生定位，也是她艺术人生的真实写照。与丈夫李志强因曲艺结缘后，夫妇两人在继承传统坠子的基础上，勇于探索，不断创新，演绎了很多脍炙人口，百听不厌的唱段。

鲁俊美作为磁县坠子名家和代表性传承人，从未停止过对曲艺的执着追求，她把终身学习当成座右铭，活到老，学到老。2017 年，她参加了国家艺术基金资助项目"河南坠子中青年人才培养班"的进修学习。2018 年，她又参加了首期中国非遗传承人（曲艺鼓曲）研修班的进修学习。学无止境，勇攀高峰，如今鲁俊美还在不断进修学习，她希望通过自己的不懈努力，为磁县坠子的传承与发扬贡献一份力量。通过本章的叙事铺陈，希望能有更多的人关注磁县坠子，关注非物质文化遗产，汇聚微光，凝聚磅礴之力，共同致力于将中华优秀传统文化发扬光大。

参考文献

一、专著类

［1］保尔·汤普逊.过去的声音——口述史［M］.张旅平，渠东，译.辽宁：
辽宁教育出版社，2000.

［2］方尔庄.河北通史［M］.河北：河北人民出版社，2000.

［3］教育部课题组编.深入学习习近平关于教育的重要论述［M］.北京：人
民出版社，2019.

［4］彭卫国.河北省非物质文化遗产项目价值与存续环境研究［M］.河北：
河北美术出版社，2015.

［5］乔志强.近代华北农村社会变迁［M］.北京：人民出版社，1998.

［6］宋景华，李晓华.大学生思想政治教育创新案例［M］.北京：中国文史
出版社，2015.

［7］王世襄.说葫芦［M］.北京：生活·读书·新知三联书店，2013.

［8］王文章.非物质文化遗产概论［M］.北京：教育科学出版社，2013.

［9］王宗岳.太极拳谱［M］.北京：人民体育出版社，1991.

［10］吴式颖，任钟印.外国教育思想通史［M］.湖南：湖南教育出版社，
2002.

［11］习近平．习近平谈治国理政［M］．北京：外文出版社，2018.

［12］向云驹．人类口头和非物质遗产［M］．宁夏：宁夏人民教育出版社，2004.

［13］行龙．走向田野与社会［M］．北京：生活·读书·新知三联书店，2015.

［14］杨懋春．近代中国农村社会之演变［M］．台北：台北巨流图书公司，1980.

［15］张彦辉，李伟，喻珊．河北曲阳石雕文化生态研究［M］．河北：河北大学出版社，2014.

［16］郑师渠．中国文化通史［M］．北京：中共中央党校出版社，1999.

二、期刊类

［1］翟小童．小麦粉与荞麦饸饹的品质评价比较分析［J］．食品科技，2013，38（2）：4-144.

［2］胡云峰，苏利，路敏，等．荞麦粉对面团流变学特性和馒头品质的影响研究［J］．粮食与油脂，2016，29（4）：4-55.

［3］计卫舸．利用"非遗"资源提高爱国主义教育针对性和实效性研究［J］．河北科技大学学报（社会科学版），2012，12（1）：84-88.

［4］计卫舸．"非遗"资源思想政治教育价值的发现与利用［J］．中国高等教育，2011（2）：38-40.

［5］计卫舸，秦佩．"非遗"资源开发的多元价值分析——以井陉拉花现代性发掘与产品开发为例［J］．艺术评论，2012（5）：150-153.

［6］尚新彬，石晓，豆康宁，等．荞麦–小麦混合粉的品质研究［J］．粮食与饲料工业，2015，12（12）：17-51.

［7］宋占新，崔瑶．国家非物质文化遗产"秸秆扎刻"传承人徐艳丰口述史［J］．河北科技大学学报（社会科学版），2020，20（4）：108-112.

［8］宋占新，郭亚然.国家非遗进校园进课堂的传承途径探析——以国家级非遗项目"秸秆扎刻"为例［J］.遗产与保护研究，2017，2（4）：70–73.

［9］孙家正.提高民族文化自觉，做好我国非物质文化遗产保护工作［J］.文艺研究，2005（10）：6.

［10］魏俊玲，刘壹凡，耿媛媛.国家级非物质文化遗产"玉田泥塑"传承人王辉口述史［J］.河北科技大学学报（社会科学版），2021，21（3）：106–110.

［11］魏俊玲，唐文颖.高校保护非物质文化遗产现状研究［J］.河北企业，2013（12）：88.

［12］魏俊玲，朱明霞.论中国传统文化的传承与保护［J］.人民论坛，2013（20）：156–157.

三、学位论文

［1］王艺静.不同等级荞麦粉品质特性研究［D］.陕西：西北农林科技大学，2017.

后　记

当今世界正处在大发展大变革大调整时期，世界多极化、经济全球化、社会信息化、文化多样化深入发展，各种思想文化交流交融交锋更加频繁，文化软实力在综合国力竞争中的作用进一步彰显。

"落其实者思其树，饮其流者怀其源"，中华民族五千多年文明史所孕育的中华优秀传统文化是中国特色社会主义文化的重要源泉，非物质文化遗产彰显着中华文化的丰富与多样，承载着中国人民的文化记忆。如今，众多年轻人爱上了中国风，对非遗文化、东方美学惊叹不已。

为追寻非遗足迹、挖掘非遗技艺、传承非遗文化，河北科技大学高度重视优秀传统文化的传承工作，组织开展社会实践活动推进"非遗"传承工作。外国语学院积极响应学校号召，组织开展了一系列非遗项目考察活动，学院共有一百一十五名同学参加非遗项目传承人的采访工作。从联系传承人，到列采访提纲，再到实地采访，最后到撰写文稿、修改文稿，同学们共完成了三十项非遗传承人口述史的采访和整理工作，其中有二十六项获得授权，最终河北科技大学外国语学院党委副书记李景生、副处级辅导员魏俊玲反复斟酌文字，不厌其烦地查阅资料、核对内容，每人完成十五万字，形成了近三十万字的书稿。成书过程中，魏俊玲、刘壹凡、耿媛媛撰写的《国家级非物质文化遗产玉田泥塑传承人王辉口述史》发表在河北科技大学学报

（2021.9）；李景生申报的《大学生思想政治教育融入非物质文化遗产传承与保护的探索与实践》课题获批河北科技大学思政教育研究课题重点项目（课题编号：KDSZ202217）。

书稿编纂过程中，北京外国语大学2019级国际关系学院姚佳雨和吉林大学2018级刘琛积极参与其中，协助完成书稿整理工作，河北科技大学外国语学院研究生赵旺、刘壹凡、赵芮莹、申丹妮、郑雨杰、李禹行、周琳、肖宇、魏心铭、李二红、姚少伟、薄文、韩思琦、刘书珂、张亚楠、张宇、张晴晴、王子密、李童等在本书出版的过程中都作出了较为突出的贡献，在此一并表示感谢。

在本书即将付梓之际，首先感谢院党委书记高风彦和副院长崔丽给予的人、财、物等方面的大力支持，以及对本书提出的建设性意见；感谢外院学子们及团委书记杨雪、辅导员马志起、郑允凡、耿媛媛等的热情参与和大力支持。